世界哲學家叢書

伊 本 ‧ 赫 勒 敦

馬 小 鶴 著

1993

東 大 圖 書 公 司 印 行

國立中央圖書館出版品預行編目資料

伊本・赫勒敦/馬小鶴著.--初版.--
臺北市:東大發行:三民總經銷,民82
　面；　　公分.--(世界哲學家
叢書)
參考書目:面
含索引
ISBN 957-19-1425-8 (精裝)
ISBN 957-19-1426-6 (平裝)

1.伊本・赦勒敦 (Ibn Khaldun,
　1332-1406) —學識—史學

601.98　　　　　　　　81006760

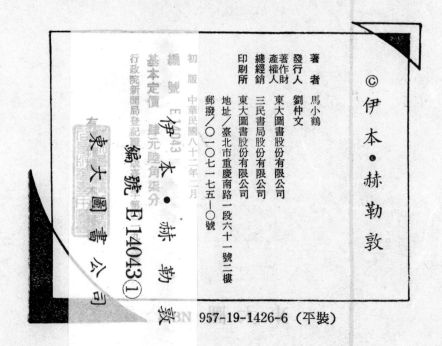

© 伊本・赫勒敦

著　者　馬小鶴
發行人　劉仲文
著作財
產權人　東大圖書股份有限公司
總經銷　三民書局股份有限公司
印刷所　東大圖書股份有限公司
　　　　地址/臺北市重慶南路一段六十一號二樓
　　　　郵撥/〇一〇七一七五—〇號

初版　中華民國八十二年二月

編　號　E 14043

基本定價　肆元陸角柒分

行政院新聞局登記證局版臺業字第〇一九七號

有著作權・不准侵害

ISBN 957-19-1426-6 (平裝)

編號 E 14043①

「世界哲學家叢書」總序

　　本叢書的出版計劃原先出於三民書局董事長劉振強先生多年來的構想，曾先向政通提出，並希望我們兩人共同負責主編工作。一九八四年二月底，偉勳應邀訪問香港中文大學哲學系，三月中旬順道來臺，即與政通拜訪劉先生，在三民書局二樓辦公室商談有關叢書出版的初步計劃。我們十分贊同劉先生的構想，認為此套叢書（預計百冊以上）如能順利完成，當是學術文化出版事業的一大創舉與突破，也就當場答應劉先生的誠懇邀請，共同擔任叢書主編。兩人私下也為叢書的計劃討論多次，擬定了「撰稿細則」，以求各書可循的統一規格，尤其在內容上特別要求各書必須包括(1)原哲學思想家的生平；(2)時代背景與社會環境；(3)思想傳承與改造；(4)思想特徵及其獨創性；(5)歷史地位；(6)對後世的影響（包括歷代對他的評價），以及 (7) 思想的現代意義。

　　作為叢書主編，我們都了解到，以目前極有限的財源、人力與時間，要去完成多達三、四百冊的大規模而齊全的叢書，根本是不可能的事。光就人力一點來說，少數教授學者由於個人的某些困難（如筆債太多之類），不克參加；因此我們曾對較有餘力的簽約作者，暗示過繼續邀請他們多撰一兩本書的可能性。遺憾的是，此刻在政治上整個中國仍然處於「一分為二」的艱苦狀態，加上馬列教條的種種限制，我們不可能邀請大陸學者參與撰寫工作。不過到目前為止，我們已經獲得八十位以上海內外的學者精英全力支持，包括臺灣、香港、新加坡、澳洲、美國、西德與加拿大七個地區；難得的是，更包括了日本與大韓民國好多位名流學者加入叢書作者的陣容，增加不少叢書的國際光彩。韓國的國際退溪學會也在定期月刊《退溪學界消息》鄭重推薦叢書兩次，我們藉此機會表示謝意。

原則上，本叢書應該包括古今中外所有著名的哲學思想家，但是除了財源問題之外也有人才不足的實際困難。就西方哲學來說，一大半作者的專長與興趣都集中在現代哲學部門，反映著我們在近代哲學的專門人才不太充足。再就東方哲學而言，印度哲學部門很難找到適當的專家與作者；至於貫穿整個亞洲思想文化的佛教部門，在中、韓兩國的佛教思想家方面雖有十位左右的作者參加，日本佛教與印度佛教方面卻仍近乎空白。人才與作者最多的是在儒家思想家這個部門，包括中、韓、日三國的儒學發展在內，最能令人滿意。總之，我們尋找叢書作者所遭遇到的這些困難，對於我們有一學術研究的重要啟示（或不如說是警號）：我們在印度思想、日本佛教以及西方哲學方面至今仍無高度的研究成果，我們必須早日設法彌補這些方面的人才缺失，以便提高我們的學術水平。相比之下，鄰邦日本一百多年來已造就了東西方哲學幾乎每一部門的專家學者，足資借鏡，有待我們迎頭趕上。

以儒、道、佛三家為主的中國哲學，可以說是傳統中國思想與文化的本有根基，有待我們經過一番批判的繼承與創造的發展，重新提高它在世界哲學應有的地位。為了解決此一時代課題，我們實有必要重新比較中國哲學與（包括西方與日、韓、印等東方國家在內的）外國哲學的優劣長短，從中設法開闢一條合乎未來中國所需求的哲學理路。我們衷心盼望，本叢書將有助於讀者對此時代課題的深切關注與反思，且有助於中外哲學之間更進一步的交流與會通。

　　最後，我們應該強調，中國目前雖仍處於「一分為二」的政治局面，但是海峽兩岸的每一知識份子都應具有「文化中國」的共識共認，為了祖國傳統思想與文化的繼往開來承擔一份責任，這也是我們主編「世界哲學家叢書」的一大旨趣。

傅偉勳　韋政通

一九八六年五月四日

自　序

　　阿薊杜勒·賴哈曼·伊本·赫勒敦（'Abd-ar-Rahmān Ibn Khaldūn）（1332-1406年）生於突尼斯。他屬於南部阿拉比亞起源的一個氏族。他的遠祖於八世紀時遷到西班牙。從八世紀到十三世紀，這個家族活動於西班牙的塞維利亞。1248年塞維利亞被基督教勢力攻陷之前，這個家族遷居北非。伊本·赫勒敦在法斯（在今摩洛哥）的馬林王朝的朝廷上擔任過一些高級官職。後因馬林王朝政局動盪不安，他於 1362 年，前往西班牙的格拉納達的國王穆罕默德五世的宮廷任職。國王曾經派他到西班牙信奉基督教的卡斯提爾王國去進行和平談判。次年，在格拉納達宰相伊本·赫帖卜的安排下，他退歸馬格里布（北非西部）。他在馬格里布的政治鬥爭中歷盡滄桑。1375 年，倦於官海生涯的伊本·赫勒敦退隱於奧蘭省的伊本·賽拉參城堡，開始編寫他的歷史著作。1378 年，他赴突尼斯收集史料。為了避開突尼斯的政治旋渦，他藉口赴參加朝聖，於 1382 年離開了突尼斯前往東方，從此未再返回馬格里布。伊本·赫勒敦抵達埃及後不久，即開始在著名的愛資哈爾清真大寺講學。過了兩年，他被麥木魯克王朝的蘇丹扎布爾·貝爾孤格任命為開羅城馬立克派的法官的領袖，以後又多次擔任過此職。1400年，帖木兒圍攻大馬士革，貝爾孤格的繼承人法賴吉率軍馳援大馬士革，伊本·赫勒敦隨軍而行。法賴吉不久即撤回埃及。留在大馬士革的伊本・赫勒敦曾經出城與帖木兒會談。後來，伊本・赫勒敦返回埃及，繼續從事學術研究，1406年在第六任法官領袖任上去世。

伊本・赫勒敦的主要著作叫做《阿拉伯人，波斯人，柏柏爾人歷史的殷鑒與原委》(*Kitāb al-'Ibar wal-Dīwān al-Mubtada' w-al-Khabar fī Ayyām al-'Arab w-al-'Ajam w-al-Barbar*, 以下簡稱《殷鑒》)，分成〈導言〉和三編。不太長的〈導言〉研究歷史學的功用,評價其各種方法,指出以往歷史學家致誤的原因。第一編就是著名的《緒論》(*Muqaddamah*)，研究文明及其基本特點。第二編研究阿拉伯人古往今來的歷史，各個部族和王朝，並包括與他們同時代的著名民族和王朝。第三編研究柏柏爾人，包括其分支宰那泰部族的歷史，特別著重探討馬格里布的王權和諸王朝。

伊本・赫勒敦如果只寫了《殷鑒》的第二編和第三編，而沒有寫第一編《緒論》，那麼他只是若干位傑出的阿拉伯歷史學家之一，很難獲得今天這樣崇高的聲望。伊本・赫勒敦作為最偉大的阿拉伯歷史學家的榮譽是從他的《緒論》獲得的。《緒論》共分六章，第一章討論人類文明的一般性質，分析地理，氣候，食物等對人類文化的影響。第二章研究貝杜因（農牧）文明，其他野蠻民族與部落及其生活條件。第三章研究王朝，王權，哈里發政權及政府結構。第四章研究定居文明與城市。第五章研究各種謀生之道，特別是工商業。第六章研究各種學科的成就。在這部著作中他創建了比較完整的歷史哲學。

伊本・赫勒敦是遠遠走在時代前頭的人。他的著作對其學生有一定的影響。但是，歷史哲學這門新學科沒有能循著伊本・赫勒敦指明的道路繼續發展下去。像阿維森那(Avicenna, 卽伊本‧西那 Ibn Sina)，阿維羅伊 (Averroes, 卽伊本‧魯世德 Ibn Rushd) 和安薩里 (al—Ghazzali, 拉丁語作 Algazel) 這些穆斯林大思想家的著作早就被翻譯成了拉丁語或希伯來語，對歐洲的影響相當大。而伊本‧赫勒敦則遲至十九世紀初才被歐洲學術界重新發現。不過從十九世紀初以來，伊本‧赫勒敦聲望日隆。

泰旺西 1962 年在開羅出版的《伊本‧赫勒敦》一書中這樣評價他：

「……伊本‧赫勒敦有不少有趣的觀點和理論是西方思想家和哲學家後來才發現的。他詳細地討論了政府與主權，暴政對人民的影響，統治者的品質，國家的防禦，戰士的薪俸，統治者與其臣民在經商盈利方面的競爭，統治者貪圖人民的錢財，以及由此而引起的人民對他的憎恨。他還討論了一國之內混亂狀態的擴散和戰士攫取人民的錢財等問題 —— 所有這些都走在《王術》的作者，著名的意大利哲學家馬基雅維利前面很遠。伊本‧赫勒敦在其《緒論》中還研究了歷史哲學，說明個人與社會之間的相互關係，要遠遠早於法國哲學家、現代社會學之父奧古斯特‧孔德。

伊本‧赫勒敦在進化論的創建者，英國科學家查理‧達爾文之前很久，就宣稱環境與進化對這個世界上的生物的生命有影響。伊本‧赫勒敦對游牧民比對城市居民更讚賞。哲學家盧梭曾經號召人們返樸歸真，他在盧梭以前，很久就認為游牧民比城市居民更好。正是伊本‧赫勒敦在社會主義的建築師卡爾·馬克思之前很久就認為各代人之間狀況的不同是因為他們的生活方式不同。他還在斯賓塞以前就確立了兩條重要的原理：第一，宗族感情與生活中的合作是人們聚居的首要原因之一，第二，當一個國家沉溺於奢侈和閒暇之中時，它的衰弱就開始了。他的走在時代之前的觀點還有：『被征服者總是熱中於在為人處世、衣飾服裝、人生信條和風俗習慣等方面去同化征服者。』

　　法國社會學的創建者塗爾幹借用了不少伊本·赫勒敦的思想：社會的生命是一種實實在在的實體，社會的規模與其財富之間有一種關聯，從歷史上來說，對社會的研究包括了國民生活的所有方面，要決定一個社會是野蠻的還是文明的，是統一的還是分裂的，是征服者的還是被征服者的，要討論國家的政治地位和人們的謀生手段……❶」

　　希提在《阿拉伯通史》中這樣評價伊本·赫勒敦：

「……他在這篇《緒論》裏，初次提出一種歷史發展的理論，這種理論正確地認識到氣候、地理、道德和精神力量等物質條件的作用。伊本·赫勒敦致力於表述民族盛衰的規律，因此，我們可以說他是歷史的真正廣度和性質的發現者，正如他自己所說的那樣，最少我們可以說，他是社會科學的真正奠基人。沒有一個阿拉伯作家，也沒有一個歐洲作家，曾經用那樣既淵博又富於哲學卓見的眼光來觀

---

❶ Tawānsy, *A.-F. Ibn Khaldūn* (泰旺西，《伊本·赫勒敦》), Cairo, 1962 年, pp. 33-34.

察歷史。所有評論家一致的意見是，伊本・赫勒敦是伊斯
蘭教所產生的最偉大的歷史哲學家，也是歷代最偉大的歷
史學家之一……❷」

　　不僅阿拉伯學者對伊本・赫勒敦作出這麼高的評價，有的西
方學者的評價甚至更高。當代著名的英國歷史學家湯因比從事過
政治活動，又撰寫了通史式的《歷史研究》探討歷史哲學，與伊
本・赫勒敦的生平有某些相似之處，他對伊本・赫勒敦的評價頗
有惺惺相惜的意味：

　　「……突尼斯的阿蔔杜勒・賴哈曼・伊本・穆罕默德・伊
本・赫勒敦・哈達拉米 (A. D. 1332-1406) ── 一位阿拉
伯的天才，他在作為一個成年人的 54 年工作生涯中，用
一次不到 4 年的『隱居』，完成了一部著作，從而達到了
畢生事業的頂峰，這部著作在視野的廣闊和深度方面，在
聰明才智方面，都可以與修昔底德或馬基雅維利的作品相
媲美。伊本・赫勒敦這顆明星與它所掠過的黑暗夜空相比
就顯得更加明亮耀眼了；因為修昔底德、馬基雅維利和克
拉林頓都是光明時代和地區的光輝代表，而伊本・赫勒敦
卻是他那片夜空中唯一的燦爛的光點。他所屬的這個文明
的社會生活整個來說是『與世隔絕，窮困，骯髒，野蠻與
貧乏的』，在這個文明的歷史上他確實是一個出類拔萃的
人物。在他所選擇的智力活動領域裏，他得不到什麼先驅

───────
❷ Hitti, *History of the Arabs,* （希提，《阿拉伯通史》）1970
年, p. 568.

者的啟發，在自己的同時代人當中，也找不到什麼知音，而且沒有在什麼後繼者當中激起靈犀相通的心靈火花；然而，在其《殷鑒》的《緒論》(*Muqaddimat*)中，他精心構思和明確表述了一種歷史哲學，這無疑是古往今來，普天之下任何心靈所曾經構想過的這類著作中最偉大的一部。正是伊本・赫勒敦忙於實際活動的一生中的這次短暫的『退隱』，給了他一次機會把自己的創造性思想凝鑄在一部著作當中……❸」

對伊本・赫勒敦的研究確實是現代西方文化中獨一無二的現象，阿拉伯──伊斯蘭文化中的其他偉大學者僅僅成為科學史、醫學和地理學等具體領域裏的專家進行學術研究的對象，伊本・赫勒敦却成了知識界家喻戶曉的名字。社會學家、經濟學家、歷史哲學家，以及自由主義者、馬克思主義者、阿拉伯民族主義者都以各種不同的方式宣稱伊本・赫勒敦是他們領域中的人物。他的《緒論》的全文被翻譯成八種文字：土耳其文（兩種譯本），法文（兩種譯本）、英文、希伯來文、印地文、波斯文、葡萄牙文和烏爾都文；他的著作的部分內容還被翻譯成意大利文，拉丁文、德文、俄文、西班牙文和馬來文。英文譯本還被縮寫成節本，使更廣大的讀者有機會閱讀這部名著。他的名字出現在幾乎所有的阿拉伯歷史和阿拉伯文學史著作中，出現在其他各種學科的歷史著作中，他還出現在幾乎所有國家的大多數百科全書和許多專業性百科全書中。除了學術界對他的著作和生平表現出普遍

---

❸ Toynbee, *A Study of History* (湯恩比，《歷史研究》縮寫本), 1934 年, 第 III 卷, pp. 321-322.

的興趣之外，人們還用他的名字來命名街道和學校，他還成了電臺廣播節目、報紙上的辯論專欄和小說性傳記的對象。阿拉伯民族主義理論家把他作為阿拉伯民族所能產生的天才的一個例證，而一位阿拉伯知識分子，曾用伊本·赫勒敦關於國家衰亡的理論來警告一些海灣地區來的阿拉伯人，不該在倫敦夜總會裏胡作非為。

　　為什麼在對伊本·赫勒敦的研究中會產生這麼多五花八門的，有時甚至是互相牴觸的觀點呢？這使我們覺得很像《紅樓夢》研究的情況。文學批評家當然把它看成文學作品，考據家却覺得它裏頭包含許多曹雪芹的家世和生平的線索，普通讀者欣賞它的愛情故事，清末的革命者以為它暗中鼓吹民族大義，而文化大革命期間，則認為它裏面充滿了階級鬥爭。為什麼會出現這種情況呢？對一部比較膚淺的小說的評價決不會這樣衆說紛紜。我想原因在於像《紅樓夢》這樣偉大的作品，幾乎就像生活本身一樣豐富複雜。一部偉大的小說或一部偉大的史書就是一個世界。人們對這個世界有多種多樣的看法是完全正常的，我們並不覺得奇怪。那麼人們對《紅樓夢》這樣偉大的小說，或《緒論》這樣偉大的史學著作有多種多樣的看法也就不足為奇了。

　　伊本·赫勒敦在中國尚未得到充分的介紹，《中國大百科全書·哲學卷》等工具書收有「伊本·赫勒敦」這個條目，《世界史研究動態》1980年第三期載有王家寶寫的〈摩洛哥舉行伊本·赫勒敦國際學術討論會〉消息一則，《歷史教學》1982年第六期載有復旦大學歷史系張廣智寫的〈伊本·卡爾敦及其《通史》〉一文。其他翻譯、介紹、論文、專著尚不多見。本書意在對伊本·赫勒敦的生平和著作——尤其是《緒論》——作比較詳細的介紹和研究，使中國讀者對這位傑出的歷史哲學家有一個比較全面的了解。

關於略語表、注釋與參考書目的説明

此書引用的主要參考書是外文書，曾反覆考慮如何安排注釋與參考書目，如將作者名字與書名一概翻譯成中文，再按中文次序排列，有兩個缺點：(1)大部分不太著名的作者和書名沒有公認的譯法。(2)中文的排列比英文難查。因此決定基本上按照英文著作的慣例來安排。參考書目以著者的姓爲主排列，古代著者名下，再按著作的簡稱排列，近現代著者名下則按論著的出版年代排列。古代著者及著名的近代著者的姓名翻譯成中文，不很著名的近代著者的姓名未翻譯。書名，文章的題目一般翻譯成中文。出版地點，出版社一般不翻譯。注釋中只引用著者名字及著作簡稱（古代著者）或出版年代（近代著者），讀者要知道該書，尚須翻檢參考書目，著作的卷數，頁數，則按照西文慣例。反覆引用的著作則另設略語表。

英文著作的這種安排，有明顯的優點。比如，我曾節譯《東方民族的思維方法》，同時使用英文本與日文本。使用日文本時，讀某一章，查某一條注釋，說「見前」，然後只得往前翻檢，有時翻好幾章，才能決定這條注釋引用的著作的全稱，出版地，時，版本等情況。（中文著作一般也是如此。據說現在有些日文著作已經開始模仿英文著作的慣例。）英文本則隨時可以在參考書目中查到，省力不少。

但是，看來這種辦法，仍有不少缺點，作爲補救，作了下列工作：(1) 參考書目中，另用標點符號標出原文書名或文章的名稱。原文書名，文章名稱後面是中文翻譯的書名或文章名稱。(2) 在注釋中，略語（經常引用的著作）或著者名字＋書名略語（古代著作），或著者名字＋出版年代（近代著作）後面，在括號裏加上中文翻譯的書名，或書名的簡稱。前一個注已經提到的著作，則簡寫為「同上」。(3)卷數，頁數則為「第　卷，p.　」的形式。

略語表

B

Kitāb al-'Ibar wa-Dīwān al-Mubtada' w-al-Khabar fī Ay-yām al-'Arab w-al-'Ajam w-al-Barbar, Nasr al-Hūrīnī 編, 7 卷; Bulaq, 回曆 1284 年〔公元 1867 年〕。〔《阿拉伯人，波斯人，柏柏爾人歷史的殷鑑和原委》，簡稱《殷鑑》，1867年版〕

BB

Muqaddimat al-'allāma Ibn Khaldūn, Beirut,1900年。〔重印 B 的《緒論》部分，簡稱《緒論》1900年版〕

BD

Tārīkh al-'allāma Ibn Khaldūn, Y. A. Dāghir 編, 7 卷, Beirut, 1956年 ff.〔標點重印 B, 簡稱《殷鑑》, 1956 年版〕

L

Lubāb al-muhassal fī usūl ad-dīn, L. Rubio 編, Tetouan, 1952年。〔《〈古今科學概論〉節略》〕

Q

Les Prolegomènes d'Ebn Khaldoun, E. Quatremere 編, 3 卷, Paris, 1858 年。〔《緒論》1858 年版〕

R

The Muqaddimah: An Introduction to History, Franz

Rosenthal 翻譯, Princeton, 1958年。〔《緒論》的英譯本〕

S

Shifā' as-sā'il li-tahdhīb al-masā'il, M. b. Tāwīt al-Ṭanjī 編, Istanbul, 1958 年。〔《對於試圖澄清問題者的指導》〕

T

At-Ta'rīf bi-Ibn Khaldūn wa riḥlatuhu gharban wa sharqan, M. b. Tāwīt al-Ṭanji 編, Cairo, 1951 年。〔《伊本‧赫勒敦自傳》〕

參 考 書

EI

Encyclopedia of Islam, Leiden and London, 1913-34 年。〔《伊斯蘭百科全書》〕

EI2

Encyclopedia of Islam, new ed., Leiden and London, 1960 年 ff.〔《新版伊斯蘭百科全書》〕

伊本・赫勒敦　目次

第一章　歷史背景與伊本·赫勒敦的生平

第一節　歷史背景

　　伊本·赫勒敦生於 1332 年，卒於 1406 年。他曾經是馬格里布政治舞臺上的活躍人物，也參與了穆斯林西班牙和埃及的政治活動。他非常熟悉這些地區的當代史；他也知道中東和遠東的伊斯蘭勢力範圍裏其他地方發生的重大事件，知道拜占廷對奧斯曼土耳其人的頑強抵抗，知道西歐的文藝復興。這些事件，不管是他個人親身經歷的也好，還是從同時代的使者、旅遊者、朝聖者的遊記和史學著作中收集來的也好，對他的思想有深刻的、持續的影響。我們對於十三世紀以前的伊斯蘭教力量的發展作一個最簡略的勾畫，然後對十四 —— 十五世紀的一些事件作扼要的介紹，有助於我們更深入地理解這位天才以及他的思想的性質。

　　公元七世紀初年，穆罕默德 (571-632年)在麥加（在今沙烏地阿拉伯）創建了伊斯蘭教。他覺得自己的傳教事業在家鄉很難成功，逐於622年 9 月24日遷往麥地那。這就是著名的「希志來」(Hijrah)，後來即以這一年作爲回曆元年。此後十年間伊斯蘭教發展很快，它本身演變成了一個國家組織。632 年穆罕默德去世時，整個阿拉伯半島都接受了伊斯蘭教。在四位正統哈里發統治時期 (632-661年)，這個信奉伊斯蘭教的國家迅速向外擴張，取得了一系列輝煌戰果，向東併吞了整個波斯薩珊帝國（包括今敍利亞，伊拉克，伊朗），向西則奪取了拜占廷帝國的最富饒的幾個省區：642 年征服了埃及，接著接受了的黎波里地方（在今利比亞）的柏柏爾人的投降。伍麥葉哈里發帝國（白衣大食）（661-750年）繼續進行擴張，向東進軍中亞和信德（印度河下游），向西征服了整個北非。這就使伊斯蘭教確定地，永久地與柏柏爾民族結合在一起了。柏柏爾人是含族人，七、八世紀時住在北非，大多數信奉基督教。阿拉伯人是閃族的一支，很容易與兄弟民族柏柏爾人建立緊密的聯繫，使這些部族的語言阿拉伯化，使他們皈依伊斯蘭教。阿拉伯人征服北非海岸以後，卽渡海到西班牙去，進行掠奪性遠征，但很快發展成對整個西班牙半島的征服。732 年阿拉伯人和柏柏爾人的軍隊在占領了法蘭西南部的幾個城市之後，被法國梅羅文加王朝統治者夏爾·馬泰爾（戰槌）擊敗於圖爾附近。這成了阿拉伯人向西北方深入的極限。732 年是穆罕默德逝世百周年，他的信徒們已經建立了一個大帝國，其版圖從西班牙伸展到中國唐朝的邊境，從鹹海伸展到尼羅河上游的大瀑布。

　　伍麥葉王朝內部有三大敵對力量：一股力量是十葉派，他們認爲先知穆罕默德的堂弟阿里（600-661 年）是唯一的合法繼承者，伍麥葉人是僭竊者；另一股力量是阿拔斯人，他們是先知穆罕默德的叔父阿拔斯的後裔，也堅持對於哈里發職位的要求；第三股力量是呼羅珊人，卽波斯帝國東部新皈依伊斯蘭教的非阿拉伯人。這三股力量聯合起來，於 750 年推翻了伍麥葉王朝。新建立的阿拔斯王朝（黑衣大食）（750-1258 年）對伍麥葉家族大肆屠殺。伍麥葉王族的後裔阿卜杜勒·賴哈曼（788 年卒）戲劇性地逃亡到西班牙，建立了新王朝 (756-1027 年)，以科爾多瓦爲首都。不久之後，摩洛哥（馬格里布）、突尼斯、埃及、敍利亞等省區都取得了不同程度的獨立，許多小王朝瓜分了阿拔斯王朝西部的領土。909年十葉派在突尼斯建立了法帖梅王朝（909-1171年），鼎盛時期版圖包括整個北非。與此同時，許多突厥人或波斯人的小王朝則瓜分了東部的領土。阿拔斯王朝苟延殘喘，直到成吉思汗的孫子旭烈兀統率蒙古大軍一路西征，於 1258 年攻克巴格達，殺死哈里發，才壽終正寢❶。

十三世紀上半葉，伊斯蘭教世界四分五裂，腹背受敵，東方有蒙古人的大舉入侵，西方有十字軍的威脅。這個時期伊斯蘭教似乎危在旦夕了。但是，它並未一蹶不振。

阿拔斯王朝早就開始用突厥人奴隸做禁衞軍，其他阿拉伯人建立的王朝也有這種做法。結果這些昨天的奴隸往往變成了今天的將領和明天的蘇丹，自己起來建立王朝。在埃及充當禁衞軍的外國奴隸（主要是突厥人，蒙古人和塞加西亞人，即高加索山脈以北地區的人）勢力漸大，終於組織了一個軍事寡頭政權 —— 麥木魯克王朝 (1250-1517年)。這個王朝在 1260 年擊潰了蒙古人的一支西征軍，阻止了他們繼續西進。次年又迎立了一位阿拔斯王族作爲哈里發，使自己在穆斯林們心目中具有正統地位。到十三世紀末，麥木魯克王朝把最後一批十字軍趕進了大海。伊斯蘭教似乎又復興了。在麥木魯克統治下，埃及可以算是整個伊斯蘭教世界中比較繁榮與文明的王國，至少對伊本·赫勒敦及其住在北非

---

❶ Hitti, 1970 年（希提，《阿拉伯通史》），pp. 111-489.

西部的同時代人來說是如此❷。在經濟方面，埃及實際上壟斷了當時最有利可圖的商路 —— 通往印度之路。有了這條商路，埃及就能夠供養它的政府管理機構和軍隊，並滿足統治階級對奢侈生活的追求，有力量建築清眞寺、學校、醫院，進行廣泛的國內經濟活動。在慷慨的貴族的贊助下，宗敎性的和世俗性的藝術和科學都比較繁榮。埃及成了伊斯蘭藝術和智力活動的中心❸。在經過埃及的商人、旅遊者和朝聖者的心目中，與伊斯蘭世界其他地方的混亂狀態相比，埃及的繁榮是令人眼花撩亂的，他們到處傳誦埃及的魅力和壯麗。當伊本‧赫勒敦向一位剛朝聖歸來的朋友詢問開羅的情況時，那位朋友回答他：「沒有見過開羅的人不知道伊斯蘭的榮耀❹。」

從的黎波里伸展到格拉納達的這片地區，阿拉伯人稱爲「西方」(馬格里布)❺，這個地區與埃及比起來比較動盪和衰敗。從十一世紀中期起，馬格里布擺脫了阿拉伯人的法帖梅王朝的統治，由柏柏爾人建立了穆拉比兌王朝 (1061-1147年)，以摩洛哥爲中心，包括阿爾及利亞與西班牙的一部分。 繼起的穆瓦希德王朝

---

❷ T (《伊本‧赫勒敦自傳》的略語，下同)，pp. 246, 251, 256, 281-284; Q (伊本‧赫勒敦著的《緒論》的 1858 年巴黎版的略語，下同)，第Ⅰ卷，pp. 297, 325-326，第Ⅱ卷，pp. 252, 308-309, 338-339; Hitti, 1970 年 (希提，《阿拉伯通史》，下同)，pp. 683 ff.

❸ T(《伊本‧赫勒敦自傳》)，pp. 251, 256, 279, 285, 290, 312-313. Q (《緒論》1858 年版)，第Ⅱ卷，pp. 380-384，第Ⅲ卷，pp. 274, 282-283.

❹ T (《伊本‧赫勒敦自傳》)，pp. 247-248.

❺ *Histoire* (伊本‧赫勒敦著的《殷鑑》第六，第七卷，即柏柏爾人的歷史的法文譯本的略語，下同)，第Ⅰ卷，pp. 123-125.

(1147-1269 年) 的版圖，向東擴大到突尼斯和的黎波里❻。但是，馬格里布並未真正擺脫阿拉伯人，當時統治埃及的法帖梅王朝所管束不住的貝尼希拉勒部族(卽住在上埃及的阿拉伯部族)，受人搧動，向西遷移，劫掠了的黎波里和突尼斯。希拉勒部族和柏柏爾游牧部族沆瀣一氣，毀滅了這個地區自羅馬帝國時代以來就遠近聞名的農業❼。到了十三世紀中期,穆瓦希德王朝的統治受到挑戰。十三世紀下半葉和整個十四世紀,馬格里布分裂成三個互爭雄長的王國：西部的馬林王朝統治摩洛哥，中部的齊雅尼王朝統治西阿爾及利亞，東部的哈夫息王朝統治東阿爾及利亞、突尼斯和的黎波里塔尼亞。這三個王朝內部是很虛弱的：每個王室的不同支系，以及每個支系裏的兄弟們和堂兄弟們之間內訌不已，內訌之餘剩下來的精力就用來與其他王國互爭雄長。游牧部族控制著內陸，使這三個王朝的統治偏限於沿海的狹長地帶，背後受到游牧部族的威脅，面前又受到北方基督敎國家海軍艦隊的威脅。

　　十三世紀下半葉與十四世紀頭10年，突尼斯與東阿爾及利亞的哈夫息王朝享有某種程度的繁榮，主要因為它的首都突尼斯的位置很有利，它是北非海岸亞歷山大港以西最重要的海港。在哈夫息王朝的統治下，突尼斯可以自誇擁有豪華的新宮殿、清眞寺、學校、公共浴池和有效的供水系統。伊本・赫勒敦就出生在這兒，他的家族是許多在突尼斯避難的穆斯林西班牙家族之一，他們把這座城市的北部變成了一座安達盧西亞式（穆斯林西班牙式）的大花園，反映出他們的幽雅情調❽。儘管十四世紀中葉的

❻　*Histoire* (同上)，第 I 卷，p. 303 ff.，第 II 卷，p. 9 ff.

❼　*Histoire* (同上)，第 I 卷，p. 16 ff.

❽　Q (《緒論》1858 年版)，第 II 卷，p. 311,第 III 卷，pp.261-262; Histoire (同上)，第 I 卷，p. 447.

瘟疫和外族入侵使這座城市人口銳減，它的活力仍然給來訪者留下相當深刻的印象❾。不過，從政治與軍事上來說，哈夫息王朝處於守勢，曾經兩次被摩洛哥的馬林王朝所征服，直到十五世紀哈夫息王朝才東山再起。

哈夫息王朝西面是齊雅尼王朝，以特萊姆森爲首都。他們經常腹背受敵，遭到東鄰與更強大的西鄰的騷擾和侵略❿。十三世紀在西班牙建築師和工匠的努力下，特萊姆森得到了美化，它占有一個有利的貿易地位，並有繁榮的當地手工業。但是十四世紀時由於頻頻遭到圍攻和毀滅性的戰爭，這座城市受到了重創⓫。

摩洛哥的馬林王朝的精力一直消耗於內訌之中，直到出現了兩位統治者這種情況才告一段落：一位統治者是艾卜勒・哈桑（1331-48年），他攻占了特萊姆森和突尼斯，向東擴展了自己的王國；另一位是他的兒子艾卜・伊南（1348-1358年在位），他招聘西班牙建築師和工匠重建了首都法斯。在他的統治下，法斯取代突尼斯，成了馬格里布文化的中心⓬。這一時期，馬格里布享有一段比較繁榮的短期和平。這種和平壽命不長，因爲這個地區的權力結構相當脆弱。馬林王朝儘管一度建立了霸權，但是這種控制並不意味著這一地區的政治穩定。哈夫息王朝、齊雅尼王朝

❾ *Histoire*（同上），第Ⅱ卷，p.187,T（《伊本・赫勒敦自傳》），p. 27.

❿ *Histoire*（同上），第Ⅰ卷，pp. 454 ff.，第Ⅱ卷，pp. 100 ff.，EI（《伊斯蘭百科全書》的略語，下同），第Ⅳ卷，pp. 1220b-1221a.

⓫ *Histoire*（同上），第Ⅱ卷，pp. 211-212; EI（同上），第Ⅳ卷，p. 802b.

⓬ *Histoire*（同上），第Ⅱ卷，p.158; T（《伊本・赫勒敦自傳》），pp. 55 ff.

和西班牙的納斯爾王朝，總是能夠通過種種合縱連橫的手段來抑制馬林王朝的進一步發展。

　　在西班牙伍麥葉王朝的廢墟上出現了許多互相殘殺的小國。有的小國被併入穆拉比兌王朝和後來的穆瓦希德王朝，其餘的則屈服於北方崛起的基督教勢力。穆瓦希德王朝被推翻以後，西班牙逐漸被基督教各君主和地方上的穆斯林各王朝所瓜分。在這些穆斯林小王朝中，格拉納達的納斯爾王朝 (1232-1492 年) 最突出❸。這個王朝向基督教的卡斯提爾王國朝貢，作為封臣，參加其議會，只有當他們與北非的穆斯林國家結盟，覺得可以武裝對抗基督教勢力時，才敢停止稱臣納貢。要在北方的基督教徒與南方的柏柏爾人之間保持小心的平衡是一件複雜而困難的任務。像穆罕默德五世 (1354-59 和 1362-91 年在位) 這樣精明的統治者清楚地意識到他必須保持力量平衡，才能保證比較長期的和平和國內文化生活的繁榮。格拉納達王國在政治上飽經憂患，但它繼承了西班牙伍麥葉王朝的燦爛文化，因此北非所有的國家，還是不能不抱著羨慕的眼光來看待它的文化成就❹。自從東方的影響衰弱下去，北非本土的柏柏爾文化退化以來，穆斯林西班牙成了伊斯蘭世界西部藝術和智力活動的主要中心。當基督教重新征服的浪潮在西班牙向前推進時，那裏的穆斯林文化菁英或是渡海避往北非，或是向南遷居到後來成為格拉納達王國的地方，使那兒人才薈萃。在十四世紀，穆斯林的西班牙產生過像伊本・赫帖卜 (1374／776 年卒) 這樣的出色人物，他的文學造詣與廣博學識

❸　B（伊本・赫勒敦著《殷鑑》1867年版的略語，下同），第Ⅳ卷，pp. 170 ff.; *Histoire*（同上），第Ⅱ卷，pp. 273 ff., 367 ff.

❹　B（同上），第Ⅳ卷，pp. 176-178.

使他成了格拉納達的驕傲。但是這個時期格拉納達的文化生活只是回光返照，過去的活力已經一去不復返了。

十三、十四世紀之交的整個伊斯蘭世界從表面上看，勢力範圍並未縮小。穆斯林的勢力在西班牙與地中海諸島是有所縮小，但是在敘利亞沿海的十字軍被趕走了，波斯的蒙古統治者已經承認伊斯蘭教爲國教，奧斯曼土耳其不斷擴張，把拜占廷在巴爾幹的統治壓縮到無足輕重的地步，而且伊斯蘭教在蘇丹、印度、印度尼西亞以及中亞贏得了許多新的皈依者。伊斯蘭教在東方的擴張足以抵償它在西方的損失而有餘。

但是，從內部來看，伊斯蘭世界正在走向衰弱。幾個世紀以來四面八方的征服者不斷對這個巨人施以重創：塞爾柱突厥人、基督教十字軍、柏柏爾人和希拉勒阿拉伯游牧部落，最後是蒙古人，反覆進行破壞、燒殺和搶劫。他們加強和加速了伊斯蘭社會的內部解體。主要的大城市淪爲廢墟。灌漑系統被毀，造成了農業的衰退。行政管理機構的破裂和錯亂，導致了交通通訊系統的破碎以及國際和當地貿易的萎縮。各個王朝爲了發動持續不斷的戰爭，對臣民課以種種苛捐雜稅，爲了讓封建將領提供軍餉和士兵，把土地分封給他們，這些做法都加速了衰弱和混亂。在許多地區，比如北非西部、敘利亞沿海地區、伊拉克，以及波斯北部，城市居民成了游牧部落、海盜、饑荒與瘟疫的犧牲品。

伊斯蘭世界的衰弱在西部尤爲明顯。把西部伊斯蘭教諸國與基督教各國對比一下就可以更清楚地看出這種衰弱。政治上來說，伊斯蘭教各國處於守勢，唯一的例外是馬林王朝對基督教西班牙進行過一些遠征，但是一無所獲⑮。

這種政治情況與雙方的經濟有密切關係。基督教歐洲在十四世紀也經歷了一場經濟衰退，但是與伊斯蘭世界普遍的、長期的衰退過程相比，歐洲的這次衰退只是暫時的。在此之前是兩個世紀的當地貿易、對外貿易和手工業的異常迅速的增長，在此之後是十五世紀中葉文藝復興時代的新的進步❶。歐洲北部在十四世紀發展比較慢，但是在南部，熱那亞、比薩、佛羅倫斯和威尼斯實際上壟斷了地中海貿易，隨著歐洲銀行與信用機構的擴張，只有基督教徒和猶太人才能成為那兒的國際貿易的中間人，伊斯蘭教徒已經被排除在外了。作為文藝復興的一個結果，隨著礦業、冶金業、紡織業的發展，歐洲也逐漸成了能提供大量出口商品的地區。與此形成對照的是：在過去的兩個世紀中，北非的農業與手工業不僅沒有什麼新的發展，連已經存在的經濟也在不斷衰敗和毀滅，這就使得這個傳統上號稱穀倉的地區變得沒有什麼剩餘物資可供出口了❶。與此相似，在藝術和智力活動領域裏，伊斯蘭教各國幾乎沒有什麼東西可以與早期歐洲文藝復興、古典文明的重新發現、或民族文學的興起相比。

由伊本・赫勒敦所描繪的，大部分可以得到其他史料印證的十四世紀伊斯蘭世界的整個圖景，是一幅普遍衰退與解體的圖景。在少數孤立的地區，比較明顯的是波斯西南部、埃及和穆斯林西班牙，還保存著伊斯蘭文明的某些活力。但是，與八、九世紀伊斯蘭文明充滿青春生機的發展相比，與當時歐洲的一般情況相比，

❶　*Histoire*（《殷鑑》第六、第七卷法文譯本），第Ⅱ卷，pp. 386 ff., 484-485; Histoire（同上），第Ⅰ卷，pp. 618 ff.

❶　CMH（《劍橋中世紀史》的略語，下同），第Ⅷ卷，pp. 340 ff.; CEH（《羅馬帝國滅亡以來的歐洲經濟史》的略語，下同），第Ⅱ卷，pp. 456-458, 469 ff.

❶　CEH（同上），第Ⅱ卷，pp. 209, 289 ff., 304-315.

這些地區也顯得停滯不前。伊本・赫勒敦所出生的，在他前往埃及以前生活了 50 來年的北非西部，則是伊斯蘭世界中衰退得最嚴重的地區。北非西部呈現在他面前的是一幅混亂不堪、滿目淒涼的圖景。如果說穆斯林文明在別的地方已經衰弱了的話，那麼它在北非實際上已經氣息奄奄了❸。伊本・赫勒敦渴望理解他那個時代在伊斯蘭世界裏，特別在北非出現的這種狀況的性質和原因，渴望通過這些實例來理解人類歷史的性質。這種渴望是伊本・赫勒敦對歷史進行反思的主要動機之一。

第二節　家世、童年與教育

伊本・赫勒敦的家族自稱是阿拉比亞南方海岸中部的哈達拉毛起源的一個部落的後裔。在伊斯蘭的早期歷史上，那個部落以其支持伍麥葉人的傾向而聞名。八世紀中葉穆斯林征服西班牙時，這個家族的遠祖以也門部隊的一員的身分來到西班牙。他定居於卡莫納。由科爾多瓦、塞維利亞、格拉納達組成的三角地帶後來成了穆斯林西班牙的文化中心，對整個歐洲都有深遠影響，而卡莫納就在這個三角地帶裏頭。後來這個家族遷居塞維利亞。九世紀末，赫勒敦家族的一個成員曾經起兵反抗西班牙的伍麥葉王朝，在塞維利亞建立過一個為時10年的半獨立的政府。有人懷疑伊本・赫勒敦在男性世系方面是不是阿拉伯人的後裔，其實這是不容懷疑的，儘管他的血管裏也流淌著柏柏爾人和西班牙人的

---

❸　Q（《緒論》1858年版），第Ⅱ卷，pp. 246-247, 268-269, 352, 380 ff.

血液。最重要的是，他相信自己是阿拉伯人，這在當時是一種引以為自豪的出身。

　　十一世紀初西班牙伍麥葉王朝解體以後，塞維利亞成了一個獨立的小王國，赫勒敦家族在塞維利亞的文化和政治活動中都居於領導地位。塞維利亞的政權實際上就掌握在赫勒敦家族與其他一些大貴族手中。赫勒敦家族的成員大部分都受過良好的教育，他們當中有一位歐麥爾·伊本·赫勒敦 (1057-8/449 年卒)，曾經作為一位科學家與哲學家而聞名於當時⑲。從十一世紀下半葉到十三世紀初年，塞維利亞相繼成為柏柏爾人的穆拉比兌王朝的陪都和穆瓦希德王朝的首都。赫勒敦家族的成員在這兩個王朝的政府和軍隊中占有顯赫的地位。十三世紀初年，穆瓦希德人被基督教聯軍打得大敗，失去了對西班牙的控制。基督教勢力越來越逼近科爾多瓦 —— 塞維利亞 —— 格拉納達三角地帶，格拉納達的納斯爾王朝的創建者號召建立一個穆斯林聯合陣線來抵抗基督教勢力的推進，但是，赫勒敦家族和塞維利亞的其他望族並未響應這一號召，赫勒敦家族決定離開西班牙遷往北非。他們離開後不久，塞維利亞就於 1248 年陷落了⑳。

　　赫勒敦家族在突尼斯受到歡迎，從哈夫息王朝得到了年金與封地，有些家族成員得到了官職。《緒論》作者伊本·赫勒敦的曾祖父艾卜·伯克爾·穆罕默德擔任過財政部長，並寫過一本政府秘書手冊。伊本·赫勒敦說這本書是鼓舞他寫《緒論》的動力

---

⑲　T (《伊本·赫勒敦自傳》), pp. 1 ff.; B (《殷鑑》1867 年版), 第Ⅳ卷, pp. 135-136.

⑳　*Histoire* (《殷鑑》第六, 第七卷法文譯本), 第Ⅰ卷, pp. 350, 399, 447, 第Ⅱ卷, pp. 284, 301-302.

之一。伊本·赫勒敦的祖父穆罕默德德高望重，但生性淡泊，不求聞達，兩次前往麥加朝聖之後，卽退休而過一種平靜的宗教生活。伊本·赫勒敦的父親穆罕默德也過著平靜的學者生活。他對《古蘭經》和敎律學有淵博的知識，對語法與詩學也有堅實的基礎**㉑**，赫勒敦家族的先輩旣有政治雄心，也有學術傳承，這在伊本·赫勒敦身上得到了很好的結合。

艾卜·宰德·阿卜杜勒·賴哈曼·伊本·穆罕默德·伊本·赫勒敦·哈達拉米 (Abū Zayd 'Abd-ar-Rahamān ibn Muhammad ibn Khaldūn al-Hadramī) 於回曆732年賴麥丹月（九月）一日（公元1332年5月27日）生於突尼斯。哈達拉米表明他出自哈達拉毛氏族。他有兩個兄弟：兄長穆罕默德和比他小一歲的弟弟葉哈雅，葉哈雅後來也成了一位政治家和史學家。

關於伊本·赫勒敦在突尼斯度過的童年與青少年時代，除了他的學習的詳細情況以及他的敎師們的背景與個性之外，所知不多。我們可以設想，他與他的家族一樣積極參與了突尼斯城的文化和政治生活。他的家庭相當富裕，常常有伊斯蘭世界西部的政治和文化菁英來訪，他們當中有許多人也是避難於此地的**㉒**。就是在這樣有利的條件下，伊本·赫勒敦開始接受其敎育的。此外，1347年馬林王朝的統治者艾卜勒·哈桑一度征服突尼斯，他帶來了一些摩洛哥的大學者，其中有些人成了伊本·赫勒敦的導師，對他有很大的影響**㉓**，他們當中最重要是穆罕默德·伊本·易卜拉欣·阿比利 (1356/757 年卒)。

㉑　T（《伊本·赫勒敦自傳》），pp. 9-11.

㉒　T（同上），pp. 27, 37, 40.

㉓　T（同上），pp. 15 ff., 44 ff.

伊本·赫勒敦的初步教育遵循當時通常的模式，他學習《古蘭經》和聖訓學 (hadīth，研究先知的教導)，伊斯蘭教教義學的基礎，教律學的初步知識，神祕主義的基本原理。他進一步的學習包括借助於注釋和有關的其他主要著作來詳細地研究這些學科，還包括理性的或哲學性的諸學科，即邏輯、數學、自然哲學（可能包括天文學與醫學），以及形而上學。有關的語言學、生物學、歷史學，以及學術著作的寫作技巧是學習上述學科的必要工具，也在學習之列。最後，因為伊本·赫勒敦將來很可能從政，他也得學習撰寫詔旨奏摺等公文以及處理實際行政問題。

伊本·赫勒敦早期在神學與哲學方面的訓練與寫作為他未來的事業和他在《殷鑒》中所表達的成熟思想提供了基礎。這方面最重要的問題之一是：在研究社會時，神學的啟示與哲學的理性是什麼關係？伊本·赫勒敦早年學習的這些學科是怎樣處理這個問題的？

從一開始，伊斯蘭神學思想就集中研究伊斯蘭社會中的實際社會秩序問題。這個問題就是怎樣把《古蘭經》與聖訓中所包含的原理和規則，運用到廣大的伊斯蘭帝國的複雜的社會環境中去❷。

阿拉伯法系是世界上的大法系之一，這個法系主要以《古蘭經》和聖訓為根據。正統派的教律學有四大學派：麥地那學派的創立者是馬立克·伊本·艾奈斯 (715-795年)，這個學派又稱馬立克派，特別重視聖訓，是個保守的學派。伊拉克學派則堅持法學上推理的權利，是自由學派。沙斐儀學派因其創始人沙斐

---

❷　Q（《緒論》1858 年版），第Ⅲ卷，pp. 1 ff., 8-9, 25, 38;
　　Schacht, 1950年（《伊斯蘭教律學的起源》），pp. 22 ff.

儀 (767 年生) 而得名，是個介乎於兩者之間的中間學派。罕伯里派因其創始人艾哈邁德・伊本・罕百勒 (855 年卒) 而得名，是極端保守的學派，死摳聖訓字句。

　　伊本・赫勒敦屬於馬立克學派。這個學派原先強調先知與最初幾代穆斯林在麥地那的理念和實踐。它運用意見 (ra'y，賴艾伊，即私人的判斷) 和推理來保衞麥地那社會的信仰和實踐。麥地那的地方主義及其學派在北非得到廣泛的接受，因爲北非的社會和文化狀況與麥地那比較類似；在九世紀開始幾十年內，馬立克學派就在伊斯蘭世界的西部占了上風❿。

　　與馬立克學派相反，伊拉克學派必須對付廣大的世界帝國裏的種種新的社會狀況。他們也承認《古蘭經》和聖訓的精神，但是他們運用意見、個人的精心解釋 (ijtihād，以智提哈德)、比論 (qiyās，格雅斯) 和僉議 (ijmā'，伊只馬耳) 使這些精神適用於文化比較高的社會。伊拉克學派是一個最寬容的學派❿。

　　十世紀，北非的馬立克學派被十葉派的法帖梅王朝所取締，後來又被穆瓦希德王朝所禁止。到十三世紀末，馬立克學派才重新得到突尼斯的哈夫息王朝的承認和鼓勵，這個學派的許多博士占據了這個王國的大多數司法和行政職位，這時這個學派在處理宗教和法律問題的方法上已經有了一些重大改變。這些變化的主要原因是馬立克學派受了伊拉克學派影響，並且採用了以法赫魯丁・拉齊 (1209/606年卒) 的學生們爲代表的東方宗教思想的新發展❿。法赫魯丁・拉齊加強了理性的哲學知識與宗教研究之間

---

❿　Q (《緒論》1858 年版)，第Ⅲ卷，pp. 8-9; T (《伊本・赫勒敦自傳》)，pp. 300, 304.
❿　Schacht, 1950 (《伊斯蘭教律學的起源》)，pp. 120 ff.
❿　Q (《緒論》1858 年版)，第Ⅲ卷，pp. 8 ff., 41-43.

的新的紐帶。在伊拉克學派的影響下，整個西方的馬立克學派，尤其是受法赫魯丁・拉齊思想直接影響的支派，允許個人的精心解釋獲得比較廣闊的活動餘地。此外，十世紀以降，伊斯蘭世界西部所發生的重要的經濟和社會變化產生了一種新的慣例，對這種新的慣例，既不可能熟視無睹，也不可能用馬立克整理出來的麥地那的原始慣例來加以解釋。於是，西方馬立克學派只能調整自己的教律學以適應具體社會狀況❷。伊本・赫勒敦認爲，具體的慣例，包括麥地那的慣例，可以作爲事物普遍規律的表現形式來加以研究，這種規律是可以通過觀察與有效的推理來加以確定的。通過對《古蘭經》與聖訓的合理解釋，可以發現，教律的要求整個來說與自然規律的要求並不背離。簡而言之，只有一個規律，但是它通過兩種方式向人類顯示：神的啓示和自然推理。因爲神的啓示可能被人誤解，而人類的推理可能發生錯誤，這兩種方式顯示的規律可能顯得有些不一樣，但是這種差異只是偶然的❷。

　　西方馬立克學派除了關注教律與具體社會問題的關係之外，在對待理性科學的態度方面也追隨法赫魯丁・拉齊的傳統。這個學派的領袖們可以歸入辯證神學家（教義學家）之列，伊本・赫勒敦把他們稱爲「現代」教義學家，以區別於「古代」教義學家。不論「古代」還是「現代」教義學家都在宗教辯論中採用哲學的推理方法。

　　伊斯蘭教興起之初，並無自己的哲學傳統。在阿拔斯王朝的全盛時期，發生了伊斯蘭教歷史上最重大的智力的覺醒，把各種

---

❷　EI（《伊斯蘭百科全書》），第Ⅱ卷，p. 561a, "Istihsan"; T. W. Joynboll 撰。

❷　Q（《緒論》1858年版），第Ⅰ卷，p. 355.

印度、波斯、敍利亞，而主要是希臘的著作翻譯成阿拉伯語。762年奠定巴格達的基礎之後，僅僅75年的工夫，阿拉伯語的學術界就已掌握了亞里士多德的主要哲學著作和新柏拉圖派的主要的注釋性作品。在百年翻譯時期（750-850年）之後，接著就出現了一個創造性活動的時期。阿拉伯人產生了自己的大哲學家。伊斯蘭哲學傳統是與法拉比（950年卒）、阿維森那（1037年卒）和阿維羅伊（1126-1198 年）這三個名字分不開的。阿拉伯把不受宗教限制而自由思考的人稱爲哲學家，而把那些爲天啓的宗教所制約的學者稱爲辯證神學家（敎義學家）。辯證神學家相當於基督敎歐洲經院哲學的著作家，他們運用邏輯學命題的方式陳述自己的理論。

伊本・赫勒敦所稱的「古代」敎義學家與「現代」敎義學家的區別在於他們對邏輯與存在的關係抱有不同觀點。「古代」敎義學家將邏輯與存在等同起來，他們從宗敎信條出發，運用論證的原理和方法構成一個理性體系，導出與宗敎信條相吻合的結論。他們要求人們接受他們進行論證的原理和方法，他們認爲，否定這些原理和方法也就是否定宗敎信條本身。「現代」敎義學家則把邏輯與存在區別開來，認爲這兩者應該互相契合，但是也可能偶然有差異。有可能邏輯推理有誤，而相應的存在無誤。

伊本・赫勒敦研究了敎義學的「古代」與「現代」傳統，特別是法赫魯丁・拉齊的「現代」傳統，他認爲，敎義學整個來說，只有在與異端邪說進行鬥爭時，在反對哲學論戰動搖大眾的宗敎信仰時，才是一種有用的武器。除了這種純粹的社會功能是必要的之外，他反對神學利用哲學進行辯論；而且，他認爲哲學已經意識到自己是屬於少數菁英的學問，不再去困擾芸芸眾生，因此，他覺得教義學沒有必要繼續存在下去❸。

　　伊本‧赫勒敦是在他的導師阿比利的指導下開始研究各門與哲學有關的學科的。阿比利生於 1282 年，早年對數學很有興趣和才能。他被迫擔任安達盧西亞軍團的將軍，後來掛印而去，前往東方朝聖，先至麥加，後去伊拉克十葉派的中心卡爾巴拉。回到西方後，阿比利繼續研究哲學，政府想利用其數學知識，要他擔任首席司庫，他辭官不就，逃往法斯，躲在一個猶太數學家家裏，繼續研究數學。後來他前往馬拉庫什，研究神祕主義、數學和哲學。他成了最著名的教師，而且在哲學諸學科方面，他是同時代人中最精深淵博的大師❸。

　　阿比利是 1347 年隨馬林王朝的國王阿卜勒‧哈桑來到突尼斯的學者之一。他會見了伊本‧赫勒敦的父親，並住在他家裏。儘管當時伊本‧赫勒敦還是一個 16 歲的小伙子，但由於父親的關係，得以涉足阿比利的圈子。次年黑死病橫掃突尼斯，伊本‧赫勒敦的父母和大部分教師都成了犧牲者。在此後的三年中，伊本‧赫勒敦繼續師從阿比利，直到阿比利離開突尼斯❸。

　　伊本‧赫勒敦師從阿比利，從數學和邏輯學開始學起，然後伸展開去，包括哲學的各學科❸。阿比利並不追隨某個具體的哲學派別，而是與學生一起閱讀阿維森那、拉齊（865-925 年）和

<hr />

❸　Q（同上），第Ⅲ卷，p. 43.

❸　L（伊本‧赫勒敦著《「古今科學概論」節略》的略語，下同），
　　fol. 4v; T（《伊本‧赫勒敦自傳》），pp. 21, 33-34.

❸　T（同上），pp. 21-22, 55, 371.

❸　T（同上），p. 37.

阿維羅伊的主要著作❸。阿比利可能是把主要的十葉派哲學家突斯人奈緩爾丁（1274年卒）的著作介紹到西方來的第一個人❸。

　　這個時期伊本·赫勒敦所寫的著作包括邏輯與數學方面的論文，以及爲阿維羅伊的許多著作寫的節本❸。流傳下來的只有爲法赫魯丁·拉齊的《古今科學概論》(Muhassal) 所寫的一個節本。作爲一個敎義學家，法赫魯丁·拉齊在這部著作裏批評了許多哲學學派，特別批判了阿維森那的某些信條。突斯人奈緩爾丁對這部著作寫了全面的注釋，在這些注釋中他表示很懷疑法赫魯丁·拉齊是否眞正理解了這些哲學家們，特別是阿維森那。伊本·赫勒敦曾與阿比利一起研讀法赫魯丁·拉齊的這本書與突斯人奈緩爾丁的批判。伊本·赫勒敦在自己對法赫魯丁·拉齊此書的摘要❸中幾乎全部採用了突斯人奈緩爾丁的批判。哲學對伊本·赫勒敦的吸引力並不偏限於他學習的早期階段。他後來在北非、西班牙和埃及都繼續研究哲學，並探究哲學諸學科的新發展以及法赫魯丁·拉齊與突斯人奈緩爾丁的學生們的活動，尤其是

────────────

❸　T（同上），pp. 62-63. Hitti, 1970年（《阿拉伯通史》），pp. 365-372, 582-584. EI2（《新版伊斯蘭百科全書》的略語，下同），第3卷，pp. 941-947, "Ibn Sina（伊本·西那）"，A. M. Goichon 撰；pp. 909-920, "Ibn Rushd（伊本·魯世德)"，R. Arnaldez 撰。EI（《伊斯蘭百科全書》），第6卷，pp. 1134-1136, "Razi(拉齊)"，P. Kraus and S. Pines撰。

❸　L（《「古今科學概論」節略》），fol. 4v; Hitti, 1970年（《阿拉伯通史》），p. 683; EI（《伊斯蘭百科全書》），第8卷，pp. 980-982, "Tusi（突斯人奈緩爾丁）"，M. Hidayet Hosain 撰。

❸　Ibn al-Khatib, *Ihata*（伊本·赫帖卜，《格拉納達志》）。

❸　*Lubab al-muhassal*（《「古今科學概論」節略》）。L, fol. 3r.

他們在東方的活動❸。

第三節　在馬格里布的政治和學術事業

伊本·赫勒敦是在自己的故鄉突尼斯開始政治生涯的。當時他年方二十，哈夫息王朝委任他爲簽署官（kātib al-'alāma），他的職責是在公文的擡頭與正式內容之間用大的字母寫上「讚美眞主」和「感謝眞主」。這個職位看來不包括任何行政或管理職能，不過可以了解所有重要的政府事務的機密。伊本·赫勒敦對於得到這個官職並不很高興。他父母雙亡，他的教師們或是死於黑死病，或是離開了突尼斯，1352年他的主要導師阿比利也應馬林王艾卜·伊南之召去了法斯。此時伊本·赫勒敦在突尼斯很孤獨，很想追隨阿比利前往當時馬格里布的政治和文化中心法斯。趁哈夫息王朝君主在一次戰爭中失利之際，他離開突尼斯前往西方❸。他在突尼斯時可能已經成家，他的妻子是哈夫息王朝兵部尚書之女。

1353年夏，伊本·赫勒敦會見了馬林王朝的新國王艾卜·伊南。在此後的兩年中，艾卜·伊南巡遊各地以鞏固自己的權力，伊本·赫勒敦跟着他一起巡遊。當艾卜·伊南回到法斯時，伊本·赫勒敦應邀加入了聚集在他周圍的學者的圈子。不久，艾卜·伊南委任伊本·赫勒敦爲秘書❹，任務是記錄艾卜·伊南關於請

---

❸　Q（《緒論》1858年版），第Ⅲ卷，pp. 92-93, 117, 274；B（《殷鑑》1867年版），第Ⅴ卷，p. 532.

❸　T（《伊本·赫勒敦自傳》），pp. 55-56.

❹　T（同上），p. 59, 62；Q（《緒論》1858年版），第Ⅱ卷，pp. 23 ff.

顧及其他文件的決定。伊本・赫勒敦並不很樂意幹這件工作，因爲他從來沒有聽說他的祖先幹過這樣低的工作。但是這個職位給了他一種機會，可以在法斯師從他以前的一些教師，繼續他的學業，並且有機會結識朝廷上的各種政治人物與外國使節，密切接觸馬格里布與穆斯林西班牙的政治生活❹。

在伊本・赫勒敦時代，馬格里布是由一些小獨裁者統治的，他們的個人品格很深地影響了他們所統治的社會。在這種情況下，積極參與政治就意味着與這些小獨裁者之一建立某種關係，一個人所起的政治作用主要就靠這種關係如何發展。

在艾卜・伊南的朝廷上，伊本・赫勒敦結識了一個在未來北非政治生活中將起重要作用的人物：哈夫息王朝的王子艾卜・阿卜杜拉❷，後來他登基爲王曾邀請伊本・赫勒敦爲相，當時他住在法斯，艾卜・伊南希望利用他牽制突尼斯的哈夫息王朝❸。伊本・赫勒敦與哈夫息王子的友誼使艾卜・伊南懷疑他們在密謀對付他，結果兩人於1357年雙雙入獄，哈夫息王子不久就獲釋了，伊本・赫勒敦卻被關了 22 個月，直到艾卜・伊南被其首相謀殺後才獲釋並官復原職❹。艾卜・伊南死後，馬林王朝的大臣紛紛企圖擁立自己選定的王族成員。伊本・赫勒敦支持艾卜・伊南的流亡歸來的弟弟艾卜・賽里木。艾卜・賽里木登基爲王之後，任命伊本・赫勒敦爲國務卿，後來出掌高等法院❺。但是伊本・赫

❹ T（同上），pp. 58-66.

❷ T（同上），p. 66.

❸ T（同上），pp. 66-67, 91, 94-99.

❹ T（同上），pp. 66-68, 95-96.

❺ T（同上），p. 43, 70, 77；Q（《緒論》1858 年版），第 I 卷，pp. 399 ff.，第 II 卷，pp. 21-23.

勒敦的政治理想仍然無從實現。艾卜・賽里木並沒有像他所設想
的那樣成爲一精明強幹的君主，相反，他只是一個目光短淺，胸
襟狹窄的獨裁者，除了保持自己的權力之外沒有其他興趣[46]。

　　伊本・赫勒敦在朝廷上的地位下降了，他所占有的官職只是
酬謝他過去的支持，而不是讓他在國家決策過程中擔當一個舉足
輕重的角色。就是這種局面也並未維持多久。艾卜・賽里木死於
一場一些文武官員組織的叛亂之中。在繼起的新政權中，伊本・
赫勒敦也無法起什麼重要的作用。東面特萊姆森的齊雅尼王朝似
有中興之象，而法斯的馬林王朝卻動亂不已。因此，伊本・赫勒
敦希望離開法斯到特萊姆森去施展政治抱負。但是，法斯政府卻
害怕他運用自己關於西北非洲政治情況的知識去幫助齊雅尼王朝
反對馬林王朝，因此不准他前往齊雅尼王朝，只允許他選擇西方
的其他任何國家。伊本・赫勒敦選擇了穆斯林西班牙，於 1362
年前往格拉納達[47]。伊本・赫勒敦 1354-62 年間住在法斯時已經
有了孩子。此時他要去西班牙，遂將妻子與孩子送往君士但丁城
投靠他妻子的兄弟們。

　　至此他的政治生涯的第一階段遂告結束。他年輕而雄心勃
勃，來到摩洛哥的馬林王朝，尋求一個有影響力的地位。馬林王
朝是北非唯一有可能統一這個地區的國家。但是他一敗塗地。穆
斯林西班牙能不能爲他提供新的環境、機會和希望呢？

　　與北非比起來，穆斯林西班牙肯定更爲繁榮、文明和穩定

---

[46]　Ibn al-Khatib, *Ihata*（伊本・赫帖卜，《格拉納達志》），第
　　Ⅰ卷，pp.164-169.

[47]　Ｔ（《伊本・赫勒敦自傳》），pp. 77-79.

❽ 。穆斯林西班牙所需要的是一個賢明的君主，他應該深明事理，高瞻遠矚，能夠使西班牙擺脫北方基督教徒和南方馬林王朝的算計，能夠加強已經存在的物質和文化繁榮。伊本・赫勒敦在北非失敗了，但是他並未失去希望和雄心。穆斯林西班牙爲新的冒險提供了充分機會，而他準備再一次試試自己的運氣。

格拉納達是歡迎伊本・赫勒敦的。1359—1361 年，格拉納達的穆罕默德五世（1354-59 和 1362-91 年在位）作爲一個流亡的國君，帶着他的首相伊本・赫帖卜（1313-1374 年）來到法斯時，伊本・赫勒敦作爲法斯政府的國務卿曾經友好地接待過他們 ❾。通過伊本・赫勒敦的積極活動，穆罕默德得以重新登上格拉納達的王位。由於這些過去的效勞，伊本・赫勒敦現在得到國王的信任和款待以及伊本・赫帖蔔的友誼作爲回報❺。他很高興能有淵博的伊本・赫帖蔔和其他穆斯林西班牙學者爲伴。他不久就把家眷接到西班牙來了。這說明他有意定居格拉納達。

1364年，他奉命率領一個外交使團去會見卡斯提爾國王 —— 殘酷的彼德羅（1350-69年在位），目的是在卡斯提爾與穆斯林之間締結一個和平條約。這樣，伊本・赫勒敦就得到了一次訪問故鄉的機會。那位基督教國王很尊重他，希望他改換門庭，轉而爲

---

❽ Ibn al-Khatib, *Ihata* (伊本・赫帖卜，《格拉納達志》)，第 Ⅰ 卷，pp. 24 ff., 34-38; Q (《緒論》1858年版)，第 Ⅰ 卷，pp. 278 ff., 198 ff.,第 Ⅱ 卷，pp. 309-310.

❾ *Histoire* (《殷鑑》第六，第七卷法文譯本)，第 Ⅱ 卷，pp.453-457; Ibn al-Khatib, *Ihata*(伊本・赫帖卜，《格拉納達志》)，第 Ⅰ 卷，pp. 237 ff; Hitti, 1970 年 (《阿拉伯通史》)，p. 567; EI2 (《新版伊斯蘭百科全書》)，第 3 卷，pp. 835-837, "Ibn al-Khatib (伊本・赫帖卜)", S. Gibert 撰。

❺ T (《伊本・赫勒敦自傳》)，pp. 79 ff.; EI (《伊斯蘭百科全書》)，第 Ⅱ 卷，pp. 879b-880a.

卡斯提爾效力，並且答應把他家族從前的產業還給他。伊本‧赫
勒敦婉言謝絕了。他成功地完成了他的使命，帶着禮物回到格拉納
達**⑤**。這是伊本‧赫勒敦與基督教歐洲的唯一的一次直接親身接
觸。他親眼看到數世紀以來基督教徒和穆斯林之間進行戰爭所留
下的滿目瘡痍，並且可以預見日益縮小的穆斯林領土所面臨的不
幸前景。他剛剛完成的這次使命本身就表明了穆斯林的地位：這
不是兩個平等國家之間所簽訂的和平條約，而是一心想保持朝貢
地位的穆斯林君主與咄咄逼人的基督教君主之間所簽訂的條約。
這次出使很可能使伊本‧赫勒敦更爲感性地認識到伊斯蘭文明與
基督教文明相比，正在走下坡路。

　　不過穆斯林西班牙擁有西方其他穆斯林國家所缺乏的有利條
件。它物質上和文化上都相當繁榮。軍隊素質上乘，裝備精良，
而且完全受君主控制。伊本‧赫勒敦可能斷定：穆斯林西班牙最
需要的是一個明君。穆罕默德五世也似乎孺子可教，他不僅容易
接近，而且很願意對伊本‧赫勒敦作出回應，很樂意傾聽他的想
法**⑫**。伊本‧赫勒敦不失時機，立刻邁出了第一步，向這位年青
的國君傳授知識。他在北非的經驗教導他，如果僅僅爲一個無知
的國君做顧問，在政治上是不可能成功的，因爲這種國君總是親
小人而遠君子，最後被投機取巧的政客牽着鼻子走。但是，眼前
是一位大權在握的二十來歲的年青君主，而且他給人一種聰明、
高尚和謹愼的印象。如果他能夠得到訓練和引導，伊本‧赫勒敦
的理想國就可能實現。因爲有伊本‧赫帖卜在那兒處理國家日常

---

⑤　T（同上），pp. 84-85, 371; *Histoire*（《殷鑑》第六，第七卷
　　法文譯本），第Ⅱ卷，p. 450.

⑫　T（同上），p. 91.

事務，這位君主就有閑暇接受伊本・赫勒敦的教導。伊本・赫勒敦與穆罕默德五世兩人單獨進行長時間的晤談，他向國王解釋自己的目標❸。

根據伊本・赫帖卜 1361-62 年完成的《格拉納達史》中的伊本・赫勒敦小傳，他三十歲出頭已經完成了多部著作，除了上面提到過的(一)為阿維羅伊的許多著作寫的節本，(二)為法赫魯丁・拉齊的《古今科學概論》寫的一個節略，(三)一本數學書之外，他還寫過，(四)對穆罕默德・蒲綏里的《先知的斗篷》的評論，(五)對伊本・赫帖卜的一本論教律學原理的著作寫的評論，他可以借助於自己的這些著作對國王進行教育。他另有一篇著作——(六)邏輯學論文，特別注明是為蘇丹而寫的，這個蘇丹很可能就是指穆罕默德五世。(也有可能是早先為艾卜・伊南寫的。)

格拉納達的宰相伊本・赫帖卜雖然是伊本・赫勒敦的朋友，對他的才華非常讚賞，但是對他教育國王的計劃卻不以為然❹。這並非出自盲目的無知或嚴格的保守主義，而是出自實際的政治智慧。五十出頭的伊本・赫帖卜一直為穆斯林西班牙效力，對這個國家的狀況及其君主的性格了解得比三十來歲的伊本・赫勒敦透徹。他也研究過哲學，完全了解伊本・赫勒敦教育國王的目標❺。他很可能認為伊本・赫勒敦的計劃對西班牙的和平來說既不明智，又很危險，自己有責任使這個國家保持和平❻。他不相信穆罕默德五世具備那種理解、控制和運用伊本・赫勒敦教給他的

---

❸　參閱 T（同上），p. 277: 3.

❹　T（同上），p. 91, 97.

❺　*Histoire*（《殷鑑》第六，第七卷法文譯本），第Ⅱ卷，pp. 491 ff., 497.

❻　T（《伊本・赫勒敦自傳》），pp. 117-119, 123-124.

知識的素質❺❼。因此他覺得，如果讓伊本・赫勒敦繼續留在這裏是很麻煩的，必須讓他離開格拉納達。但是，他將非常體面地離開，官方將稱頌他爲西班牙作出的巨大貢獻，表達國王由於他的離去而產生的傷感，以及表示歡迎他在將來重訪西班牙❺❽。伊本・赫勒敦的第二次政治冒險就此結束。

伊本・赫勒敦與伊本・赫帖卜始終保持着私人友誼。一旦伊本・赫勒敦返回北非，伊本・赫帖卜就開始與他進行友好的通信❺❾。伊本・赫勒敦也一直滿懷友情地講到和寫到伊本・赫帖卜❻⓪。後來的事實證明，伊本・赫帖卜的擔憂是完全合理的。穆罕默德五世沒有成爲伊本・赫勒敦期望的哲人王，而變成了一個殘酷的暴君。伊本・赫帖卜被迫逃到北非，但是穆罕默德五世使他在北非遭到囚禁，並且公開譴責他鼓吹哲學的和神秘主義的異端邪說，最後將他謀殺了。伊本・赫勒敦曾試圖營救他出獄，但沒有成功。

1364年6月，伊本・赫勒敦的舊友哈夫息王子艾卜・阿卜杜拉控制了布吉城，邀請伊本・赫勒敦擔任他的首相。當伊本・赫勒敦體會到自己在西班牙無法施展抱負時，他接受了這個邀請，於1365年3月抵達布吉，開始了第三次政治冒險。

伊本・赫勒敦很明顯地竭盡全力推進艾卜・阿卜杜拉的事業。但是，艾卜・阿卜杜拉的比較能幹的堂兄，鄰近的君士但丁

---

❺❼ T（同上），pp. 150-151.

❺❽ T（同上），pp. 91-93.

❺❾ T（同上），pp. 103 ff.

❻⓪ Q（《緒論》1858年版），第Ⅲ卷，pp. 320-321, 399, 409；T（同上），pp. 140-141, 155.

城的統治者艾卜勒‧阿拔斯舉兵對抗艾卜‧阿卜杜拉[61]。艾卜‧阿卜杜拉在用軍事力量保衛他的政權方面並不成功。在他初次失利之後，伊本‧赫勒敦自願擔當了危險的任務，到布吉附近的山裏去向柏柏爾人部落徵收賦稅。艾卜‧阿卜杜拉為了維持自己的統治，急需這些錢。但是，艾卜‧阿卜杜拉還是被其堂兄打敗了，並在戰爭中陣亡。艾卜勒‧阿拔斯占領了布吉（1366年），他要求伊本‧赫勒敦幫助他鞏固對這座城市的控制，伊本‧赫勒敦遂轉而為他效力。但是不久伊本‧赫勒敦的政敵開始挑撥他與國王的關係，他就離開了布吉。他進行富有成效的政治活動的全部希望就此永遠被埋葬了[62]。

　　伊本‧赫勒敦在布吉的經歷對於他未來的政治和學術生涯來說，就像他在格拉納達的經歷一樣重要。如果找不到一位立志改革的君主，那麼，還存在一種次佳的選擇：為某一個獨裁者做顧問，遵循中庸之道，締造一個有效能的政府。他在摩洛哥和西班牙還沒有真正嘗試過這種可能性。在布吉，他嘗試了這種可能性。他的努力的悲慘結局向他證明：像他這樣一個沒有掌握絕對權力的人，光有知識和判斷力是不足以實現這種可能性的。在獨裁者的性格深處，在臣民的國民性和歷史深處，有一些他尚未理解的，不能控制的力量。他在布吉的失敗使他體會到：在他試圖加以改革的社會裏，有各種具體的社會力量，他自己對這些力量的認識還是很不夠的。他開始懷疑，在不斷變化的政治舞臺背後，可能有一種內在的必然性，國家的興衰可能並不取決於政治家的

---

[61]　T（同上），pp. 98-99, 100; *Histoire*（《殷鑑》第六，第七卷法文譯本），第Ⅰ卷，pp. 584-585, 586.

[62]　T（同上），pp. 99-100; *Histoire*（同上），第Ⅰ卷，p. 585.

主觀願望，也不取決於他們的知識水平❻。他開始對自己的雄心和希望本身進行反思。它們是導致他自我毀滅的盲目的欲求嗎？它們是一種不治之症嗎？這些探索性的反思引導他去尋求他所缺少的知識。結果，他開始對政治行動，對知識在社會裏的作用採取一種新的態度。

　　在法斯，格拉納達與布吉的三次政治冒險的失敗已經使伊本‧赫勒敦建立理想國的夢幻破滅了。但是他完全知道一個人一旦涉足高層政治活動，再要抽身引退是多麼困難。後來他在比斯克拉、歐拜德和法斯曾經幾次退隱，過一種平靜的學者生涯，進行學術研究，但又幾次重新出山，捲入政治漩渦。不過，他已不再有以前的那種政治熱情和興趣，僅僅奉命辦事，應付交差而已。當時西北非洲的政治形勢仍然是三個小王朝及其內部的各個支派縱橫捭闔，互爭雄長。在這種情況下，阿拉伯人部落的態度就成了舉足輕重的因素，而伊本‧赫勒敦對阿拉伯部落有相當大的影響，有的王公就希望利用他來聯絡阿拉伯部落。

　　伊本‧赫勒敦離開布吉後，就與里雅赫－達瓦威達部落的阿拉伯人恢復了他 1352 年離開突尼斯時建立起來的老關係，定居於比斯克拉。達瓦威達部落是著名的貝尼希拉勒的最強的一支──里雅赫部落聯盟中的主要部落。達瓦威達部落領袖在馬格里布中部起著很重要的政治作用。伊本‧赫勒敦謝絕了齊雅尼國王艾卜‧哈木要他擔任首相的邀請，理由是他忽視學術研究太久了，需要做點學問❻。在四年當中（1366-1370年），他不願擔任官

---

❻　參閱T（同上），p. 126, 148: 2-5.
❻　T（同上），pp. 102-103.

職，寧肯充當阿拉伯部落與齊雅尼王國之間的中介人。作爲一個中介人，他的權力實際上比他做大臣的時候還要大。此外，他在游牧部落中度過的生活要比他在朝廷上的生活更爲平靜，他可以用更多的時間來讀書和研究。

1370年馬林國王阿卜杜勒・阿齊茲進軍特萊姆森。伊本・赫勒敦很可能覺得自己 8 年前離開法斯以來， 與馬林王朝的關係一直很緊張，阿卜杜勒・阿齊茲的不斷擴張使他很難安全地繼續留在北非，於是他決定再次前往西班牙。但是途中被阿卜杜勒・阿齊茲的軍隊的一支分遣隊所俘。在馬林國王面前，他解釋了自己以前離開馬林王朝的原因。當他被人從馬林國王面前帶走時，他不能肯定自己有無性命之虞。所幸他只被囚禁了一夜，第二天一早就獲得了自由，不由得額手稱慶。他前往特萊姆森附近的歐拜德的聖徒艾卜・麥地安的聖所，決定將自己的未來獻身給研究與教學。但是，幾個星期以後，馬林國王派他去爭取阿拉伯部落站到馬林王朝這邊來，以反對流亡的齊雅尼國王艾卜・哈木。於是他又前往比斯克拉，爭取阿拉伯人希拉勒諸部落成爲馬林王朝的同盟者，襲擊艾卜・哈木。兩年以後，他應馬林國王阿卜杜勒・阿齊茲之召前往法斯。伊本・赫勒敦於 1372 年 9 月離開比斯克拉，取道特萊姆森， 前往法斯 。 阿卜杜勒・阿齊茲恰於此時去世，流亡的齊雅尼國王艾卜・哈木乘機奪回政權，並立即派兵追殺伊本・赫勒敦[65]。伊本・赫勒敦的衞隊遭到攻擊，他失去了馬匹，只得徒步奔逃。他居然奇蹟般地躲過了追殺者，於 1372 年11月抵達法斯。法斯的政局相當混亂，伊本・赫勒敦無意捲入政

---

[65] *Histoire* (《殷鑑》第六，第七卷法文譯本)，第Ⅲ卷，p. 463.

治漩渦，只求做點學問，他的關於神祕主義的著作《對於試圖澄清問題者的指導》❻❻ 可能就是在此期間寫成的。他試圖援救老朋友伊本・赫帖卜，這就惹惱了法斯的新僭主，一度將他逮捕入獄。他的處境越來越危險，他必須找一個比較安全的地方生活下去，於是又想到了西班牙。

伊本・赫勒敦在一位重要的阿拉伯酋長萬澤瑪的幫助下，克服法斯政府的重重阻攔，於 1374 年 9 月抵達格拉納達。他無疑希望解釋清楚他與伊本・赫帖卜的關係，獲得格拉納達國王穆罕默德五世的寬恕，在西班牙平靜地度過餘生❻❼。但是，從某種意義上說，他是誤入虎穴了。穆罕默德五世已經成為一個殘酷的獨裁者，伊本・赫勒敦無法消除他的懷疑和敵意。穆罕默德五世為了擺脫伊本・赫勒敦這個不速之客，決定用船把他送到特萊姆森去，讓齊雅尼國王艾卜・哈木去處置他❻❽。1375年初伊本・赫勒敦在特萊姆森海邊登陸，看來他的命運凶多吉少。

所幸那位阿拉伯酋長萬澤瑪又為他向齊雅尼國王艾卜・哈木說情。艾卜・哈木考慮到伊本・赫勒敦在阿拉伯部落中的巨大影響，寬恕了他，讓他退隱於特萊姆森附近的歐拜德。但是，為時不久，艾卜・哈木就命令他去聯絡阿拉伯人部落。他立即抓住這個機會，離開了特萊姆森，來到阿拉伯人部落當中，接來了家屬。阿拉伯部落中的奧拉德─阿里夫家族允許他們全家在其保護之下住在伊本・賽拉麥城堡（屬於萬澤瑪）。他在這兒度過了四年與

---

❻❻ Ibn Khaldun, S（伊本・赫勒敦著，《對於試圖澄清問題者的指導》）。

❻❼ T（《伊本・赫勒敦自傳》），pp. 133-134, 225-226.

❻❽ T（同上），p. 227.

世隔絕的隱居生活。 此時他四十多歲， 正當壯年。他在過去二十年中積極參與了伊斯蘭世界西部的政治事務，研究過這些政治活動。 他親身經歷了這個地區的許多重大事件， 接觸過與這些事件有關的官方文件。他的職責使他有機會與許多重要人物打交道：使節、官員、君主、部落酋長和學者，通過他們可以了解許多情況。他曾試圖退隱，以便靜心思考伊斯蘭世界西部歷史所提出的種種問題。在伊本・賽拉麥城堡，這個機會終於來臨了。

伊本・赫勒敦起先考慮寫一本當代伊斯蘭世界西部的歷史，可能他抵達伊本・賽拉麥城堡後不久就開始爲這部地區史寫一個總的不太長的〈緒論〉(muqaddima)。那時候,他似乎無意寫一部通史，或者把歷史的內在方面作爲一門專門學科來研究⑥。但是在寫作〈緒論〉時，新的問題湧現出來，早先寫一本地區史的計劃顯得不可取了。他發現歷史的內外兩方面是緊密聯繫在一起的：爲了理解歷史事件的原因與性質，人們必須從正確的資料出發；但是爲了提煉有關歷史事件的資料，去僞存眞，人們又必須知道歷史事件的性質與原因。因此，對伊本・赫勒敦來說，要寫一部精確的伊斯蘭世界西部的當代史，就必須先搞清楚歷史的內部方面。 他研究了以前的穆斯林史學家， 發現他們並不具備這樣的知識，他們大多數只是把傳述者傳給他們的資料紀錄下來而已。伊本・赫勒敦然後探索史學之外的其他學科是否研究過歷史事件的性質和原因。他瀏覽了各個可能思考這個問題的學科，特別是政治學、修辭學和敎律學原理，他發現這些學科都只是以蜻蜓點水的方式來處理這個問題的。

結果，他覺得必須由他自己來創建一門新的學科，專門研究

---

⑥ Q（《緒論》1858 年版），第 I 卷， pp. 51-52.

這個問題，確定這門學科的原理、方法、對象和目的。他必須在撰寫伊斯蘭世界西部當代史之前創建這門學科，因為只有掌握了這門學科，他才能夠理解和撰寫一部正確的歷史。而讀者要理解這部歷史的意義，考核它的可靠性，也必須了解這門新學科。

伊本·赫勒敦花了兩年的時間思考這門新學科的種種問題，後來他把這門新學科稱為「文化的科學」。可能在這個時期他斷定自己原來計劃的史學著作的有限規模，與這門新學科是不相稱的。為了使這門新學科具有普遍意義，它必須以從古至今的整部世界史為基礎，而不是僅僅以伊斯蘭世界西部當代史為基礎[70]。為了這個理由，這部著作的計劃擴大為包括這門新學科，然後是一部通史。當這部著作完成時，最前面是一個很簡短的前言，然後是不長的導論（由早先的〈緒論〉改寫而成），研究一般的史學問題[71]，主體部分分成三個部分：第一部分即那門新學科的全部內容，後來一般就稱這部分為《緒論》。第二部分是到伊本·赫勒敦時代為止的世界通史，第三部分即原來計劃寫的伊斯蘭世界西部的歷史[72]。

伊本·赫勒敦憑記憶撰寫第一部分的初稿，於 1377 年11月完稿[73]。他決定離開伊本·賽拉麥城堡，希望能遷居到有大圖書館和檔案館的城市裏去，比如突尼斯，以完成他的巨著《殷鑒》。

此時哈夫息國王艾卜勒·阿拔斯是突尼斯的主人，在這七、

---

[70] Q（同上），第 I 卷，p. 415, 417, 422.

[71] Q（同上），第 I 卷，p. 6.

[72] Q（同上），第 I 卷，p. 6.

[73] Q（同上），第 III 卷，p. 434, T（《伊本·赫勒敦自傳》），p. 229, 230.

八年當中，他是西北非洲最強大的君主❼❹。伊本・赫勒敦寫信給他，表示希望作爲一個學者在突尼斯從事研究工作，作爲一個突尼斯人看看自己出生的、祖墳所在的城市。他的請願成功了，艾卜勒・阿拔斯尊重赫勒敦家族的聲望，允許他前來突尼斯，他在前往突尼斯的路上會見了出征的艾卜勒・阿拔斯❼❺。

在闊別三十年的故鄉，伊本・赫勒敦打算實現他的計劃，完成他所構思的著作。艾卜勒・阿拔斯爲他提供了贊助，而且對這部著作表現出濃厚的興趣——他知道可以利用伊本・赫勒敦對北非當代史的廣博知識來爲自己的政治和軍事目的服務❼❻。但是，他的贊助也有不利之處。伊本・赫勒敦爲其他朝臣所妒嫉，他們終於成功地引起了艾卜勒・阿拔斯對伊本・赫勒敦的疑忌。當艾卜勒・阿拔斯進行一次新的遠征時，伊本・赫勒敦被迫隨行。因爲國王擔心，如果讓伊本・赫勒敦留在突尼斯，他或許會搞什麼陰謀。伊本・赫勒敦對於老朋友伊本・赫帖卜和自己的兄弟葉哈雅（1379年1月被謀殺於特萊姆森）的悲慘命運記憶猶新，深感在馬格里布難以找到安全的棲身之地。1382年10月，艾卜勒・阿拔斯準備進行另一次遠征時，伊本・赫勒敦擔心自己會再一次被迫隨行，決定離開突尼斯，前往東方。正好突尼斯港口中有一條船要遠航亞歷山大港，他抓住這個機會，要求艾卜勒・阿拔斯允許他到麥加去朝聖。這是那些覺得不安全，打算從政治舞臺上退步抽身的穆斯林的一個古老的托詞。一得到允許，伊本・赫勒敦

---

❼❹ *Histoire*（《殷鑑》第六、第七卷法文譯本），第I卷，pp. 588-589, 590-592.

❼❺ T（《伊本・赫勒敦自傳》），pp. 231-232.

❼❻ T（同上），pp. 232-233.

就趕快離開突尼斯，前往埃及去繼續他的研究和寫作❼。

　　生活在突尼斯的四年中，伊本·赫勒敦重寫並完成了《殷鑒》第一部分（卽《緒論》）的第一個本子，寫成了第三部分的一個完整的本子，這部分是研究伊斯蘭世界西部當代史的，能夠在突尼斯找到豐富的史料；他還寫成了第二部分的一個不完全的本子，這部分主要是研究東方各民族歷史的，到埃及去顯然比在突尼斯能夠找到更多的史料。伊本·赫勒敦於1382年10月24日離開突尼斯，他從此再也沒有回過馬格里布。

第四節　在埃及的年代

　　經過 40 多天的海上旅途，伊本·赫勒敦於 1382 年12月8日抵達亞歷山大港。他沒有接著去麥加朝聖，而是在埃及定居下來，除了偶然到東方去旅行之外，他的餘生就在埃及度過。個把月以後他從亞歷山大港遷居開羅，他在西方的時候早已聽說過開羅的名聲。埃及在麥木魯克統治下比較繁榮，政治上也比較穩定。對伊本·赫勒敦來說，開羅的規模，它的衆多的人口，它作爲伊斯蘭中心的重要性超過了他的揣測。這個城市熙熙攘攘的街道，雄偉的建築物，莊嚴堂皇的學院，以及永遠美麗的尼羅河使他興奮不已❼。

　　對伊本·赫勒敦來說，很幸運的是，在他抵達埃及前不久，貝爾孤格登基爲埃及蘇丹（1382-1399年在位）。貝爾孤格有意吸收新人來擴大與充實自己的智囊班子。伊本·赫勒敦通過一個品

---

❼　T（同上），pp. 232-233, 244-245.
❼　T（《伊本·赫勒敦自傳》），pp. 246-248.

階很高，很有影響的突厥人官員的介紹，得以會見貝爾孤格。他不久就獲得了這位新蘇丹的器重與信任。他們兩人之間除了一個不愉快的插曲之外，終生保持著良好的關係。伊本・赫勒敦把自己的巨著《殷鑒》題獻給貝爾孤格，並用貝爾孤格的王號扎希里來重新命名這部著作，稱之爲《扎希里通史》，不過後來流行的本子沒有採用這個名字。

當時伊斯蘭世界東部與西部之間文化方面的交流還不很發達，伊本・赫勒敦的《殷鑒》不大可能在他初到埃及時就家喻戶曉。在突尼斯時，他或許送過一些抄本給埃及的學者們，更有可能是在他抵達開羅後才送一些抄本給感興趣的同行。儘管他還沒有贏得很大的名聲，但是他廣博而堅實的知識，他的漂亮的阿拉伯文，肯定立刻給遇到他的學者留下了深刻的印象。他很快得到了一個機會在著名的愛資哈爾大學開課，而當蓋姆希葉學院建成時，貝爾孤格就任命他爲那裏的馬立克派法學教授。在埃及，伊本・赫勒敦終於實現了自己長期以來的夢想，得以致力於研究和教學。他在朝廷上仍然很活躍，並擔任過六次馬立克派大法官，捲入過一次政治漩渦，會見過帖木兒，但他的大部分精力得以用於歷史研究。

伊本・赫勒敦作爲一個學者，在埃及的經歷對他的歷史理論的發展極其重要。確實，他在來埃及之前幾年隱居於伊本・賽拉麥城堡時，《殷鑒》的基本思想已經孕育成形了。但是，在這部著作的定稿得以完成以前，他還得作大量的研究工作。他在突尼斯度過的四年還不足以完成這項任務。定居於東方使他能夠參考在馬格里布找不到的書，旅遊和觀察東方的地理環境，會見博學之士，修改與完成《殷鑒》，特別是研究東方歷史的第二部分。此外，觀察與了解埃及文明及其城市和繁榮的經濟，使他獲得了埃及所代表的文化類型的第一手知識，這種知識是不可能僅僅通過書本與傳聞來獲得的。最後，伊本・赫勒敦在埃及的活動表現了他對政治生活以及自己在社會中的作用的新態度，這對我們理解《殷鑒》中所包含的社會思想是相當重要的。

在伊本・赫勒敦的學術生涯中，教學與寫作是携手並進的。伊本・赫勒敦在好幾個學院裏任教⑲，比如，1389年4月他被任命爲拜伯爾斯學院院長。教授的主要內容是與宗教有關的各門學科，重點是教律學和聖訓學，比如，在一次就職典禮的演講中，他探討了馬立克的《聖訓易讀》，介紹了作者的生平，此書的緣起，以及它流傳的歷史。但是他也講授《殷鑒》的第一部分，卽理論部分，他可能有一定程度的自由，可以教授他自己選定的史學科目。

1384年8月11日，貝爾孤格任命伊本・赫勒敦爲埃及的馬立克派大法官。這是他第一次出任這個職務。他充分意識到這個職位的重要，威嚴地履行自己的司法職責，結果樹敵甚多，不到一年就被免去了這個職務。但是，貝爾孤格在去世前一個月任命他第二次擔任此職。他以後又四次在免職之後過了一段時間重任此職，直到他在第六次任上去世爲止。他作爲一個馬立克派大法官，與埃及的司法和行政機構有了較多的親身接觸，對埃及人的比較普遍的道德敗壞和腐敗行爲也有了較多的切身體會。他原來就認爲文明與經濟繁榮會產生導致社會解體的病菌。這種想法現在得到了加強。他在馬格里布並無作法官的經驗。現在他熟悉了

---

⑲　T（同上），p. 253.

埃及的情況，很了解自己執行職責時會遇到的困難，由於擔任此職而會受到的種種誘惑，以及不可避免的廣爲樹敵。所幸貝爾孤格的支持使他能夠按自己的想法去履行職責。他以嚴厲的態度，清教徒式的廉潔，加上一個還未被埃及文明所同化的馬格里布人的率直剛正來執法。他努力嚴格地，公正無私地執行教律❽。他認爲，在埃及這種社會情況下，在貝爾孤格這樣能幹的蘇丹的統治下❽，首先需要鏟除的是縱欲無度與道德淪喪。

伊本・赫勒敦在馬格里布的政治上的失敗以及他與新的埃及文化環境的接觸，使他對政治的態度發生了決定性的變化。他不再努力通過親自行使行政權力，或者通過教導一位君主成爲哲人王的辦法來改造社會。他在退隱期間所獲得的對社會事件的性質與原因的理解，揭示了學者在社會事務中的作用的新觀念。這種態度在埃及變得更加明確了，他採取了社會領導力量二元論的觀點：社會領導力量的一方面是君主，另一方面是學者，特別是執行法律的學者，卽法官❽。這種觀點強調在教律的支持下兩者緊密合作的必要性❽：君主應該提供政治穩定，保護臣民，禮賢下士；學者應該領悟、解釋和運用教律；這樣社會就不會由於人類的動物式的激情得不到抑制而導致內部虛弱與道德淪喪。

因此，法官之職對於鏟除罪惡和保護社會來說是極其重要的。教律是使社會免於退化的救星。教律的功能是與埃及的社會

---

❽ T（同上），pp. 244 ff.; 311, 347; Gibb, 1933-35年〔吉布，<伊本・赫勒敦政治理論的伊斯蘭背景>，載於《東方與非洲研究學院學報》，第Ⅶ卷（1933-1935年）〕，p. 27, 31.

❽ B（《殷鑑》1867年版），第Ⅴ卷，p. 473, 477.

❽ T（《伊本・赫勒敦自傳》），p. 281, 282; Q（《緒論》1858年版），第Ⅱ卷，pp. 94-95, 135-136.

❽ T（同上），p. 288 ff.

習俗相對立的。這就是伊本‧赫勒敦的法律觀，他以義無反顧的堅強信念，用法律作武器，與埃及的腐敗習俗搏鬥[84]。這當然不會取悅於埃及人，他們批評他不懂他們的習俗。但是，在伊本‧赫勒敦心目中，法律不是社會習俗的產物，而是對社會行為進行審判的基準[85]。用法律代替哲人王是伊本‧赫勒敦人生經歷中最重要的里程碑；而學者、法律與社會三者之間的關係是他的社會思想中最重要的問題之一。

由於伊本‧赫勒敦對教律的性質與功能所抱的觀念與眾不同，他在埃及始終是一個外來者。如果沒有保護人貝爾孤格的理解與讚賞，他的生活會艱難得多。伊本‧赫勒敦在開羅常常出入朝廷，總是準備用自己的知識與忠告為蘇丹效力[86]。貝爾孤格也很快認識到伊本‧赫勒敦的價值，覺得人才難得[87]。伊本‧赫勒敦抵達埃及後一年稍多一點，貝爾孤格就寫信給突尼斯的哈夫息國王艾卜勒‧阿拔斯，希望他將伊本‧赫勒敦的家族送到埃及來，這個希望實現了。但是，那條載著伊本‧赫勒敦的家屬的船在亞歷山大港遇難沉沒，全船的人無一生還。伊本‧赫勒敦陷入極度的悲痛之中，他要求貝爾孤格允許他辭去馬立克派大法官之職，到麥加去朝聖[88]。朝聖歷時 8 個月，旅途雖然艱辛，但是他認識了許多有趣的人物，獲益匪淺。他回到開羅以後，繼續常常接待從馬格里布來的朋友們，從他們那裏得到很多信息，並常常將馬格里布的情況向貝爾孤格作簡要的報告，有時把馬格里布來

---

[84] Q（《緒論》1858年版），第Ⅰ卷，pp. 233, 260-262, 341.

[85] Q（同上），第Ⅰ卷，p. 64; 2.

[86] T（《伊本‧赫勒敦自傳》），p. 249 ff.

[87] T（同上），pp. 251-252.

[88] T（同上），pp. 249-253, 259-260, 285.

的學者和政治領袖介紹給貝爾孤格❽。

1389年埃及發生了一次反對貝爾孤格的叛亂。貝爾孤格失去王位有差不多一年的時間❾，但是他終於得以復辟，重返開羅。在此期間，伊本・赫勒敦和其他埃及法學權威發表了從法學角度譴責貝爾孤格的觀點；不過事後他們辯稱自己是被迫這麼幹的。伊本・赫勒敦與貝爾孤格的關係在這段時間看來多少有點暗淡，貝爾孤格在別人的敦促下，免去了伊本・赫勒敦的拜伯爾斯學院院長之職。伊本・赫勒敦在呈給貝爾孤格的詩裏解釋了自己在這場政變中的處境❿。不過看來兩人的關係並未眞正破裂，伊本・赫勒敦仍然保持了其他敎職，貝爾孤格於 1399 年還要求伊本・赫勒敦第二次出任馬立克派大法官。

1399年貝爾孤格去世，他的十歲的兒子法賴吉卽位以後，內部紛爭和帖木兒的入侵使埃及動盪不寧。1400年，法賴吉親征敍利亞，去平定一次叛亂，伊本・赫勒敦隨同前往，他把這次旅行與自己的學術興趣結合起來，會見了一些傳述史料的人，並在敍利亞的圖書館裏作了一些硏究工作⓬。在返回埃及的路上，他曾到巴勒斯坦的聖城耶路撒冷和伯利恒去朝拜。一年以後，當埃及蘇丹法賴吉前往敍利亞抗擊帖木兒時，伊本・赫勒敦第二次隨同前往。

帖木兒 1336 年生於中亞河外地，年輕時在一次搶规中被箭射傷右膝，留下殘疾，因此有瘸子的綽號。起兵成功後，與蒙古

---

❽　T（同上），pp. 262, 263-267.

❾　C（同上），第 I 卷，p. 2.

❿　T（同上），pp. 331-235.

⓬　B（《殷鑑》1867 年版），第 V 卷，p. 436, 444; T（同上），pp. 439-450.

人的察合臺汗國王室的一位寡婦結婚，立寡婦之子爲蘇丹，自掌
大權。1380年帖木兒率領韃靼人，開始了一長串的出征，征服了
阿富汗、波斯和庫爾廸斯坦。1393他攻克了巴格達，在同年和次
年他蹂躪了美索不達米亞。1395年他侵入欽察加汗國，占領了莫
斯科公國的一半以上。三年以後他蹂躪了印度北部。帖木兒曾派
使團赴麥木魯克王國，但是使團人員被貝爾孤格處死了。

　　1400年帖木兒襲擊敍利亞北部[93]。埃及軍隊開往大馬士革企
圖抵禦帖木兒，年幼的埃及蘇丹法賴吉御駕親征。伊本‧赫勒敦
此時雖無官職，但仍被要求隨同前往。他相當猶豫[94]，因爲法賴
吉年幼而無經驗，領導集團內部互相猜忌，而帖木兒的強大和殘
忍是名聞遐邇的[95]。但是由於當局的堅決要求，伊本‧赫勒敦只
得隨軍出征。遠征軍行軍將近一個月後抵達大馬士革。兩個星期
以後，法賴吉及其顧問們聽說埃及有人正在醞釀一次叛亂，立即
匆匆趕回埃及，把軍隊和許多文職人員，包括伊本‧赫勒敦都
留在大馬士革。遠征軍隨即分小股撤回埃及。危在旦夕的大馬士
革城中軍事當局與文官當局意見分歧：軍事當局主張堅守，而文
官當局，即法官和法學家，包括像伊本‧赫勒敦這樣留下來的
人，認爲除投降之外，別無選擇。大馬士革的法官們出城向帖木
兒求降時，帖木兒向他們問及伊本‧赫勒敦，並表示想見見他[96]。
因爲大馬士革軍事當局仍然控制著中心城堡與各城門，伊本‧赫

---

[93]　Hitti, 1970 年（《阿拉伯通史》），pp. 700-701.

[94]　T（《伊本‧赫勒敦自傳》），p. 366.

[95]　T（同上），p. 351 ff.

[96]　T（同上），p. 368, 381; Fischel（《伊本‧赫勒敦與帖木兒；
　　　他們公元1401年（回曆803年）在大馬士革的歷史性會見》，是
　　　《伊本‧赫勒敦自傳》的部分內容的英文譯本,下同),pp. 29-31.

勒敦不可能通過城門出城。他說服聚集在城門口附近的法官們允許他用繩子從城牆上縋下去，去會見帖木兒。伊本·赫勒敦與帖木兒的個人交往持續了 35 天。伊本·赫勒敦的主要關切是從帖木兒那兒獲得對他自己及其同僚的安全的保證。帖木兒則懷著征服更多領土的野心，企圖利用伊本·赫勒敦的關於馬格里布的第一手知識。帖木兒想知道那個地區的地理，要求伊本·赫勒敦寫一個小冊子，描寫馬格里布的山川河流，鄉村城鎮，使他能有親眼目睹之感。伊本·赫勒敦在幾天之內寫成了這本小冊子。帖木兒隨即命令秘書將其翻譯成蒙文❾。伊本·赫勒敦縋城而下去見帖木兒之時，他的一個朋友建議他尊重韃靼的習慣，送一些禮物給帖木兒。後來有一次去見帖木兒時，他買了一些禮物送去。趁帖木兒高興時，他慢慢地圍繞著真正的目的兜圈子：得到帖木兒的允許，讓他安全地返回埃及。最後，他成功地為自己與許多埃及朋友贏得了自由❾。在返回埃及的路上，他們被當地部落洗劫一空。回到開羅以後，伊本·赫勒敦寫了一封相當長的信給馬格里布的君主（可能是法斯的馬林國王），在信中他敍述了自己與帖木兒之間發生的一切事情，簡要地勾勒了韃靼人的歷史，報導了帖木兒征服小亞細亞、印度、敍利亞的武功，他的強大力量以及他的個性❾。

關於伊本·赫勒敦在埃及的最後七年的情況，除了他被任命為大法官以及被免職的日期之外，我們所知甚少。我們只知道他寫了自傳的最後章節，在《殷鑒》抄本的一些空白處補寫了若干

❾　T（同上），p. 270, 274; Fischel（同上）， pp. 35, 38.
❾　Fischel（同上），pp. 41-43.
❾　Fischel（同上），pp. 44-47.

內容⓿。他在最後一次被任命為法官之後不久，於回曆 808 年賴麥丹月（九月）25 日星期三〔公元1406年 3 月17日〕突然離開了人世。根據回曆，他享年七十六歲另二十五天，根據基督教曆法享年七十四歲。他被葬在開羅郊外的一個蘇非派墓地裏，但是今天人們已經不知道他的墳墓的確切位置了⓿。

⓿　Mahdi, 1957年（《伊本・赫勒敦的歷史哲學》），p. 60.
⓿　Fischel（《伊本・赫勒敦與帖木兒》），　p. 120.

第二章　歷史哲學的創建

第一節　伊斯蘭史學傳統

伊斯蘭思想中對歷史學的性質、目的與方法的反思可以追溯到伊斯蘭教的起源階段。這些反思見於《古蘭經》和真正的或附會的先知的言論（聖訓）之中❶。這些反思只是概括性的泛泛而論。它們以神與人類歷史的關係為中心，強調大地上人類生活的侷限性與短暫性。它們把史學作為幫助人們記憶的文獻，勸人為善的說教，成功與失敗的事例的彙編，各種教訓的總滙，側重史學在宗教教育、道德教育和實際生活方面的作用。史學可以引導穆斯林們去思考世俗生活的變化無常，各個王國的興衰，各個古老民族的幸運和不幸，以及從中體現出來的真主的意志。對於史學方法，它們要求盡可能從原始資料或目擊者那兒汲取史料，在傳述時要保持真實可靠和精確性。

隨著七、八世紀伊斯蘭教的傳播和五花八門的大量史學文獻的產生，《古蘭經》和先知聖訓中所包含的史學思想的種子開始發芽。這些史學思想首先是在專業史學家當中得到發展的，他們撰寫史書的實踐，引導他們去反思史學的性質、目的與方法。一

---

❶　EI(S)（《伊斯蘭百科全書增補》），pp. 234b-235a, "Ta'rikh（歷史）", H. A. R. Gibb 撰。

開始，這些反思並沒有單獨地，明確地加以闡述，而是包含在他們寫的史書中，爲了理解這些史學思想，我們必須硏究這些史學著作，探尋這些著作背後被視爲當然的種種假設。

阿拉伯歷史的編纂是在伍麥葉王朝時代（661-750 年）開始的。起初，編纂歷史就是編纂聖訓。接著初期的哈里發們想要知道以前的帝王和君主的事跡，信士們熱心搜集先知及其弟子們的故事，穆斯林們想了解自己的世系，人們還要注釋阿拉伯詩歌中的典故，識別宗敎經典中的人名和地名，而被統治民族要記載本民族祖先的豐功偉績……所有這一切都促進了史學的發展❷。因此歷史著作最初的題材，是伊斯蘭敎出現以前口耳相傳的傳奇和軼事，以及環繞著先知穆罕默德的姓名和生平事業的各種宗敎傳說。到阿拔斯王朝時代（750-1258 年），時機成熟，可以根據各種傳奇、傳說、傳記、譜系和記載編纂正規的歷史著作了。但是敍述的方式仍然是伊斯蘭敎傳說的老一套方式。每一事件都是用目擊者或當時人的語言加以敍述，通過一系列的居間者，傳到最後的傳述者，卽著者。應用這種方法是爲了保證記載的精確性；把每一事件發生的年、月、日都記載下來，也是爲了達到這一目的。通常，如果線索是連續的，而且每一傳述者的品格都是可以相信的，則所敍事實就算眞實，對於事實本身並不加以批判性的硏究。歷史學家除了應用個人的判斷對於不同的若干組資料加以抉擇，對於論據加以組織之外，很少致力於史料的分析、批判、比較或推斷❸。

九、十世紀，史學的用途和科學性遭到質疑，神學家與哲學

---

❷　Hitti, 1970 年（《阿拉伯通史》），p. 282.

❸　Hitti, 1970 年（同上），pp. 387-388.

家抨擊史學著作及其前提性的假設，從而導致專業史學家和相關
學科——聖訓學的學者們開始明確地闡述和捍衞他們的著作的前
提性假設。越來越多的史學家開始為自己的著作寫一個簡短的導
言，在導言裏，他們陳述史學的宗教性作用、科學性作用和實
際作用，並且解釋與捍衞自己在搜集和安排資料時所遵循的方法
❹。這些導言都是粗枝大葉的，不成系統的，以致於不值得稱之
為歷史編纂學或史學理論。不過在形式上與內容上它們都確實是
後來在十四、十五世紀登峰造極的歷史編纂學的原型。

　　我們可以引用最受人尊敬的穆斯林史學家泰伯里（838-923
年）的《歷代先知和帝王史》的導言作為一個例子。泰伯里出生
於波斯境內裏海南岸的泰伯里斯坦，故以泰伯里為姓。他寫過兩
部偉大的著作，一部是《「古蘭經」注》，另一部就是《歷代先知
和帝王史》。他的這部歷史是編年體的世界通史，從創造世界講
起，一直講到回曆 302 年（公元 915 年），卷帙浩瀚，內容豐富
❺。目前正在出版此書的英文全譯本。泰伯里是在傳統神學與唯
理論的穆爾太齊賴派激烈鬥爭的時代成長起來的，他是在傑出的
反穆爾太齊賴派的大師門下完成學業的，而且據說懂一些邏輯和
數學知識。作為一個史學家，他常常強調一個信念，即史學不是

---

❹　比如: Tabari, *Ta'rikh*（泰伯里,《歷代先知和帝王史》），第
　　I 卷，pp. 6 ff.; Mas'udi, *Tanbih*（麥斯歐迪,《提醒與
　　監督》），pp. 1 ff.; Miskawayhi, *Tajarib*（米斯凱韋,
　　《諸國歷程》），第 I 卷，pp. 1 ff.; Biruni, *Hind*（比魯尼,
　　《印度考》），pp. 2ff.; *Athar*（《古代遺跡》），pp. 4 ff.;
　　Ibn al-Athir, *Kamil*（伊本・艾西爾,《歷史大全》），第 I
　　卷，pp. 4 ff.

❺　Hitti, 1970年（《阿拉伯通史》），pp. 390-391; EI（《伊斯蘭百
　　科全書》），第 7 卷，pp. 578-579, "Tabari（泰伯里）", R.
　　Paret 撰。

一門理性的學科，人類的理性在史學中並不起重要的作用。在其通史的導言中，他是這樣表述自己對史學的對象與方法的看法的：

> 「……如果一個人不是過去各民族的各種事件或現在發生的事件的同時代人，或沒有觀察過這些事件，那麼除非通過史學家的記載和傳述者的傳述，他不可能獲得關於這些事件的知識，這些〔史學家，傳述者〕不應該應用理性的推理和理智的取捨。現在如果恰巧在我這本書裏，有某一條過去的某個權威傳述給我的記載遭到一位讀者的反對，或者為一位聽眾所厭惡，因為他不明白這條記載怎麼可能是真實的，或者正確的，那麼請他注意，這條記載不是我發明的，而是來自我的傳述者之一，我作的全部工作只是原封不動地傳述它而已……」❻

關於史學研究法的這樣一種觀念引起了另一個問題，即史料的性質問題。因為並不是所有的歷史記載都能通過一系列可靠的傳述者追溯到事件發生的年代的（大部分伊斯蘭教以前的歷史事件都無法這樣追溯）。那麼，誰能夠成為這些事件的資料的權威呢？泰伯里通過求助於先知和虔誠的前輩來解決這個問題❼。但是他也不得不求助於《舊約》與《新約》、猶太教與基督教史學家以及波斯編年史❽。在穆斯林的心目中，並非所有這些史料都

---

❻ Tabari, *Ta'rikh* (泰伯里，《歷代先知和帝王史》)，第 I 卷，pp. 6-7.

❼ Tabari, *Ta'rikh* (同上)，第 I 卷，pp. 55-56, 79.

❽ Tabari, *Ta'rikh* (同上)，第 I 卷，pp. 17, 174 ff., 201.

具有神性的起源。如果穆斯林史學家對一些作者所知甚少，或者一無所知，那麼他也無法運用作者評判法的技巧，根據作者的權威程度來取捨史料。這是一個傳統歷史編纂學無法解決的主要問題。

　　伊斯蘭哲學傳統與敎義學從兩個方面對史學思想的發展作出了貢獻：第一方面，哲學家與敎義學家在研究各門實用學科時，對史學作了考慮。他們評判了史學家宣稱史學是一門科學的主張，評判了史學所提供的資料的性質，評判了史學在理論知識和實際方面的作用。他們對這些問題的意見影響了專業史學家，在許多情況下指引了史學家研究的方向。在史學與哲學（及敎義學）的聯繫方面，我們還應該注意到：大部分出色的穆斯林史學家或者是出色的神學家（如泰伯里）、淵博的哲學家（如米斯凱韋〔1030年卒〕和比魯尼〔973-1050 年〕），或者至少受過某種哲學與神學的訓練（如麥斯歐迪〔957 年卒〕和伊本・艾西爾〔1160-1234年〕）❾。第二方面，哲學家與敎義學家通過間接的渠道影響史學思想。史學家研究並部分地接受了他們關於各門學科，特別是各門實用學科的性質、目的與方法的思考。結果，伊斯蘭史學思想與伊斯蘭哲學和敎義學並駕齊驅地向前發展。

　　穆爾太齊賴派是首先對正統史學的原理提出質疑的。穆爾太齊賴派（意為脫離者，分離論者）這個名稱的取得，是由於他們

❾　Sarton, 1927-1948 年(薩爾頓，《科學史導言》)，第 I 卷，pp. 687-688, 707-9, 673-679; 第 II 卷，pp. 682-683. EI2(《新版伊斯蘭百科全書》)，第 2 卷，pp. 1236-1238, "Biruni (比魯尼)"，D. J. Boilot 撰；第 6 卷，pp. 784-789, "Mas'udi (麥斯歐迪)"，Ch. Pellat 撰；第 3 卷，pp. 723-725, "Ibn al-Athir (伊本・艾西爾)"。

認爲，誰犯了大罪，誰就脫離了信徒的行列，但是不算外道，只是居於信與不信兩者之間。穆爾太齊賴派起初是一個固執的嚴格主義運動。但是，在希臘理性主義的影響下，發展成爲唯理論者，給人類理性的產物以超乎《古蘭經》的絕對價值。阿拔斯哈里發麥蒙於公元827年把這個新的敎義提升到國敎的地位，以後又成立宗敎裁判所，迫害正統派。但848年形勢逆轉，穆爾太齊賴派反遭迫害❿。穆爾太齊賴派對當時流行的史學方法的攻擊是他們對正統的宗敎態度的總攻擊的一個組成部分。他們強調必須用理性去理解史料，必須解釋事物的性質和原因，如果一條史料不合邏輯，其眞實性的唯一根據，僅僅是一連串權威的傳述者，那麼他們拒絕相信這樣的史料。他們要求，信服應該以理性爲基礎，而不是盲從權威。把這個原理應用到史學上來就意味著接受內在合理的東西，捨棄不合理的東西。

穆爾太齊賴派是那些繼續介紹希臘哲學的穆斯林哲學家的先驅，也是那些利用理性學科捍衛伊斯蘭敎的敎義學家的先驅。關於神的啓示與理性之間的關係是哲學家與敎義學家互相對峙的主要問題，他們對史學的態度清楚地顯示了他們在這個主要問題上的基本觀點。

哲學家們追隨亞里士多德，並不認爲史學是一門科學，他們在對科學進行分類時並不提及史學。亞里士多德所著的《尼科廐秋斯的倫理學》是穆斯林哲學家們對科學進行分類的基礎，亞里士多德在此書第六卷中討論各門科學時，提出科學可以分爲三大類：（一）理論科學，卽物理學、數學和形而上學。其目標是獲得

---

❿　Hitti, 1970 年（《阿拉伯通史》），pp. 429-430.

關於自然形成的事物的確切無疑的知識；（二）實用科學，卽倫理學、政治學和經濟學。目標在於愼重考慮人們應該怎樣行動才能使自己生活得更好；（三）生產科學，目標是確定製造或生產東西的技藝⓫。史學關心的是特殊時間與地點發生的個別事件，因此它與科學正好相反；因爲根據亞里士多德關於科學的理論，只有人們能對某一類對象的性質與原因進行解釋時，一門科學才得以形成⓬。史學不是一門理論科學，因爲其對象不是自然形成的，它無法獲得可以解釋的，可以證明的理性知識。史學對資料進行探求、搜集和分類，在這個層次上，史學比較接近一門藝術或一門生產科學。史學可以努力把這些資料連貫起來，形成對某一類對象帶有普遍性的判斷，以解釋它們的性質與原因。這樣做的話，史學就比較接近實用科學（它不再關心個別事件，因此，嚴格地說，也就不成其爲史學了）。因此史學與實用科學有密切關係：史學是實用科學的材料部分，史學爲實用科學提供進行反思的資料；另一方面，實用科學所得出的結論能夠被史學家用來解釋其資料。史學是實用科學的一種工具學科，對政治家和政治演說家頗爲有用⓭。

　　亞里士多德關於史學的性質和作用的觀念，就像他的整個理論和科學分類法一樣，在法拉比（950 年卒）以降的主要穆斯林哲學家的著作中一直延續下來，很少變化。這些哲學家建議君主們以史爲鑑，向過去的經驗學習，並且引用有關歷史著作，作爲

⓫　Aristotle, *Nicomachean Ethics*（亞里士多德，《尼科麻秋斯的倫理學》），第 vi 卷，pp. 3 ff.

⓬　Aristotle, *Metaphysics*（亞里士多德，《形而上學》），第 i 卷，第 1 冊，p. 981a 5–6.

⓭　Shotwell, 1939 年（《史學史》），pp. 227–229.

自己的政治理論的圖解。他們這麼做，實際上就重新肯定了史學作為工具學科，作為實用學科的資料的重要性。但是，他們在自己的著作中並沒有詳細探討史學的這些功能。他們不像穆爾太齊賴派那樣粗暴攻擊傳統穆斯林史學思想的一些基本前提。比較謹慎的哲學家們對這些前提只是裝聾作啞，不予評論。

　　為了保衛正統宗教思想方式，說明其基本前提是合乎理性的，為了擊退穆爾太齊賴派和哲學家們的攻擊，在伊斯蘭教中興起了辯證神學（教義學）⑭。正統伊斯蘭社會認為祖宗之法至善至美，先知和起初幾代穆斯林的傳統是知識的最可靠來源和行動的最良好指導。伊斯蘭歷史編纂學的興起與發展是與這個前提緊密聯繫在一起的，史學始終努力發掘和保存這個傳統⑮。但是，在穆爾太齊賴派和哲學家的攻擊下，這個傳統的價值遭到了懷疑，與此相連，傳統的歷史編纂學的原理和方法也遭到了懷疑。穆爾太齊賴派攻擊傳統歷史編纂學也就是攻擊這個社會的某些最基本的信念。而辯證神學家保衛傳統的歷史編纂學，也就是他們保衛傳統的伊斯蘭教的努力的一個組成部分。

　　辯證神學家捍衛傳統的伊斯蘭教是以一種本體論和認識論為基礎的。他們認為所有的事物都是真主在它們存在的每一瞬間不斷進行創造的結果，而人們心靈中的感知與推理也是真主直接在認識者心中創造的。因此人的認識的有效性就依賴於兩點：（一）真主不斷地創造事物，讓事物發生種種事件；（二）與此同時，真主在認識者的心靈中創造同樣的事件。根據辯證神學家的意見，

⑭　Q（《緒論》1858年版），第Ⅲ卷，p. 27: 2-4.

⑮　EI(S)（《伊斯蘭百科全書增補》），pp.234b-35a, "Ta'rikh,（歷史）", H. A. R. Gibb 撰。

知識被剝奪了任何本體論的意義。他們不探求事物的性質，只探求眞主創造的事物之間的習慣性聯繫，以及眞主在認識者心中所創造的相應的習慣性聯繫。

辯證神學家反對探求事物的性質，也就是反對亞里士多德與穆斯林哲學家們所理解的因果關係律。對辯證神學家來說，一種因果關係僅僅是事件之間的習慣性關係，並不是由這些事物的根本性質所決定的。他們關於科學的概念完全不同於哲學家。對哲學家來說，科學就是關於事物的性質與原因的確定的、可以解釋的知識。感性認識和史學作爲關於具體事件的知識，是可以具有確定性的。但是，在對事件進行解釋時缺乏確定性，因爲考慮某一具體事件的原因會把我們引向無計其數的以前的事件，不可能獲得最後的解釋。因此史學不屬於科學的範圍。眞正的科學能夠對事物的性質與原因進行確定的解釋。而辯證神學家認爲根本不可能對事物的性質與原因進行確定的解釋，只有感性知識，卽不涉及解釋性推理的初始的或直接的知識才具有確定性，所有涉及解釋性推理的知識都是不確定的。

辯證神學家認爲史學作爲感性認識的一種延伸是有必要存在的。歷史記載可能是眞實的，也可能是虛假的，在它們能夠被人接受爲必要的知識之前，它們必須符合一些條件。這些條件包括：最初的報導者對於他所報導的事件必須具備必要的，卽感性的知識，這些報導的傳述者們必須組成一條可靠的、環環相扣的鏈條。辯證神學家排斥通過推理從歷史獲得的知識，他們認爲推理出來的知識不像感性知識那樣可靠。辯證神學就這樣通過武斷地選擇一些哲學概念，得出一些結論，重新肯定和捍衞了有關史學的性質和方法的傳統觀念。在辯證神學的支持下，關於史學的這種觀念很少變化，繼續不斷地主宰著伊斯蘭史學直到伊本‧赫勒敦時代。

不過，許多重要的史學家背離了這種觀念，努力追隨穆爾太齊賴派和哲學家們的教導，去探索人類和社會的性質。當然，他們的著作在很大程度上還只是對傳統潮流的矯正，而不是在這個領域裏的全新的開拓，我們必須在傳統學派的背景上去理解這些著作。

在翻譯時代 (750-850 年) 以後，穆斯林們對新翻譯過來的希臘科學，特別是地理學與自然哲學逐漸熟悉起來。伊斯蘭帝國的擴大使旅遊和貿易大為方便，這都使穆斯林產生了對其他民族的思想與習慣進行比較研究的興趣，這種興趣向史學思想提出了新的問題[16]。研究這些問題的史學家，或是像麥斯歐迪，受到穆爾太齊賴派的影響並接受了他們的許多思想，或是像米斯凱韋和比魯尼，本身就是哲學家和自然科學家，把史學作為與哲學和科學有關的一個領域來研究。他們對伊斯蘭歷史編纂學的貢獻就像他們的背景與興趣一樣五光十色。把他們放在一起，是因為他們有一種共同的態度，而不是因為他們信仰某一種共同的信條。他們對傳統史學所依靠的許多資料來源提出了疑問，特別對有關伊斯蘭教興起以前的歷史的史料提出了質疑[17]。

麥斯歐迪年輕時是唯理的穆爾太齊賴派。他從事當時盛行的學術旅行。他離開故鄉巴格達，幾乎走遍亞洲各國，平生的最後十

---

[16] Rosenthal, 1952 年 (《穆斯林史學史》), pp. 117 ff.

[17] 參閱 Mas'udi, *Muruj* (麥斯歐迪, 《黃金草原與珠璣寶藏》), 第 IV 卷, pp. 111-114; Miskawayhi, *Tajarib* (米斯凱韋, 《諸國歷程》), 第 I 卷, pp. 5-6.

年把所搜集到的資料編成三十冊的偉大著作，但保存至今的，只有一部摘要，叫做《黃金草原和珠璣寶藏》。在這部史地百科全書式的著作中，他除了研究正規的穆斯林的題目外，還研究了印度、波斯、羅馬、猶太的歷史和宗教。他把重點從政治編年史轉向世界文化史。他被稱爲阿拉伯的希羅多德，是用紀事本末體來編寫歷史的第一個阿拉伯人。他不把各種事件單純地按年代編排，卻圍繞著朝代、帝王、民族來編排，後來伊本・赫勒敦也受其影響，採用了這種方法[18]。他討論了一些新問題，比如自然環境與人類歷史的關係，以及植物與動物生命的周而復始與人類制度的周而復始之間的類似性[19]。

米斯凱韋在中東的布韋希王朝（945-1055年）的宮廷中擔任過重要的官職，是個哲學家和醫生，編寫了一部終止於回曆369年（公元979／980年）的世界史《諸國歷程》[20]。他詳細闡述了怎樣爲了倫理與政治的目的而理性地運用史學。他根據亞里士多德的傳統，認爲史學是政治的婢女，通過史學這門藝術，王公貴族可以學到謹言愼行，勵精圖治，而一般民衆則可以學到家政管理和爲人處世之道[21]。

比魯尼是阿富汗東部的加茲尼人，是伊斯蘭教在自然科學領域中所產生的最富於創造性而且最淵博的學者。他寫過《麥斯歐

[18]　Hitti, 1970 年（《阿拉伯通史》），p. 391.

[19]　Mas' udi, *Tanbih*（麥斯歐迪，《提醒與監督》），pp. 2 ff., 6 ff.; *Muruj*（《黃金草原與珠璣寶藏》），第 IV 卷，pp. 101-104, 179-286.

[20]　Hitti, 1970 年（《阿拉伯通史》），p. 390.

[21]　Miskawayhi, *Tajarib*（米斯凱韋，《諸國歷程》），第 I 卷，pp. 1-5.

迪天文學和占星學原理》以及《占星學入門解答》。他首要的著
作是《古代遺跡》，這部書主要討論古代各國人民的曆法和紀
元。他曾在印度僑居多年，寫過一部《印度考》❷。他把自己關
於哲學和自然科學的知識帶進了史學，克服了種種困難，研究了
前人很少研究的社會結構、宗教和科學思想，研究了印度文明
──一種與他自己的文明大相逕庭的文明❷。他證明，「思想」可
以像「事實」一樣成爲史學客觀地加以研究的對象，而傳統史學
卻囿於研究事實，很少把人類的思想作爲研究的對象。

在穆斯林西班牙，托萊多人賽義德（1029-1070 年）曾在左
農王朝任法官，是著名的數學家和天文觀察家。他寫過一本《各
民族分類》❷。這部著作類似比魯尼的《印度考》，不過沒有那
麼詳細，而涉及的面比較廣。他在這本書中描寫了不同國家的歷
史、學術、特點和社會生活。他的著作將風俗習慣與人類的各種
稟賦聯繫起來研究，可以說是普通人類學的雛形。他認爲各門科
學的建立是人類歷史上的決定性時刻，相應地，他把各民族分爲
兩大類：文明的和野蠻的❷。

穆斯林西班牙還產生了一個偉大的政治史學家 ── 伊本・哈
彥（987／988-1076年）。他是科爾多瓦人，寫過不下五十本書。
有一部書叫做《堅實集》，計六十冊。可惜他的著作都散佚了，
流傳下來的只有《安達盧西亞人物志》❷。他關於科爾多瓦陷落

❷　Hitti, 1970 年（《阿拉伯通史》），pp. 376-377.

❷　Biruni, *Hind*（比魯尼，《印度考》），p. 4, 9.

❷　Hitti, 1970 年（《阿拉伯通史》），p. 566.

❷　Sa'id, *Tabaqat*（賽義德，《各民族分類》）pp. 8-9, 9-11.

❷　Hitti, 1970 年（《阿拉伯通史》），p. 565; EI2（《新版伊斯
蘭百科全書》），第 3 卷，pp. 789-790, "Ibn Hayyan（伊本・
哈彥）", A. Huici Miranda 撰。

的充滿焦慮和悲哀憂鬱的記載，他對君主與大眾心理的洞察，他對穆斯林西班牙衰弱原因的分析，在穆斯林史學家當中都是無與倫比的。

西班牙伊斯蘭教偉大的學者和富有創見的思想家伊本・哈茲木（994-1064年）在青年時代曾以大臣的資格出入西班牙伍麥葉王朝的宮廷，後來退職過隱居生活，從事寫作。他在史學、教義學、聖訓學、邏輯學、詩學以及有關學科方面的著作達 400 冊。他的著作保存至今的最有價值的是《關於教派和異端的批判》㉗。他努力對《聖經》作出較高水平的批判。他雖然是一個保守的信奉伊斯蘭教的學者，但是他對《聖經》的批判大部分是以純粹理性為基礎的。他依靠證據與觀察，努力以《聖經》記載的事件的可能性和內部的一致性為批判標準來分析其內容㉘。

最後，應該提一下十五世紀研究歷史編纂學的專著，比較著名的是喀菲支（1474 年卒）的《歷史編纂學簡論》㉙和賽哈威（1497年卒）的《駁對史學不利的批判》㉚。這些著作在方法上與內容上都屬於傳統宗教性學派。它們所研究的課題有：史學的起源、定義和對象；史學的技巧；史學家的資格；保衛史學以反對不利的批判；史學家們的歷史；以及不同主題與不同地方的歷

㉗　Hitti, 1970 年（《阿拉伯通史》），p. 558. EI2（同上），第 3 卷，pp. 790-799, "Ibn Hazm（伊本・哈茲木）", R. Arnaldez 撰。

㉘　Ibn Hazm, *Fasl*（伊本・哈茲木，《關於教派與異端的批判》），第 I 卷，pp. 116 ff.

㉙　Kafiji, *Mukhtasar*（喀菲支，《歷史編纂學簡論》），見 Rosenthal, 1952年（《穆斯林史學史》），pp. 468-501（原文），181-194（譯文）。

㉚　Sakhawi, *I'lan*（賽哈威，《駁對史學不利的批判》）。

史著作的列舉等等。在這些課題上，它們很少包含，甚至完全沒有任何新材料。這些著作所用的方法是從各處隨意取材，這是造成它們缺乏創造性的主要原因之一。它們廣泛引用以前的歷史著作的導言和其他資料，但很少，甚至完全沒有進行分析、綜合，或洞察這些資料所討論的問題的實質❸。這個時代，撰寫包羅萬象、面面俱到，但缺乏創造性的著作正在變成伊斯蘭教學術界的一種傳統，而這些史學史專著肯定是這個傳統的一個組成部分。撰寫這些著作的目的也顯示了它們的特點和真正的淵源。它們的主要目的是反對當時的一些神學家否認史學是一門必要的或有用的學科。因此，喀菲支和賽哈威盡力捍衛當時相當繁榮的史學文獻，以反對這些攻擊，並試圖證明史學在宗教方面的作用❸。結果，它們不僅在本質上是防守性的，而且它們只捍衛伊斯蘭史學思想的一個特別的傳統，卽泰伯里與伊本‧艾西爾將史學作爲資料彙編的傳統，而不是捍衛麥斯歐迪和比魯尼將哲學或理論研究引進史學的傳統❸。

　　以上是伊斯蘭史學思想的一些主要潮流。因爲伊本‧赫勒敦自己曾致力於研究伊斯蘭歷史編纂學，並且對其進行了評論，我們必須首先仔細考慮他本人對這個問題的討論，然後再來確定他在伊斯蘭歷史編纂學中的地位。伊本‧赫勒敦在其巨著《殷鑒》的開頭部分將史學作爲一個專門的主題進行了探討，這包括：長

---

❸ Rosenthal, 1952 年（《穆斯林史學史》），pp. 177-179.

❸ Rosenthal, 1952 年（同上），p. 38.

❸ Mas'udi, *Muruj*（麥斯歐迪，《黃金草原與珠璣寶藏》），第 I 卷, pp. 6 ff.; 45-46, *Tanbih*（《提醒與監督》）, pp. 1 ff., 10 ff.; Biruni, *Athar*（比魯尼,《古代遺跡》）, pp. 4-5, 13-14.

約 6 — 7 頁的前言❸，長達 50 頁的整部《殷鑒》的導言❸，以及長約 6 頁的第一部（即通常所稱的《緒論》）的序言的前半部分❸。它們的內容、方法、目的具有內在的統一性，闡明了伊本・赫勒敦所知道的史學家當中沒有人曾經試圖對歷史進行系統的哲理性的研究，從而為文化科學的創建作好鋪墊，證明文化科學的必要性。第一部的序言的後半部分長約 6 頁❸，檢查了史學以外的其他學科，既有實用性的，也有哲理性的，說明這些學科的作者當中也沒有人曾經試圖作這樣的研究。在這種情況下，伊本・赫勒敦毅然決定自己來開創一門新的學科，他把這門學科稱為文化科學，從其內容上來看，就是我們現在通常所稱的歷史哲學。

第二節　伊本・赫勒敦對伊斯蘭史學的批判繼承

長約 6 、 7 頁的前言以濃縮的簡短的方式提出了整部巨著《殷鑒》的中心問題。這個中心問題包括一個基本區別和四個次要區別。最重要的基本區別是史學的外部形式與其內在意義的區別，外部形式是具體時間與地點發生的事件的資料彙編，而內在意義是對現存事物的起源與原因的理論性的理性研究，是一種科學的探索❸。因此，史學是深深地植根於哲學之中的，它應該算作是哲學的一個分支。僅僅滿足於史學的外部形式，還是致力於

---

❸　Q（《緒論》1858年版），第Ⅰ卷，pp. 2-8.
❸　Q（同上），第Ⅰ卷，pp. 8-55.
❸　Q（同上），第Ⅰ卷，pp. 56-61.
❸　Q（同上），第Ⅰ卷，pp. 61-66.
❸　Q（《緒論》1858 年版），第Ⅰ卷，p. 2.

探究史學的內部意義，造成了第一個次要區別：少數公認的，受人尊敬的史學專家和許多幼稚的業餘愛好者、文抄公和節本編寫者的區別。被伊本・赫勒敦稱爲專家的史學家屈指可數，包括著名的《先知傳》的作者伊本・易司哈格(767 年卒)[39]，泰伯里，伊斯蘭教興起以前的歷史的專家希沙木・凱勒比(819 年卒)[40]，早期伊斯蘭教史家瓦基迪 (823 年卒) [41]，麥斯歐迪等人。史學專家的傑作和平庸之作有方法上的區別。因此，第二個次要的區別就是方法的區別： 批判性的探究方法與抄襲方法的區別。 第三個次要的區別是史書編纂者態度上的區別：一種是批判性的態度，探究事物的起源、性質與原因，在這些事物的一般性質的背景上來研究它們；另一種是無批判的態度，不管事物的起源、性質或原因，只管堆砌資料。第四個次要的區別是伊本・赫勒敦自己的《殷鑒》與以前的史書的區別：《殷鑒》用一種表述清楚的，系統的方式探索歷史事件的眞實性質與原因，它將成爲哲學的載體，歷史知識的寶庫[42]。

簡短的前言結束之際，作者向我們指明，至今不爲人所知的一個知識領域將在這部著作中加以探索。伊本・赫勒敦在這兒概述了整部巨著《殷鑒》的輪廓，說明這部巨著的三大部的第一部

---

[39]　Hitti, 1970 年（《阿拉伯通史》）, p. 388.

[40]　Hitti, 1970 年(同上), p.387; EI2（《新版伊斯蘭百科全書》）, 第 4 卷，pp. 495-496, "Kalbi（希沙木・凱勒比）", W. Atallah 撰。

[41]　Hitti, 1970 年 (同上), p. 388; EI（《伊斯蘭百科全書》）, 第 8 卷，pp. 1104-1105, "Wakidi（瓦基迪）", J. Horovitz 撰。

[42]　Q（《緒論》1858 年版），第 I 卷，pp. 5-6.

將完全用來探索這個未知的知識領域❹。

　　爲整部巨著《殷鑒》寫的導言長達 50 來頁，主要討論史學的優點、史學方法的艱深和複雜、史學的目的或作用的高尚❹、史學家容易犯的各種不同類型的錯誤，以及導致這些錯誤的原因。導言再次指明了抄襲與批判性研究的區別。史學寫作要求作者具有善於思辨的心靈和刨根問底的精神。具備這兩種素質可以引導史學家去探求眞理而避免陷入謬誤。如果一個歷史編纂者盲目相信傳述下來的所有史料，並不清楚地了解風俗習慣的種種規則、政治活動的基本現實、文明的性質或制約社會組織的條件，如果他不通過比較晚近的或當代的資料來估價較遠的或古代的資料，那麼他常常會不可避免地背離眞理的康莊大道。歷史編纂者在其著作中常常夾帶種種謬誤，原因卽在於他們沒有運用哲學的尺度，沒有借助於有關事物本性的知識，沒有依靠思辨與洞察力去檢驗史料。結果他們常常在謬誤的沙漠中迷途難返❺。

　　伊本・赫勒敦列舉了12個史學家致誤的典型例子。他檢驗了造成這些錯誤的原因，用來說明歷史的外部形式與內部知識的關係。在大多數例子中，伊本・赫勒敦在對事件本身的可能性進行評判的同時，也對傳述者及其資料來源進行了評判。

　　12個例子中的頭 9 個可以劃分爲一組，主要涉及(一)古代史(第一至第三個例子)，(二)穆斯林君主的行爲、個性和家世（第四至第九個例子）。它們都用來說明，如果史學家無視歷史的一些永恒的性質，卽人與社會的普遍性質，就會造成謬誤❻。

---

❹　Q（同上），第Ⅰ卷，p. 6.
❹　Q（同上），第Ⅰ卷，p. 8.
❺　Q（同上），第Ⅰ卷，pp. 8-9.
❻　Q（同上），第Ⅰ卷，pp. 9-10.

第一個例子是摩西在沙漠中計算以色列人的軍隊的人數。麥斯歐迪和其他史學家都記載說，能拿起武器的人，二十歲以上的成年男子有 600,000 以上[47]。伊本・赫勒敦認爲這個數字是誇大的。他提出了多種證據證明自己的觀點。首先，從戰爭經濟學的角度看，埃及或敍利亞不可能養活這麼多戰士。第二，從軍事戰略看，這樣規模的一支軍隊是不可能作爲一個單位行軍或作戰的。第三，從比較研究的角度看，波斯統治的地區比以色列大得多，但波斯軍隊最大規模的集結不過 120,000 人。第四，從人口學的角度看，摩西離開雅各（以色列）只有四代，而雅各來埃及時整個家族只有 70 人，一個人的後代不可能在四代人的時間裏繁殖出這麼多人口[48]。然後，伊本・赫勒敦用這個例子作爲基礎，批評同時代人每當講到他們自己的軍隊時，講到穆斯林或基督教戰士的人數時，計算稅收或政府開支時，講到揮霍者的開銷和富豪收藏的財富時，往往傾向於誇大，實際數字常常只有十分之一。原因很簡單，人類的心理總是喜歡各種奇談怪論。史學家如果沒有批判精神，不進行調查研究，就會盲目相信這些無稽之談[49]。

伊本・赫勒敦否認摩西時代以色列戰士多達 60 萬，實際上也就是否定《聖經・舊約・出埃及記》第十二章裏的記載。這種論點自然會遭到神學家們的攻擊。因此，伊本・赫勒敦在埃及增補

---

[47] Q（同上），第 I 卷，pp. 9 ff. 參閱 Mas'udi, *Muruj*（麥斯歐迪，《黃金草原》），第 I 卷，pp. 92-94; Bible（《聖經》），Numbers（《民數記》），第 1 章，第 46 節; Exodus（《出埃及記》），第 12 章，第 37 節。

[48] Q（《緒論》1858 年版），第 I 卷，pp. 9-12.

[49] Q（同上），第 I 卷，pp. 11-12.

《緒論》時，在此加了一大段，對神學家們的攻擊作出了回應。神學家們認為，上帝曾經向亞伯拉罕、以撒和雅各啓示，會讓以色列人的後代多得像天上的星和海邊的沙一樣。因此，以色列人的戰士多達 60 萬是上帝行神蹟的結果。在一個宗教主宰意識形態的社會裏，伊本・赫勒敦並不否定上帝行神蹟的可能性，因此他承認以色列的子孫這樣迅速繁殖可能是超自然的奇蹟，但是事物的自然發展過程不允許在其他民族中再發生這樣離奇的人口增長。他堅持，除了少數出自宗教經典的神蹟之外，其他一切歷史記載都必須受文化科學（歷史哲學）的理性的檢驗。

　　第二個例子是講也門君主圖伯兒們的一些征戰。圖伯兒是希木葉爾王國(378-525 年)的國王們的稱號❺⓪。據說，艾卜・克里卜派一個兒子出征波斯省，一個兒子出征中亞阿姆河外突厥人統治的粟特。結果，第一個兄弟攻克了撒馬爾罕，越過沙漠進入中國。他發現第二個兄弟已經攻掠粟特，並在他之前抵達中國。兩兄弟在中國大開殺戒，滿載而歸。他們留了一些希木葉爾部落在西藏，這些部落一直住在那裏。第三個兄弟圍攻了君士但丁堡，迫使魯木（拜占廷）臣服而歸。伊本・赫勒敦指出這些征戰純屬無稽之談，是說書人編出來的小說，決非信史。圖伯兒的國度限於阿拉伯半島，三面環水，要攻擊突厥人，必須經過拜占廷或波斯，但從無圖伯兒占領過拜占廷或波斯的記載。他運用了地理學的知識來證明這些征戰決不可信。

　　第三個例子是《古蘭經》中所說的，古代阿拉伯半島南部的阿拉伯人——阿德人所建造的伊賴木城是一個有柱子的城市❺①。

---

❺⓪　Hitti, 1970 年（《阿拉伯通史》），p. 60.
❺①　Hitti, 1970 年（同上），p. 74, n.1.

伊本‧赫勒敦運用語言學知識指出所謂柱子實為誤解，應該解釋成帳篷的支柱[52]。

　　第四個到第九個例子主要是對一些穆斯林君主的性格的批判性研究。這些例子都是穆斯林史學家和君主們所熟悉的。伊本‧赫勒敦用這些例子來說明歷史的內部方面的一些新問題。他所用的研究程序與前三個例子所用的類似。他把爭辯的重點從評判傳述者的權威性轉向考慮這些記載本身的內容是否可信。這些記載都是伊本‧赫勒敦所尊重的穆斯林權威史學家所作出的。他引用這些例子意在說明，由於缺乏歷史內在方面的知識，即使權威史學家在記錄資料時也會誤入歧途。

　　伊本‧赫勒敦在考慮這些記載的內容是否可信時，引證了有關君主的言行來研究他們的個性，判斷這些記載與他們的個性是否吻合。他也考慮了當時社會上的宗教感情、行為準則和政治活動的一般情況，判斷這些記載的事件是否可能發生[53]。最後，他說明這些統治家族的反對派由於嫉妒和不滿而製造和散布流言蜚語。這些謠言又被一些著名的史學家所接受，因為他們缺乏關於歷史的內在方面的知識，只是不加批判地照葫蘆畫瓢。從這個觀點來看，所有從前的史學家都有過失，只是那些大史學家一般比較可靠，他們的錯誤只是偶然的盲目沿襲舊說。而沒有批判精神的文抄公卻只是照抄各種錯誤，使之廣為流傳[54]。文抄公根本無法辨別真實的記載和虛假的謠言之間的區別。因此伊本‧赫勒敦只把這些文抄公當做一個羣體予以批評，不屑於提及他們當中的

[52]　Q（《緒論》1858年版），第 I 卷，pp. 13 ff.

[53]　Q（同上），第 I 卷，p. 23, pp. 27-28, 33-34.

[54]　Q（同上），第 I 卷，p. 43.

具體人物，也不與他們爭辯具體細節。另一方面，當一個重要的史學家，比如泰伯里或麥斯歐迪，一個重要的《古蘭經》評注家，比如賽阿里比（1035年卒）❺，或一個著名的神學家，犯了一個錯誤時，那麼他們犯錯誤可能是有某種理由的。如果對這些理由進行探索，就能夠說明這門學科的性質，它現存的弱點，加以改進的辦法。

　　討論9個例子是爲主要目的服務的，這個目的就是探索歷史的外部方面與內部方面的種種區別。討論的目的既非這些具體的錯誤，也非致誤的偶然原因。討論的目的是揭示至今尚未被人注意的一個秘密：恰當的歷史寫作要求具備關於歷史事件的性質的知識，在這種知識的基礎上，不斷檢驗所有傳述下來的資料，去僞存眞❺。零碎的史料只是更深刻，更具有普遍性的事物的部分的外在表現；如果一個史學家忽視了歷史的更深刻的內在方面，那麼他就不可能正確理解傳述給他的外在的資料，不可能去僞存眞。

　　上述第一組9個例子是說明史學家如果忽視了歷史的永久性的方面，忽視了社會的基本性質，就會犯錯誤。第二組3個例子則用來說明史學家如果忽視了歷史上的變化，不考慮兩個時代政府形式、語言、藝術和生活方式的差別，也會犯錯誤❺。歷史上的第一個時代是古波斯諸國，敍利亞人、奈伯特人、圖

---

❺　Q（同上），第 I 卷，p. 17. Hitti, 1970年（《阿拉伯通史》），p. 403. EI（《伊斯蘭百科全書》），第8卷，pp. 730-732,"Th' alibi（賽阿里比）"，C. Brockelmann 撰。

❺　Q（同上），第 I 卷，pp. 43-44.

❺　Q（同上），第 I 卷，pp. 44-46.

伯兒們、以色列人和科卜特人的時代。他們在王朝和領土的安排方面有自己的制度，有自己的政治、工藝、語言、技術術語，有自己對待同胞和處理文化體制的方式。他們的遺址證明了這一點，他們被後來的波斯人、拜占廷人和阿拉伯人所繼承。舊的制度改變了，以前的風俗習慣轉變了，有的轉變成非常類似的習俗，有的轉變成完全不同的習俗。然後，伊斯蘭教興起了，所有的制度經歷了另一場變化。這些制度代代相傳，直到伊本‧赫勒敦自己的時代，大部分還是類似的。最後，阿拉伯人統治的時代告終了。東方的突厥人，西方的柏柏爾人，北方的歐洲的基督教徒這些非阿拉伯人奪取了權力。隨着阿拉伯人時代的過去，有些國家滅亡了，制度和習俗變化了，制度和習俗發生變化的原因是新的統治民族帶來了自己的習俗，征服民族奪取權力時，不可避免地接受被征服民族的大部分制度和習俗。與此同時，他們不會輕易放棄自己的民族的習俗，這就導致新的統治王朝的習俗與舊民族的習俗有所不同。新王朝到時候又會被其他王朝所取代，風俗習慣又會發生進一步的變化。隨著時代的推移，結果新的制度與習俗會與最早的制度和習俗完全不同。但是，有些史學家始終沒有意識到這種變化。他們把自己關於現實狀況的知識照搬套到歷史資料上去，以今律古，結果不免削足適履。

在討論了這三個例子之後，伊本‧赫勒敦轉而討論回曆四世紀（公元十世紀）以降，伊斯蘭世界發生的根本性變化。回曆八世紀（公元十四世紀）的新的狀況要求有一部新的劃時代的歷史著作。回曆四世紀以前的歷史已被許多重要的史學家研究過了。從眾多的史學家中，伊本‧赫勒敦特別提出兩個人，一個是麥斯

歐廸，他寫了《黃金草原和珠璣寶藏》⑤。他在這部著作中研究
了他那個時代，卽公元九世紀三十年代西方與東方各個國家與地
區的情況，他的書成了史學家的基本參考書。另一個是白克里
（1040/41-1094年）⑤，他是一個西班牙的阿拉伯人，活動於科
爾多瓦,是一個文學研究家,詩人和語言學家，因大部頭的地理學
著作而獲得名聲,他的名著叫做《列國道路志》⑥。他的時代的狀
況與麥斯歐廸描寫的狀況並無多大變化，因此只是在省區與道路
方面做了與麥斯歐廸類似的工作。這兩位史學家都爲讀者提供了
經濟方面與社會方面的資料，而且比較接近伊本·赫勒敦所設想
的撰寫歷史的恰當方式。伊本·赫勒敦特別讚賞麥斯歐廸是很有
意思的,因爲麥斯歐廸是伊斯蘭史學中帶有哲學傾向的代表人物。

　　伊本·赫勒敦接着描寫了回曆八世紀（公元十四世紀）伊斯
蘭世界發生的巨變。在馬格里布，柏柏爾衰微了。回曆八世紀中
葉的瘟疫使東方和西方的文明慘遭打擊，人口銳減，城市廢棄,
王朝衰弱。一輪新的循環開始了，因此需要一個史學家來系統地
記載所有地區與民族的狀況，以及已經發生變化的風俗習慣與宗
敎信仰，爲這個時代做一件相當於麥斯歐廸爲他的時代所做的工
作⑥。這件工作應該成爲以後的史學家的楷模，這部著作就是伊

⑤　*Muruj al-dhahab*（《黃金草原與珠璣寶藏》）。Q（同上），
　　第Ⅰ卷，p. 51; EI2（《新版伊斯蘭百科全書》），第6卷 pp.
　　784-789.

⑤　Hitti, 1970年（《阿拉伯通史》），pp. 568-589; Sarton, 1927-
　　1948 年（《科學史導言》），第Ⅰ卷，p. 768; EI2（《新版伊斯
　　蘭百科全書》），第1卷，pp. 155-157, "Abu 'Ubaydal-Bakri
　　（白克里）", E. Levi-Provencal 撰.

⑥　*al-Masalik wa-1-mamalik*（《列國道路志》）; Q（《緒
　　論》1858 年版），第Ⅰ卷，p. 51.

⑥　Q（同上），第Ⅰ卷，p. 52.

本‧赫勒敦計劃寫的巨著《殷鑑》。

《殷鑑》的第一部（即通常所稱的《緒論》）有一個不到20頁的序言。序言的前半部分概括了前言與導言中所得出的結論，並且把這些結論與伊本‧赫勒敦計劃創建的新學科聯繫起來，他把這門新學科稱爲文化科學。

他首先爲史學下了一個新的，更完整的定義：「……歷史實際上是關於人類社會及世界文化的記載……[62]」然後他說明有七個原因使歷史記載不免謬誤。其中六個原因與史學家的性格有關：（一）偏愛某種觀點和學派的宗派情緒；（二）過分相信傳述者；（三）沒有理解他所記載的事件的眞正意義，把自己想像的意義附加上去；（四）沒有根據地輕信某件事情的眞實性；（五）沒有從恰當的背景上去理解歷史事件；（六）企圖贏得有權勢者的歡心；（七）無視文化模式的性質，這是史學家致誤的最重要的原因[63]。爲了減少由此而引起的謬誤，就有必要建立一門研究文化模式的新學科 —— 文化科學。

伊本‧赫勒敦再次舉了四個例子，第一、二、四個例子出自麥斯歐廸，第三個例子出自白克里[64]，用來說明由於沒有文化科學的幫助，不了解某些事物的性質，卽使像麥斯歐廸與白克里這樣出色的史學家也會致誤。如果史學家懂得了各種事件及其變化的性質，以及制約這些事件的條件，那麼他就能在批判性地研究史料時去僞存眞[65]。

第一個例子是說亞歷山大大帝待在一只玻璃盒子裏潛入海

---

[62] Q（同上），第Ⅰ卷，p. 56.
[63] Q（同上），第Ⅰ卷，p. 57, 58, 60.
[64] Q（同上），第Ⅰ卷，pp. 58-60.
[65] Q（同上），第Ⅰ卷，pp. 57-58.

底，畫下妖怪的肖像，據以製成銅像，嚇跑海怪，從而得以建成亞歷山大港。伊本・赫勒敦指出，人潛入深海，卽使是在一只盒子裏，也會窒息而死。這則傳說不符合人類生理學的原理，是不可信的。第二個例子說某年有個固定的日子，歐掠鳥聚集在羅馬的一個雕像旁邊，帶來許多橄欖油，羅馬人就從這兒得到他們的橄欖油。伊本・赫勒敦認爲這與生產橄欖油的程序毫無關係，不符合經濟活動的常理，純屬子虛烏有。第三個例子說有一座萬門之城，周長超過三十天旅程。伊本・赫勒勒敦認爲這樣大的城市無法管理，也無法對其居民提供任何保衞作用，不符合城市規劃的常識，是無稽之談。第四個例子說在北非的西吉勒馬賽的沙漠中有一座銅城，完全是用銅製成的。伊本・赫勒敦認爲根本不可能有足夠的銅來建築一座城市，這個傳說一定是說書人的杜撰。這些例子都說明了建立一門新學科 —— 文化科學的必要性。

　　第一部的序言接着討論兩種不同的方法：一種是傳述者權威性評判，另一種是事件可能性評判。聖訓學和史學都使用傳述者權威性評判的方法。伊本・赫勒敦認爲，事關穆斯林宗敎性記載的有效性時，只要評判傳述者的品格就可以了，因爲這種宗敎性的記載主要是先知穆罕默德指導穆斯林們行動的敎法，確定這些敎法是否出自先知的辦法就是調查傳述者是否爲人剛正，傳述精確❻。

　　但是，史學的任務是記載確實發生過的事實。首先必須調查這樣的事實是否可能發生，評判事件的可能性比評判傳述者的權威性更重要、更優先、在確定一個事件是否可能發生之前，沒有必要去評判傳述者的權威性。如果某一事件根本不可能發生，卽

---

❻　Q（同上），第Ⅰ卷，pp. 60-61.

使傳述者很有權威性，也不可相信。因此，聖訓學只要使用傳述者權威性評判法就夠了，史學則既要使用傳述者權威性評判法，也要使用事件可能性評判法。如果要使用事件可能性評判法，那麼就需要一門研究歷史事件性質的學科——文化科學❻。伊本・赫勒敦用前面列舉的許多著名史學家犯錯誤的例子說明，從前的史學家當中沒有人曾經建立或使用過這麼一門學科。

在第一部的序言的後半部分中，伊本・赫勒敦爲這門新學科——文化科學下了定義，並且把它與相關學科作了比較。

伊本・赫勒敦首先提出，去僞存眞的標準可以從我們對人類社會（卽文化）的研究中去尋找。我們必須把三類事物區別開來：（一）與文明的精髓相互聯繫，與文明的本質不可分割的事物；（二）對文明來說帶有偶然性的，不必考慮在內的事物；（三）在某種文明裏根本不可能發生的事物。當我們作出了這種區分之後，我們就有了一種不容置疑的評判標準❻，通過研究人類文化來確立這種評判標準就是《殷鑒》第一部的目的。文化科學是一門獨立的學科，這門學科有其自己的對象，卽人類文明和社會組織。它有自己的問題，卽一個接一個地解釋與文明精髓相互聯繫的社會現象。它的方法是論證，它的目的是鑒別史料，去僞存眞。

這是一門全新的學科。事實上伊本・赫勒敦還沒有看到過任何人沿着這些方向進行討論。伊本・赫勒敦認爲，或許人們不知道這門學科，也可能人們已經研究過這個課題，但是他們的著作

---

❻ Q（同上），第 I 卷，pp. 60-62.

❻ Q（同上），第 I 卷，p. 61.

沒有傳給穆斯林們。因爲波斯人、迦勒底人、敍利亞人、巴比倫人和科卜特人的各門學科都沒有傳給穆斯林們，或許在這些失傳的學科中就有文化科學。只有一個民族——希臘人的各門學科傳給了穆斯林，這主要是靠阿拔斯王朝哈里發麥蒙贊助的宏偉的翻譯事業才做到的，而在希臘的各門學問中沒有文化科學❻❾。這或許是因爲文化科學的直接目的僅僅是鑒定史料，希臘學者們忽視了建立這門學科的必要性。

伊本・赫勒敦承認有些學科可能與文化科學相類似，但是這些類似只是表面現象，這些學科與文化科學的差異是帶有根本性的。他特別提出了五門學科：(一)修辭學，(二)政治學，這兩門學科是從希臘人那兒繼承下來的；(三)教義學，(四)教律學，這兩門學科是伊斯蘭教的學科；(五)通俗智慧文學，這並非眞正的科學，在大多數國家裏，只要有些聰明人就會有這種文學❼❶。

伊本・赫勒敦認爲修辭學是邏輯學科之一，以亞里士多德的《工具》的第七卷《修辭學》爲代表❼❶，其研究對象是有說服力的言辭，通過這種言辭以說服大衆接受或反對某種觀點。文化科學不屬於修辭學。

政治學關心的是根據倫理學和哲學的要求，構想家庭或城市的模式，目的是指導大衆的行爲，使人類的生存得到保障，萬世

---

❻❾　Q（同上），第 I 卷，pp. 62-63.

❼⓿　Q（同上），第 I 卷，p. 62 ff.

❼❶　Q（同上），第 I 卷，p. 62. Aristotle, *Rhetoric* (亞里士多德，《修辭學》)，第 i 卷，p. 1.--Great books of the Western world, 9. Aristotle; II (西方名著叢書，第 9 卷，亞里士多德著作第 II 卷)，Chicago; Encyclopaedia Britannica, Inc., 1952年，p.593.

長存。文化科學也不屬於政治學。

教義學和教律學研究的有些問題，在對象和出發點上與文化科學類似⑫。比如，教義學者提到，人類為了生存而互相合作，因此需要有人在他們當中進行仲裁，發揮一種制約作用，而教律學學者提到，社會不公正現象會造成文明的毀滅，帶來不可避免的後果，即人類的滅絕。但是教義學和教律學基本上是非理性的學科，其最終的淵源是天啓。而文化科學並不依靠天啓，它是對人類社會的理性的研究⑬。

最後，伊本‧赫勒敦把大量的通俗智慧文學與文化科學作了比較。所謂的通俗智慧文學就是穆斯林們把歷代的智者的言論搜集起來，寫成手冊，供王公們參考⑭。其中對伊本‧赫勒敦影響比較大的是杜爾突什的《帝王明燈》⑮。那本書的分章很接近伊本‧赫勒敦《緒論》的分章，但是沒有建立一個理論體系。杜爾突什沒有對問題刨根問底，沒有提供清楚的論證。他以專章處理專門的問題，但是實際上只是講了許多有關這個專題的故事與傳聞，引用了波斯和印度智者們的分散的言論，以及一些偉人傳述的資料。這部著作只是一種資料彙編。杜爾突什以一個正確的設想為目標的，但是他沒有達到這個目標。其他通俗智慧文學的情況也是如此。整個來說，通俗智慧文學並非科學，它並不運用論證的嚴格的方法，並不探索各種社會現象的比較深層的原

---

⑫　Q（同上），第Ⅰ卷，p. 63.

⑬　Q（同上），第Ⅰ卷，pp. 63-64.

⑭　Q（同上），第Ⅰ卷，pp. 65-66.

⑮　Hitti, 1970年（《阿拉伯通史》），p. 308. EI（《伊斯蘭百科全書》），第3卷，pp. 353-354, "Ibn Abi Randaka（杜爾突什）", C. Brockelmann 撰。

因⑯。而文化科學以人類各種體制與習俗爲對象，力圖有根有據地解釋它們的性質、起源和原因⑰。

在第一部序言的結尾，伊本・赫勒敦列舉了人類區別於其他生物的稟賦，勾畫了第一部（卽通常所稱的《緒論》）的結構。

人類有別於其他生物的特性有四點：（一）思考能力，由此而形成的科學和技術；（二）需要制約的力量和強大的權威；（三）各種謀生的努力；（四）文明，卽共同居住在城市和村鎭裏以滿足種種需要。

第一部（卽《緒論》）根據其內容自然地分爲六章：

（一）總論人類文明，它的不同種類，地球上有文明的部分。

（二）論貝杜因文明，包括關於部落與野蠻民族的論述。

（三）論王朝、哈里發國家、王權，包括關於政府官制的討論。

（四）論定居文明、國家與城市。

（五）論技藝、謀生方式、有報酬的職業及其各個方面。

（六）論科學及科學知識的獲得與研究⑱。

---

⑯　Q（《緒論》1858年版），第Ⅰ卷，p. 64; Turtushi, *Siraj*（杜爾突什，《帝王明燈》），pp. 99 ff.

⑰　Q（同上），Ⅰ卷，pp. 65- 66.

⑱　Q（同上），第Ⅰ卷，p. 67; Issawai, 1950年〔《阿拉伯歷史哲學，突尼斯的伊本・赫勒敦（1332-1406年）的「緒論」選粹》，下同〕，p. 26.

第三章　歷史哲學：對象與問題

第一節　人類文化存在的前提

《緒論》一共分爲六章，第一章總論人類文化，由六個預備性討論組成。第一個預備性討論說明人類合羣與產生統治者的必然性，第二、三、四、五個預備性討論探索地理環境對人類的影響，第六個預備性討論則研究先知及其他超自然的人類心靈活動。討論的內容還不是文化本身，而是人類文化存在的條件。

第一個預備性討論探索社會組織與王權的產生。伊本・赫勒敦反覆強調人類需要社會組織的引導。他讚同以前的一些哲學家的一個看法，卽人類從本性上來說是政治性的，人類不能離開社會組織。人類的物質需要，導致他必須與人交往，一個社會一旦產生，它必須通過某些階段而形成文化，人類通過某種文化模式才能成功地滿足其需求與欲望。

人類最必不可少的需求是食物。爲了滿足這種需求，他們不得不生活在一起，進行專業分工、生產工具、完成生產食物所要求的種種任務。同樣的，每個人都需要同類的幫助才能保護自己。個人的力氣不足以對付野獸，特別是猛獸的力量。個人也不足以充分利用防禦的武器，因爲有許多種類的武器，要求多種的製作技術和材料。人同其伙伴進行合作是絕對必要的，沒有合作，人類不可能獲得食物與保衞自己，因而將走向滅亡❶。

伊本・赫勒敦的觀點與古典經濟學家不一樣。古典經濟學家相信，在社會中除了個人之外沒有什麼東西是眞實的。伊本・赫勒敦的觀點與法國思想家塗爾幹的觀點類似，相信社會本身就是實體，就是眞實的。社會這個實體是高於個人的，獨立於個人之上的；完全與社會隔絕的個人只是偶然現象，並不是構成社會的基礎；社會並非獨來獨往的個人的純粹數量上的擴大，不是先有個人再形成社會；如果沒有社會，個人根本不可能存在。我們可以說，伊本・赫勒敦是第一個把社會作爲一門學科的研究對象的思想家。

當文明逐步形成時，人類就需要某個人物來行使制約的力量，因爲攻擊性與不公正是人類的動物性本質❷。當一個人的財產受到威脅時，他會滿懷憤怒與怨恨。這會引起紛爭，紛爭會引起敵意，而敵意會導致麻煩，流血和殺人，人類又會面臨毁滅的危險。人類用來對付猛獸的武器不足以制止人對人的進攻，因爲所有的人都擁有武器。因此，必須找到其他的力量來制止人類相互之間的攻擊。行使制約力量的人必須主宰別人，對他們擁有權力和權威，從而使他們當中的任何人都不能攻擊他人。因此，很清楚，對人類來說，王權是絕對必要的❸。

對伊本・赫勒敦來說，社會控制有兩種形式：宗教的與政治的。政治的社會控制是絕對必要的，但宗教的社會控制並非絕對

---

❶　Q（《緒論》1858 年版），第Ⅰ卷，pp. 69-71.
❷　這實際上是阿維森那關於靈魂的觀點，見 S（伊本・赫勒敦，《對於試圖澄清問題者的指導》，下同），pp. 6-7.
❸　Q（《緒論》1858 年版），第Ⅰ卷，pp.71-72.

必要的。宗教是使社會規範化的最重要的機構之一，但是只有政治控制，沒有宗教控制的社會也能生存下去。人類當中擁有神聖經典的民族是少數，而沒有神聖經典的民族占大多數。沒有神聖經典的民族照樣有自己的社會生活、王朝和紀念性建築物。

　　第二個預備性討論探討了地球上有文明的地區以及海洋、河流和各個地帶的劃分。伊本・赫勒敦關於地理方面的資料主要來自古希臘著名地理學家托勒密（公元二世紀前半期人）的《地理學》❹ 和中世紀最馳名的穆斯林地理學家和製圖家易德里西（1166年卒）的《雲遊者的娛樂》❺。伊本・赫勒敦說明大地是一個球體，地球上陸地大約占一半，另一半是汪洋大海。陸地上大部分是荒地，有人居住的地區約占陸地的四分之一。赤道將地球分成兩半，從赤道到兩極各分為 90 度。有人居住的地區從赤道延伸到北緯64度，64度以北因極其寒冷而無人居住。有人居住的地區被劃分為從南到北的七個地帶，每個地帶都是與赤道平行的。第一個地帶最長，第七個地帶最短❻。

　　第二個預備性討論有一個附錄，說明南方酷熱，文明難以發展，因此北方比南方更文明❼。阿維羅伊假設，赤道是一條對稱線，赤道以南的地區是與赤道以北的地區一一對應的，因此應該像北半球一樣有人居住。伊本・赫勒敦認為他的假設是合理的，但是，在南半球海洋覆蓋了相當於北半球文明諸國的地區，所以赤道以南即使有一點文明，也是微不足道的。

---

❹　Hitti, 1970 年（《阿拉伯通史》），p. 384.

❺　Hitti, 1970 年（同上），p. 609.

❻　Q（《緒論》1858年版），第 I 卷，pp. 75 ff; Mas'udi, *Tanbih*（麥斯歐廸，《提醒與監督》），pp. 51-52.

❼　Q（同上），第 I 卷，pp. 83 ff.

在討論之後，附有一幅世界地圖，並有對這張地圖的非常詳細的說明。看來第二個預備性討論的目的即在於全面地、系統地總結當時的地理學知識，以便進一步探討地理環境對人類文明的制約作用。

第三個預備性討論研究七個地帶的不同氣候及其對人類膚色與其他方面的影響。第四個地帶是最溫和，第三與第五地帶次之，第二與第六地帶又次之，第一與第七地帶最不溫和，第三、四、五地帶的一切都是符合中庸之道的：人的身體、膚色、性格和一般狀況都恰到好處。衣食住行均甚完美，以貴金屬為貨幣。馬格里布、敍利亞、伊拉克、波斯、西印度、中國、西班牙的居民以及鄰近的歐洲基督教徒屬於這個範疇。第一、二、六、七地帶的居民衣食住行簡陋，用銅、鐵或獸皮作貨幣。有些黑人甚至還吃人。斯拉夫人和突厥人也同樣落後。他們一般沒有宗教信仰❽。黑格爾認為，嚴寒與酷熱的地帶不能夠產生具有世界歷史意義的民族，大自然不把這些地帶包括在歷史舞臺之內❾。這個看法與伊本・赫勒敦的看法是頗為相似的。

伊本・赫勒敦用他掌握的科學知識駁斥了系譜學者們關於黑人膚色的謬論。有些系譜學者認為，諾亞曾詛咒其子含，說含的後代要作他兄弟的後代的最卑賤的僕人❿，黑人是含的後裔，因受諾亞的詛咒而膚色發黑。伊本・赫勒敦認為黑人的膚色與詛咒毫無關係，完全是第一、二地帶陽光經常直射，天氣過分炎熱所

---

❽　Q（同上），第Ⅰ卷，pp. 148-151; Issawi, 1950 年（《「緒論」選粹》），pp. 42-45; R（《緒論》英譯本），第Ⅰ卷，pp. 167-169.

❾　Hegel, 1956 年（黑格爾，《歷史哲學》），pp. 80-81.

❿　*Bible*（《聖經》），Genesis（＜創世記＞），第 9 章，第 25 節。

致。他引用了著名哲學家伊本‧西那 (1037年卒) 的一首關於醫藥的賴齊子韻律詩來說明這個道理: 「僧祇居處是熱帶, 曬得皮膚黑黝黝。斯拉夫人變得白, 直到皮膚細又嫩。」⑪

第四個預備性討論進一步探討了氣候對人類性格的影響。麥斯歐廸根據古希臘醫學權威格林 (約 200 年卒) ⑫和阿拉伯哲學家肯廸 (801-873 年卒) ⑬的意見, 認為黑人性格輕浮, 容易興奮, 聽到音樂就手之舞之, 足之蹈之, 因為他們腦力很弱, 造成了他們智力低下⑭。伊本‧赫勒敦認為這是不能使人信服的, 無法證明的說法。黑人的這些性格的形成應該歸之於地理環境的影響。

第五個預備性討論研究各個地區食物生產情況及其對人類身體與性格的影響。有的地區出產各種穀物、蔬菜和水果, 有的地區卻很貧瘠, 缺吃少穿。比如, 游牧的貝杜因人所獲得的食物僅夠糊口, 完全談不上舒適或奢侈, 主要靠喝羊奶為生。西班牙不出產奶油, 那裏的居民主要靠小米為生, 儘管如此, 他們卻比較健康, 面清目秀, 體態健美, 性格沉穩, 聰明好學, 與此相反的是那些食不厭精, 膾不厭細的民族, 比如摩洛哥人常吃豐盛的食

⑪ Ibn Sina, *Urjuza* (伊本‧西那, 《醫學詩》), 第Ⅱ卷, pp. 66-67.

⑫ Hitti, 1970年 (《阿拉伯通史》), p. 313. EI2 (《新版伊斯蘭百科全書》), 第Ⅱ卷, pp. 402-403, "Djalinus (格林)", R. Walzer 撰。

⑬ Hitti, 1970 年 (《阿拉伯通史》), pp. 370-371. EI2 (《新版伊斯蘭百科全書》), 第 5 卷, pp. 122-123, "Kindi (肯廸)", J. Jolivel-R. Rashed 撰。

⑭ Mas'udi, *Muruj* (麥斯歐廸, 《黃金草原》), 第Ⅰ卷, p. 164 ff. Walzer, 1950 年 (<伊斯蘭哲學的興起>, Oriens, 第Ⅲ卷, (1950 年)), pp. 1-19.

物與上等小麥，他們在身體與智力方面都比較差。過分豐富的食物及其所含的水分會在人體內產生有害的積澱，使人痴肥，膚色蒼白，體態臃腫，心智虛弱，愚蠢粗心。城市居民往往就是這個樣子[15]。

這五個預備性討論具有生態學研究的性質。首先，排除了大洋、過分寒冷的北緯 64 度以北的陸地，確定了人類適於居住的範圍。然後，在這個範圍裏劃分爲七個地帶，排除了熱帶和寒帶居民發展高度文明的可能性，把文明可能繁榮的地帶縮小到溫帶。第三，進而指出在溫帶裏，食物豐歉不同，食物過分豐富反倒不利於居民的健康發展。總的來說，這些預備性討論與伊本‧赫勒敦所讚美的白克里與麥斯歐廸的總論模式相當吻合。這種對整個世界的總體描述在《緒論》的宏偉結構中構成了一個堅實的基礎[16]。

這些預備性討論以地理環境對人類的影響爲中心。在伊本‧赫勒敦以前與以後，有許多思想家曾經研究地理環境對人類社會的制約作用，其中包括幾位中世紀的思想家，像聖托馬斯‧阿奎那、米開蘭基羅和博丹。有的學者認爲在博丹以前，甚至可以說在孟德斯鳩以前，伊本‧赫勒敦關於物質環境對社會組織的影響的分析要比其他思想家更透徹。

第六個預備性討論突然從生態學轉向先知、占卜、夢中感應、奇蹟之類的現象。以伊本‧西那爲代表的哲學家們認爲,先知

---

[15]　Q（《緒論》1858 年版），第 I 卷，pp. 157-160; Issawi, 1950 年（《「緒論」選粹》），pp. 47-49; R《緒論》英譯本），第 I 卷，pp. 177-179.

[16]　Azmeh, 1990 年（《伊本‧赫勒敦新解》），p. 65.

是人的一種自然性質的表現。伊本・赫勒敦不同意這種觀點，他認爲先知是神挑選出來的個人，神給予他們關於神聖事物的特別的知識，讓他們講述未來將會發生的事情[17]。神創造了這些先知，讓他們可以認識神。神把他們作爲自己與他的子民之間的紐帶。他們使自己的同胞懂得眞正的善，並遵循正道，使自己的同胞不至於墮入地獄之火，向同胞顯示得救之路[18]。

　　關於先知的性質，哲學家們與保守的神學家們是意見不同的。伊本・赫勒敦在此問題上與哲學家們的觀點保持距離。但是他仍然努力用某種理論去說明先知的眞正的意義。他所用的理論是「存在大系論」[19]，人類在這個大系中所占的地位使先知能夠具備特殊的知識。這個存在大系是一個巨大的等級系列，從四元素開始，上升到礦物、植物、動物、人類，然後跨出自然的門檻，進入超自然的各種精神性的存在，而以眞主的至善爲終極。四大元素是按照從土到水，再到氣，最後到火這樣逐漸上升的次序安排的，每一種元素都可能轉化爲更高的或更低的。比較高的元素總是更加精緻清純。礦物的最高階段是與草本植物和無子植物這些最低等的植物聯繫在一起的。像棕櫚和葡萄這些植物的最高階段，是與只有觸覺的蝸牛和介殼類這些最低等的動物聯繫在一起的。人類這個比較高的階段是從猿猴升上去的，猿猴有感覺與知覺，但是還沒有達到眞正的思考的階段。人類是可以看見的，有血有肉的造物的極限。有許多證據可以說明，有某種東西不同於

---

[17]　BB（《緒論》1900 年版），p. 91.

[18]　Q（《緒論》1858年版），第 I 卷，p.165；R（《緒論》英譯本），第 I 卷，p. 184.

[19]　Lovejoy, 1956 年（《生存大系論》）。

肉體而對肉體發揮着影響。這就是精神性的存在，就是靈魂。在靈魂之上，一定還存在某種東西，它給予靈魂領悟和活動的能力，與靈魂聯繫在一起，它的精髓是純粹悟性和絕對智力，那就是天使的世界。靈魂向下與肉體聯繫在一起，向上與天使聯繫在一起，從天使世界獲得科學的與超自然的知識。人類的靈魂分成三大類：

（一）常人的靈魂，本質上太弱而不能達到精神性的領悟。它滿足於感性的和想像的理解，借助於記憶與判斷，根據有限的規則與具體程序形成概念，通過歸納與演繹而獲得知識。這是科學家們活動的領域，當然也就是史學家們活動的範圍。

（二）神祕的靈魂，通過思考趨向精神性的領悟。這種靈魂的領悟是超自然的領悟，能夠超越常人理解的初步眞理。這是聖人和具有神祕學問和神祕知識的人的靈魂。

（三）先知的靈魂，本質上適於超越人性，趨向天使的階段。在某一瞬間能夠眞正成爲天使，看到其他高貴的天使，聽到他們精妙的談論和神聖的言辭。這就是先知的靈魂。伊本・赫勒敦就這樣解釋了先知的眞正的意義[20]。

伊本・赫勒敦接着用相當長的篇幅討論了其他超自然的精神性活動，包括占卜與其他種種算命、預言、夢中感應、蘇非派（神祕主義者）聖人以及修士的超自然領悟。從事這些活動的人

---

[20] Q《緒論》1858 年版），第 I 卷，pp. 173-178; Issawi, 1950年（《「緒論」選粹》），pp. 164-165, 170-174; R（《緒論》英譯本），第 I 卷，pp. 194-200; S（《對於試圖澄清問題者的指導》），p. 22. 關於阿拉伯—伊斯蘭宇宙論見 Nasr, 1968 年（《伊斯蘭科學與文明》）。

的靈魂是神祕的靈魂，低於先知的靈魂，而高於常人的靈魂㉑。

　　爲什麼伊本・赫勒敦要把關於先知與超自然領悟的討論作爲他的新科學的預備性討論之一呢？第六章是專門研究人類的各種知識的，他可以在那一章裏探討先知等等問題。爲什麼把這種討論提前放入第一章呢？因爲理性與信仰的矛盾是伊本・赫勒敦理論中最大的矛盾。一方面，他竭力把自己的新學科建立在理性的基礎上，用哲學家們倡導的科學原則來研究歷史的一般規律，把這門新學科當做哲學的一個分支，哲學的載體。當他處理一般世俗歷史時，或處理非伊斯蘭敎的宗敎傳說時，他可以毫不猶豫地堅持自己的理性原則。另一方面，他信仰伊斯蘭敎。他內心是否曾經用理性精神批判過伊斯蘭敎，我們無從知道。從他的全部言行來看，他是一個虔誠的伊斯蘭敎徒。他反對哲學家們將理性原則運用到伊斯蘭敎神學的範圍裏來。爲了消除這種矛盾，至少從邏輯上、表面上消除這種矛盾，他不得不憚精竭慮，爲先知與其他超自然現象在新學科中安排一個非常特殊的地位。一方面這種地位是至高無上的，不容懷疑的，不准許用哲學家的理性原則去分析的。另一方面，又將其與一般歷史現象截然分開，不得隨便涉入歷史進程。他運用存在大系論，肉體與靈魂的關係說，靈魂三類型說等一整套複雜的理論，將先知與超自然的領悟安排在人神之間，高於常人，不屬於常人的範疇，從而達到了自己的目的。他旣可以自由地在新學科中根據理性探討各種歷史現象，又不褻瀆神聖的伊斯蘭敎宗敎信仰。正因爲這個問題對他來說是如

㉑　Q（《緒論》1858 年版），第Ⅰ卷，pp. 181-182; R（《緒論》英譯本），第Ⅰ卷，pp.202-203.

此重要，所以他把它放在第一章中，作為文明發展的一個不可缺少的前提來加以論述。

　　第一章裏這些預備性討論還不是討論文明本身，而是討論文明產生的條件和前提。對文明本身的討論是從《緒論》的第二章開始的。

第二節　農牧文化、城市文化與羣體凝聚力

　　《緒論》的第二章討論貝杜因文明，諸野蠻民族、部落及其生活狀況，這既是純粹邏輯結構上的開端，也是歷史發展意義上的開端。從邏輯上來說，貝杜因文明是最簡單的。傳統農業文明、工業文明和後工業文明都要比它複雜得多。從歷史上來說，貝杜因文明要早於城鎮文明。

　　伊本・赫勒敦首先指出，人們的狀況的差異是他們謀生手段不同的結果❷。人類社會分為兩大類："badawa"（原始生活）和"hadara"（文明生活或城市生活）。不過，伊本・赫勒敦所說的 "badawa" 不同於我們常用的任何術語。從字面上來說，它意為沙漠生活或游牧文化（貝杜因）；但作為伊本・赫勒敦的歷史哲學的術語，它既包括游牧民族，也包括落後的農業民族。我們有必要引用他的原文以明確這個術語的內涵：

　　「……有些人從事農業，種植蔬菜與穀物。其他人從事動

---

❷　Q（《緒論》1858 年版），第 I 卷，p. 120; Issawi, 1950 年（《「緒論」選粹》），p. 80; R（《緒論》英譯本），第 I 卷，p. 249.

物飼養業，養殖綿羊、牛、山羊、蜜蜂和蠶而利用其產品。靠
農業與動物飼養業為生的人不可避免地生活於曠野之中，
因為只有曠野才能提供城市裏所沒有的廣闊土地、草原和
種植園等等，因此他們不得不住在窮鄉僻壤。他們為了獲
得溫飽和住所等生活與文明的必要條件，建立了社會組織
與合作關係，但是他們沒有超越維持生存的水平，因為他
們不能提供任何剩餘產品……」[23]

我們覺得把 "badawa" 這個術語翻譯成「農牧文化」比較接近
伊本·赫勒敦的原意。根據伊本·赫勒敦的研究，農牧文化與城
市文化在許多方面都形成了鮮明的對照：

　一、**謀生方式**：農牧文化比較簡單，從事農業者適於定居，
他們是小社區、村莊與山區的居民。他們構成柏柏爾人的大眾，
以養殖牛羊為生的人被稱為牧羊人，他們逐水草而居，但不深入
沙漠。柏柏爾人、突厥人、土庫曼人和斯拉夫人中都有大批牧羊
人。以養駱駝為生的人則深入到沙漠裏去游牧，阿拉伯人、柏柏
爾人、宰那泰人、庫爾迪人、土庫曼人和突厥人中都有許多放牧
駱駝的部落。城市的職業門類繁多，有各種手工業和商業，複雜
的勞動分工需要高度專業化。不過這些職業與農牧業相比是次生
的、後起的[24]。

　二、**生活水平**：農牧文化的生活水平比較低，他們住洞穴、
帳篷、木屋或黏土和石頭造的房子，沒有什麼家具，食物略加烹

---

[23] Q(同上)，第 I 卷，pp. 120-121; Issawi, 1950 年(同上)，pp.
　　80-81; R (同上)，第 I 卷，p. 249.

[24] R(同上)，第 I 卷，pp. 250-252；第 II 卷，p. 316, 347, 357, 348.

調或全無烹調。城市居民生活水平較高，他們建築廣厦巨宅以供居住，修築城牆以保護自己，還營造城堡、塔樓、宮室，設置供水系統，製作精緻的家具，以精美的烹調而自豪㉕。這種生活水平方面的差距的歷史後果是：一旦粗野的農牧民占據城市，往往會造成大規模的破壞。

三、時間先後：農牧文化是文明的搖籃，早於城市文化，是城市文化的基礎。大部分市民出身於附近的貝杜因人，另一方面。市民除非迫不得已，一般無意回到農牧生活中去㉖。

四、道德：農牧民比市民純樸惷厚。人性本無善惡，近朱者赤，近墨者黑。市民耳濡目染種種卑鄙邪惡的東西，變得言行醜陋，農牧民比較接近人性的初始狀態，很少受種種惡習的影響，如果受了影響，也比較容易改邪歸正㉗。

五、勇氣：農牧民比市民更勇敢。市民習慣於懶散安逸，把保衞自己的財產與生命的責任交給了統治者，在城牆的保護下覺得很安全，不再佩帶武器，勇氣也漸漸降低了。農牧民沒有城牆的保護，每個人必須承擔起保衞自己的責任，總是帶著武器，時刻警覺，好勇狠鬥㉘。

六、社會控制：正規的社會控制在城市裏比較強有力。政府用法律制止了居民之間的攻擊，但法律往往是一種暴力與強制，

㉕　R（同上），第Ⅰ卷，pp. 249-250.

㉖　Q（《緒論》1858 年版），第Ⅰ卷　pp. 223-226; Issawi, 1950 年（《「緒論」選粹》），pp. 81-82; R（《緒論》英譯本），第Ⅰ卷，pp. 252-253.

㉗　Q（同上），第Ⅰ卷，pp. 225-227; Issawi,1950 年（同上），pp. 66-67; R（同上），第Ⅰ卷，pp. 253-255.

㉘　Q（同上），第Ⅰ卷，pp. 228-229; Issawi, 1950 年（同上），pp. 67-68; R（同上），第Ⅰ卷，pp. 257-258.

摧毀了市民的剛毅與抵抗力。農牧民通常處於正式的社會控制之外，比較剛毅[29]。

七、羣體凝聚力：在農牧民中羣體凝聚力比較強。市民靠政府來維持內部秩序，靠城牆和駐軍來對付外部侵略。農牧民部落內部靠酋長和長老來約束，對外則靠部落青年組成的民兵來禦敵。由血緣關係帶來的羣體凝聚力把他們團結在一起，只有這樣他們才能在沙漠裏生存下去[30]。

八、血統的純粹性：純粹的血統只見之於沙漠中的阿拉伯人和類似的民族，因為他們世代生活在沙漠深處，條件特別艱苦，其他民族中沒有人願意自動加入他們的行列。市民的世系則常常混雜起來[31]。由於羣體凝聚力通常是血緣關係的產物，農牧民的純粹血統加強了他們的凝聚力。

九、征服能力：農牧民比較勇猛、剛毅，有較強的羣體凝聚力，所以往往征服其他民族。而當他們定居下來，逐步文弱化以後，又會被其他保持農牧生活方式的民族所取代。當一個游牧民族保持野蠻狀態時，它的王權擴張得比較遠，因為他們沒有值得留戀的故鄉，他們不在乎走遍天涯海角，像蝗蟲一樣整羣遷徙，征服遙遠的民族，建立龐大的帝國。比如阿拉伯人、宰那泰人、庫爾迪人和土庫曼人都是這樣的民族[32]。伊本·赫勒敦所熟悉的

---

[29] Q（同上），第Ⅰ卷，pp. 230-233; R（同上），第Ⅰ卷，pp.258-261.

[30] Q（同上），第Ⅰ卷，pp. 233-234; Issawi, 1950 年（《「緒論」選粹》），pp. 105-106; R（同上），第Ⅰ卷，pp. 261-263.

[31] Q（同上），第Ⅰ卷，pp. 236-238; Issawi, 1950 年（同上），pp.104-105; R（同上），第Ⅰ卷，pp. 265-266.

[32] Q（同上），第Ⅰ卷，pp. 251-252, 263-264; R（同上），第Ⅰ卷，pp. 282-283, 295-296.

主要是亞洲西部的游牧民族，但是他所概括出來的結論也適用於東方的游牧民族和半農半牧的民族：匈奴、鮮卑、柔然、突厥、蒙古、滿族等等。東亞和西亞的游牧——半游牧民族反覆地建立大帝國是決定亞洲歷史發展道路的一個重要因素，這是一個值得進一步深入研究的問題。

十、破壞性：游牧民族有很強的破壞性。他們所到之處，常常拆毀建築物，隨意劫掠，強迫工匠勞動而不付報酬，不關心建立法律和秩序，在其統治下的臣民處於無政府狀態。他們人人熱中於成爲領袖，臣民必須服從許多主子，結果文明遭到破壞。希拉勒人和素萊木人在回曆五世紀（公元十一世紀）闖入北非，在那兒搏鬥了三、五十年，馬格里布的平原完全被毀了❸。伊本・赫勒敦自己是阿拉伯人，與阿拉伯部落有很深的關係，讚美了阿拉伯人的優點，但他並未隱諱阿拉伯人征服所帶來的消極後果。不過，阿拉伯人破壞了舊文明，也建設了新文明。而亞洲史上有許多游牧民族破壞得多，建設得少。他們的巨大破壞力量是亞洲文明在中世紀後期停滯不前的一個重要原因。伊本・赫勒敦的論述是很有分量的目擊者的證言。

伊本・赫勒敦把人類社會劃分爲兩種主要類型的兩分法，是他以前的許多作者所不熟悉的一種分析方法。但是在現代思想家當中，這種分析方法卻是相當普遍的。比如，法國思想家塗爾幹就把社會劃分爲機械性結合的社會和有機性結合的社會。塗爾幹所說的機械性結合的社會與伊本・赫勒敦所說的農牧社會相當類

---

❸　Q(同上)，第Ⅰ卷，pp. 270-273；R(同上)，第Ⅰ卷，pp. 302-305.

似，在這種社會裏，所有的成員都具有共同的信念與感情[34]，個人的道德與習俗是屬於同一類型的。越是原始的社區，其成員之間的類似之處越是多[35]。這些相似之處將個人與羣體聯繫在一起。羣體能夠相當一致地懲罰任何違反道德習俗的言行，能夠同仇敵愾地反對外來侵犯。塗爾幹的有機性結合的社會與伊本·赫勒敦的城市社會比較接近，在這種社會裏，複雜的勞動分工和專業化，刺激了人們的分化和契約關係的發展。結果人們在心智方面和道德方面千差萬別，社會一致認可的道德標準減少了，社會凝聚力削弱了[36]。伊本·赫勒敦認爲城市地區充分發展的勞動分工是人們從農牧文化向城市文化轉化的結果; 塗爾幹則認爲勞動分工的興起是社會從機械性結合向有機性結合轉化的結果，這兩種思想相當接近。伊本·赫勒敦和塗爾幹都認爲城市社會或有機性結合的社會裏物質方面的進步不一定使人們更幸福。伊本·赫勒敦覺得，原始的農牧社會中虔誠相信宗教，敬畏眞主的人們更加知足常樂。

第二章在討論農牧文化與城市文化時，提出了伊本·赫勒敦理論體系中最重要的概念之一——“Asabīyah”。此詞來自阿拉伯語詞根“asab”（連接），卽把一些人團結起來形成一個羣體（asabtun）。伊本·赫勒敦從未很清楚地爲這個術語下過定義。看來，在他那個時代這個術語是衆所周知的，因此他並不覺得有必要爲它下定義。這個術語被翻譯成部落意識、血緣關係、部落

---

[34] Durkheim, 1933 年（塗爾幹，《 社會中的勞動分工 》），p. 79, 131; R（同上），第Ⅰ卷，pp. 273-274, 284.

[35] Durkheim, 1933 年（同上），p. 106, 133, 226; R（同上），第Ⅰ卷，p. 261, 265.

[36] Durkheim, 1933年（同上），pp. 22-23.

精神、對部落的忠誠、伙伴關係、一致感、羣體結合力、羣體性、聚合感、羣體心理、集體意識、羣體感、羣體凝聚力、凝聚感和社會凝聚力等等。這個詞原本的意思比較接近部落精神，穆斯林文獻中一般把它作爲貶義詞，意爲偏見、宗派主義，或者更狹義地解釋爲：盲目地支持自己的團體，不管其事業是否正義。有些作者把它作爲褒義詞，比如，伊本・艾西爾使用此詞表示：對於需要幫助，並有權得到幫助的人給予有益的羣體性支持❸。這個詞可以用來指值得讚美的感情，如愛國主義，就像伊本・赫帖卜曾說過的，"asabīyah" 並不冒犯宗教或世俗的秩序❸。伊本・赫勒敦把這個詞用作歷史哲學的術語時，其含義比較接近羣體凝聚力。

　　儘管伊本・赫勒敦沒有專門爲羣體凝聚力下定義，但我們可以從他的有關論述中概括出最基本的要點。

　　一、羣體凝聚力主要來自血緣關係，但不限於血緣關係： 伊本・赫勒敦並非憑空臆造這個概念，而是以現實生活中部落內部的凝聚力爲原型，加以概括提煉而形成這個概念的。他認爲，尊重血緣關係是人類的天性。這使人對自己的血緣親屬抱有感情，希望他們不要受到傷害，不要遭到毀滅。當一個人的親戚受到不公正的對待時，或受到攻擊時，他會感到羞恥，會進行干預，這是人的一種自然的強烈欲望。伊本・赫勒敦認爲，受保護人、被

---

❸ Ibn al-Athir, *Kamil*（伊本・艾西爾，《歷史大全》），第Ⅺ卷，p. 49, anno 541. EI2（《新版伊斯蘭百科全書》），第3卷，pp. 723-725, "Ibn al-Athir.（伊本・艾西爾）"。

❸ Ibn Khatib, *Ihata*（伊本・赫帖卜，《格拉納達志》），第Ⅰ卷，p. 7; EI2（《新版伊斯蘭百科全書》），第3卷，pp. 835-837, "Ibn al-Khatib（伊本・赫帖卜）", S. Gibert 撰。

釋放的奴隸和盟友雖非血緣親戚，也屬於同樣的範疇，這也必須從部落生活的現實中去理解。按照部落生活的慣例，外族人可以個人身分加入一個氏族。獲得解放的奴隸與原主人的家族保持關係，就變成了同族兄弟(mawla)。一個外人也可以獲得這樣一種親戚關係，被稱爲受保護人 (dakhil)。甚至整個比較弱的氏族可以自願取得某個強大氏族或部族的保護，變成它的一個組成部分。在阿拉伯人的擴張開始以後，非阿拉伯人信奉伊斯蘭敎，申請歸屬某個阿拉比亞部族，就成爲那個部族的同族兄弟（單數 mawla，複數 mawāli)❸❾。這些人的身分類似中國南北朝的部曲或滿洲八旗的包衣。他們可以與自己的主子建立一種類似親戚的關係。伊本·赫勒敦認爲被保護人與主子的關係可以緊密得像有共同祖先的血緣親屬❹⓿。這種關係也是羣體凝聚力的來源。

　　二、羣體凝聚力在農牧民族中要比在市民中強，但不限於農牧民: 羣體凝聚力是自然的、普遍的，不是只有阿拉伯人當中才有羣體凝聚力。在波斯人、猶太人、亞述人、希臘人、羅馬人、突厥人和柏柏爾人中也有羣體凝聚力❹❶。他把羣體凝聚力這個概念作爲對農牧社會和城市社會進行歷史性解釋的核心。

　　三、羣體凝聚力導向的目標是王權: 人類爲了取得食物與保護自己而生活在一起，互相合作。這種原始文化得以產生與保存就有賴於原始的凝聚力，這種凝聚力使人們服從長者與酋長。原始凝聚力導致生產的增長，對剩餘財富的爭奪，羣體內部的紛爭

---

❸❾　Hitti, 1970 年 (《阿拉伯通史》), p. 27, 172 n.4, 232-233.
❹⓿　Q (《緒論》1858 年版), 第 I 卷, pp. 235-236; R (《緒論》英譯本), 第 I 卷, pp. 264-265.
❹❶　如 R (同上), 第 I 卷, p. 295.

以及不同羣體之間的戰爭。在此之前，凝聚力意味著羣體成員之間的和平的合作。而在戰爭狀態下，羣體凝聚力的另一面突現出來了，即一個羣體生死與共，同仇敵愾，防禦其他羣體的侵略，進而征服其他羣體。在制止本羣體內部鬥爭時，在征服其他羣體，從而在一個更大範圍內制止人們自相殘殺，建立一個和平的秩序時，人類需要有一個人來行使制衡的力量，這個人必須是凝聚的核心。在歷史的演進過程中，這種人物往往從酋長演變成君主。酋長也得到人們的服從，但那是自願的服從。王權則意味著用暴力進行統治的權力。羣體凝聚力的發展和擴大是一個複雜的過程，與征服有關，但不等同於簡單的征服。在兩個羣體爭奪優勢時，如果各自的內部凝聚力基本相當，則雙方勢均力敵。如果一方的凝聚力超過另一方，往往能把它吸引過來，合爲一股，變成更爲強大的凝聚力。這股強大的凝聚力能夠以這種方式繼續不斷地吸引其他凝聚力，像滾雪球一樣越滾越大，最後建立起一個強大的王朝來❷。

伊本·赫勒敦的這個理論可以在蒙古高原的許多游牧民族的歷史中找到佐證。匈奴、鮮卑、柔然、突厥、回紇、蒙古起初都是規模不大的部落，但是在一個相對比較短的時期內，突然發展成龐大的草原帝國。本部落的人口不可能在短時間內繁殖得如此多，也不可能完全靠武力在短時間內征服歐亞草原上的衆多部落。他們迅速崛起的秘密在於：他們成功地擊敗草原上幾個最強的部落之後，就形成了一股最強大的凝聚力，許多部落，甚至許多不同民族的部落都受其吸引，滙合進來。反過來，有的部落雖

---

❷ Q（《緒論》1858 年版），第Ⅰ卷，pp. 252-253; R（同上），第Ⅰ卷，pp. 284-285.

然被擊敗，被征服，但其羣體凝聚力不一定歸附勝利者。比如，滿清曾幾次擊敗準噶爾部，但準部仍然保持著很強的凝聚力，構成對滿清的重大威脅，結果，滿清只有從肉體上消滅這個部落以解除這種威脅。

伊本·赫勒敦所說的羣體凝聚力與塗爾幹所說的集體意識相當類似。塗爾幹認爲，社會越是原始，組成這個社會的個人的相似之處就越是多，在這種社會裏，羣體的全體成員具有共同的信念與感情。因此，一種集體意識成了生命之源，羣體成員一致努力保衛這種集體意識，以反對一切內部的和外部的敵人。集體意識決定了犯罪和懲罰的定義，所謂犯罪就是違背集體意識的行爲，羣體成員對犯罪行爲的反應是具有普遍性與集體性的㊸。從更廣的視角來觀察，伊本·赫勒敦所說的羣體凝聚力也很接近維科所說的民族共性，那是一種心理上的一致性，卽社會成員的一種共同的心理狀態，一種反映在政府、宗敎、法律和習俗等許多方面的一致性㊹。

第三節　國　家

《緒論》第三章的標題是：關於王朝、君權、哈里發國家、政府官制以及有關問題。這一章集中討論了國家的興起與衰亡，這種演變的主要動力是羣體凝聚力，但也涉及其他因素。此外，還討論了國家的一種特殊形式：哈里發國家。

㊸　Durkheim, 1933 年（塗爾幹，《社會中的勞動分工》），pp. 133, 129, 106, 96, 84, 104-105, 90-91, 102-103.

㊹　Vico, 1968 年（維科，《新科學》）。

首先，伊本‧赫勒敦研究了在王朝興起的時代，羣體凝聚力所起的作用，以及它與其他因素的關係：

一、統治者的素質與羣體凝聚力之間有一種辯證關係

統治者要在他自己的羣體裏形成強大的凝聚力，進而使其他羣體歸附，主要不是靠武力征服，而是靠道德修養。擁有強大的凝聚力，統治廣大地區與民族的君主總是從善如流，渴望擁有優秀品質，比如：慷慨大方，不咎既往，寬容弱者，殷勤好客，扶困濟貧，敗而不餒，忠於義務，尊重教律和教律學家，遵守他們的勸戒，敬重宗教學者，敬老尊師，體察下情，嚴格完成教律的責任與對眞主的禮拜，避免養成詐騙、狡猾、欺詐、不負責任等惡劣品質❹。

反過來，如果統治者品質低劣，胡作非爲，那麼，羣體凝聚力就會迅速喪失。伊本‧赫勒敦的這些思想很接近中國儒家的仁政思想。

二、只有通過羣體凝聚力才能建立王權

王位是高貴的，使人快樂的地位，身爲王者享不盡人間的榮華富貴，因此對王權的競爭也很激烈。極少有人會把王權自願交給對手，總是有人想把王權從別人手中奪過來，這就必然導致戰爭，而要在戰爭中獲勝，則離不開羣體凝聚力。王朝建立已久，人們會忘記羣體凝聚力的重要性。當一個王朝穩固地建立起來以後，它可以不再依靠羣體凝聚力而維持一段時間。王室成員也可

---

❹ Q（《緒論》1858 年版），第 I 卷，pp. 260-261；R（《緒論》英譯本），第 I 卷，pp. 292-293.

以不依靠羣體凝聚力，只靠舊王朝的餘威而建立一個新王朝。但是，追根溯源，王朝的創建者都是依靠羣體凝聚力才克服無數困難，奠定大業的[46]。

三、王朝的版圖與壽命有賴於羣體凝聚力

羣體凝聚力的具體體現是本羣體有多少軍人可以分駐在全國各省各地。組成一個大王朝的統治羣體的部落越多，那麼這個王朝可以控制的省分與地區越大。如果這個羣體非常強大，將其成員遍駐全國各省與邊疆地區後，尚有餘力，那麼這意味著這個王朝還有力量繼續擴張。如果已無餘力，還繼續擴張，那麼就無力在新征服的領土上駐軍，只得任憑鄰國與敵國的侵襲，有損於王朝的威望。

王朝延續的年代也有賴於羣體凝聚力。如果凝聚力強大，延續的年代就比較長久[47]。

四、一個王朝很難在有許多部落的地區建立穩定的統治

因為在這樣的地區存在許多股羣體凝聚力，所以常常發生叛亂。儘管統治王朝有自己的羣體凝聚力，但是各個部落不予承認，它們認為自己有足夠的力量自治。比如，伊斯蘭教表面上征服了馬格里布，但長期以來並未建立穩定的統治，因為那裏有無數柏柏爾人的部落。他們都是游牧民族。每當一個部落被征服或

---

[46]　Q（同上），第 I 卷，pp. 278-284; R（同上），第 I 卷, pp. 313-319.

[47]　Q（同上），第 I 卷 pp. 291-295; R（同上），第 I 卷, pp. 327-332.

毀滅時，就有另一個部落取而代之，像前一個部落一樣叛亂成
性。另一方面，在沒有當地羣體凝聚力的地區就比較容易建立統
治。當時的埃及和敍利亞儘管人口衆多，但主要是市民，沒有部
落結構與羣體凝聚力，極少發生叛亂，王權就比較容易進行和平
的統治[48]。

五、奢侈起初會增強王朝的力量

當一個部落建立起一個王朝，並享有奢侈生活時，這個部落
會生更多的孩子。於是在一代人的時間裏，部落的力量會大大加
強。與此同時，會有許多被保護人和隨從加入到部落裏來，力量
就變得更爲強大了。不過從長遠看，奢侈生活會削弱王朝的力量
[49]。

六、羣體凝聚力是決定戰爭勝負的一個非常重要的因素

伊本・赫勒敦把戰爭分成四類：第一類是由嫉妒引起的，通
常發生在相鄰部落或互相競爭的家族之間。第二類是由敵意引起
的，常見於沙漠中的野蠻民族，他們靠長矛謀生，目的在於刼
掠，並無建立王朝之意。這兩類戰爭是非正義的。第三類是由對
眞主的熱誠引起的，即伊斯蘭敎的聖戰。第四類是建立王權的熱
誠引起的，目的在於征服那些拒絕服從的人。這兩類戰爭是神聖
的和正義的。

---

[48]　Q（同上），第 I 卷，pp. 295-297; R（同上），第 I 卷，pp.332-
　　334.

[49]　Q（同上），第 I 卷，pp. 313-314; R（同上），第 I 卷，pp.
　　351-353.

　　伊本・赫勒敦並不認爲戰爭的勝負僅僅取決於羣體凝聚力的強弱。戰爭中的優勢是多種因素的結合。有的是表面因素，比如戰士的數量、武器的先進與精良、勇士的數目、戰陣的排列、兵法的恰當運用等等。有的是隱蔽的因素，比如散布驚人的消息或謠言、在敵人中引起叛變、占據高地、埋伏在叢林或窪地裏、出奇制勝等等；羣體凝聚力是一個非常重要的隱蔽因素。如果雙方戰士人數相當，一方有一股單一的羣體凝聚力，另一方則由幾個羣體組成，那麼，具有單一羣體凝聚力的一方强於另一方，因爲另一方的各個羣體可能互相背棄❺。

　　伊本・赫勒敦進而研究了王朝走向衰落的種種原因。王權主要建立在兩個基礎上：一個是羣體凝聚力，其表現形式是軍隊；另一個是金錢，用來養兵與維持官僚機構。王朝的衰落就是從這兩個基礎的瓦解開始的❺。

一、專制

　　當君主的權力穩固地建立起來以後，他開始把大權逐漸地集中到自己一個人手中。在專制統治下，人民變得馴順了，他們不再奢望像從前一樣與領袖分享權力。這種情況可能發生在王朝的第一代君主身上，也可能發生在第二代或第三代君主身上，但這是不可避免的進程❺。

---

❺　Q（同上），第Ⅱ卷，pp. 75-78; R（同上），第Ⅱ卷，pp. 85-87.

❺　Q（同上），第Ⅱ卷，p. 108; R（同上），第Ⅱ卷，pp. 118-119.

❺　Q（同上），第Ⅰ卷，pp. 299-301; R（同上），第Ⅰ卷，pp. 336-339.

當一個羣體共同追求征服者的榮耀時，全體成員有視死如歸的氣概，赴湯蹈火，甘之如飴。但是當君主壟斷了全部榮耀，嚴厲對待本羣體的成員時，他們就落入了爲吃糧而當兵的境地。人們很少僅僅爲了一份軍餉就勇於犧牲生命。於是，羣體凝聚力就逐漸削弱了[53]。

一個王朝如果起源於游牧民族的話，其領袖與自己的人民比較親密，很容易接近。但當他大權獨攬之後，他設置門衞，只允許朋友晉見，把普通人拒之門外。王權進一步鞏固後，君主設置新的門衞，把引起自己不快的朝臣也拒之門外。在大權旁落的情況下，篡權者設置更森嚴的門衞，將傀儡君主與外界完全隔絕[54]。

如果君主對人民吹毛求疵，施用嚴刑峻法，人民就會變得恐懼和沮喪，用說謊、欺詐與騙術來保護自己，對付君主。他們心靈墮落，在戰場上常常背棄自己的君主，甚至常常密謀殺死自己的君主[55]。

當統治羣體受到屈辱時，首先遭殃的是王親國戚。因爲他們最有可能取君主而代之，所以君主最怕他們奪權，於是常常剝奪他們的權力和財產，甚至殺戮他們。君主通過他們而擁有的羣體凝聚力就此毀滅了。用來取代王親國戚掌握大權的是被保護者和

---

[53]　Q（同上），第 I 卷，pp. 302-303; R（同上），第 I 卷，pp. 339-340.

[54]　Q（同上），第 II 卷, pp. 100-103; R（同上），第 II 卷, pp. 111-113.

[55]　Q（同上），第 I 卷，pp. 339-342; R（同上），第 I 卷，pp. 382-385.

隨從❺⑥。

二、任用外人

　　君主只有靠本羣體人民的幫助才能取得王權。他們是軍隊的
基礎，他們擔任各種官職，參與一切重要事務。但是君主一旦掌
穩權力，就把本羣體的人民一腳踢開，儘量不讓他們繼續分享權
力，以防他們奪權。於是君主需要起用本羣體之外的人來對付本
羣體的人民。這些外人願意為君主肝腦塗地，君主只眷顧這些新
的隨從，給他們高官厚祿和榮華富貴。君主本羣體的凝聚力逐漸
喪失❺⑦。君主與他所起用的被保護人、隨從之間會產生一種新的
凝聚力，但是這種凝聚力完全不像君主與他本羣體的凝聚力那樣
強大❺⑧。

三、大權旁落

　　當一個家族壟斷了王權之後，特別當這個家族的一個小孩或
弱者繼承王位時，大權常常落到他的監護人，或他父親的宰相手
裏。有時傀儡君主意識到自己的地位，試圖加以改變。他殺死掌
權者，或剝奪其權力，重掌朝政。不過這種情況相當少。因為傀
儡君主往往沉湎酒色，並無乾坤獨斷的雄心。除了非常少數的例
外，大權旁落通常是一種不治之症。

---

❺⑥　Q（同上），第Ⅱ卷，pp. 108-110; R（同上），第Ⅱ卷，pp. 118-120.

❺⑦　Q（同上），第Ⅰ卷，pp. 330-331; R（同上），第Ⅰ卷，pp. 372-373.

❺⑧　Q（同上），第Ⅱ卷，p. 109; R（同上），第Ⅰ卷，p. 120.

四、奢侈

統治羣體習慣於奢侈生活以後，逐漸變得入不敷出，寅吃卯糧。破產潦倒者乃至於無以爲生。君主要他們供應軍費時，他們無錢支付。長期習慣於舒適安閑的生活，新的一代已經忘記了沙漠生活的艱苦，喪失了適於野戰的種種生活習慣，他們的勇氣與精力大減，羣體凝聚力削弱。能夠披堅執銳、守衞邊疆的人數大爲減少，邊遠地區往往落入敵人之手。君主只得轉而依靠外族雇傭軍。結果，羣體凝聚力完全消失，本羣體已無可用之兵。在外族入侵或內部發生叛亂時，王朝一觸卽潰❺❾。

五、捐稅日重，與民爭利

王朝剛建立之際，君主在整個稅收中占用的部分比較有限，稅收大部份分配給統治羣體的每個成員。君主和統治羣體生活儉樸，開支不大，因此儘管只向臣民徵收比較低的捐稅，財政上仍有盈餘。當君主集權以後，就把大部分稅收據爲己有。君主與統治羣體生活日益奢侈，終至入不敷出，於是提高稅率。這使納稅者不堪負擔，造成百業凋敝，稅源枯竭❻⓪。君主自己要揮霍，還要發放官俸和軍餉，於是發明新稅，主要是各種商業稅。苛捐雜稅使工商業更爲凋敝❻①。在財政困難的情況下，有時王室本身著手經

---

❺❾ Q（同上），第Ⅰ卷，p. 301, pp. 302-305; R（同上），第Ⅰ卷，pp. 338-339, 340-343; Q（同上），第Ⅱ卷，pp. 109-110; R（同上），第Ⅱ卷，pp. 120-121.

❻⓪ Q（同上），第Ⅱ卷，pp. 80-81; R（同上），第Ⅱ卷，pp. 89-91.

❻① Q（同上），第Ⅱ卷，pp. 82-83; R（同上），第Ⅱ卷，pp. 91-93.

商，與民爭利，造成臣民的更大不滿。君主甚至對富裕的大臣進行抄家⑫，或使用臣民從事強制性的勞動。這些不公正的經濟措施毀滅了文明，敗壞了王朝的基礎⑬。

伊本・赫勒敦認爲，王朝走向衰亡，就像生物會衰老死亡一樣，是一種自然現象，是不可能治好的。許多政治家研究王朝衰落的徵兆與原因，認爲這是前輩的短處或疏忽所造成的，試圖進行改革。事實上這是不可避免的歷史進程。習慣就像第二種天性，統治羣體一旦習慣於奢侈生活，就不可能返樸歸眞。衰落的王朝也不可能返老還童。有時候，王朝行將結束之際，會出現某種力量，似乎可以使王朝東山再起，但實際上只是回光返照⑭。

伊本・赫勒敦把教權國家作爲國家的一種特殊類型加以分析。

他認爲宗教可以加強羣體凝聚力。人們如果只有非宗教的羣體凝聚力，他們當中會出現妒嫉和分歧。但當他們接受一種宗教時，他們都心向眞理，觀點一致了。另一方面，如果沒有羣體凝聚力，宗教活動也不可能取得成功。先知在宗教宣傳活動中要依靠許多羣體和家族。儘管眞主有能力幫助先知，但眞主寧可讓事情順其自然發展⑮。

伊本・赫勒敦把國家分成三種類型：

---

⑫　Q（同上），第Ⅱ卷，pp. 83-87; R（同上），第Ⅱ卷，pp. 93-96.

⑬　Q（同上），第Ⅱ卷，pp. 93-100; R（同上），第Ⅱ卷，pp. 103-111; Q（同上），第Ⅱ卷，pp. 112-113; R（同上），第Ⅱ卷 pp. 122-124.

⑭　Q（同上），第Ⅱ卷，pp. 106-108; R（同上），第Ⅱ卷，pp. 117-118.

⑮　Q（同上），第Ⅰ卷，pp. 286-290; R（同上），第Ⅰ卷，pp. 322-327.

(一)以羣體凝聚力爲基礎，君主的決定往往脫離正道，損害其臣民的世俗利益，強迫臣民去實現他的意圖與欲望，使臣民不堪負擔。臣民難以服從，遂導致叛亂迭起，血流成河。

(二)以羣體凝聚力與理性爲基礎，這是國家的通常類型。

(三)神權國家，以羣體凝聚力與教律爲基礎。哈里發政權就是典型的神權國家❻❻。宗教能使初建的王朝力量大增。例如，信奉伊斯蘭教的阿拉伯人在興起時以少勝多，戰勝了人數上占優勢的波斯與拜占廷軍隊❻❼。

伊本・赫勒敦認爲哈里發政權的發展經過了三個階段：

(一)純粹的哈里發政權，沒有王權的成分。這是四個正統哈里發（艾卜・伯克爾、歐麥爾、奧斯曼和阿里）的時代。先知是譴責王權的。艾卜・伯克爾（632-634 年在位）繼承他作爲教長，並非繼承王權。歐麥爾（634-644 年在位）領導阿拉伯人剝奪敵人的王權。奧斯曼（644-656 年在位）和阿里（656-661 年在位）都否定王權。

(二)哈里發權力與王權並存。這個階段又分爲兩個時代：第一個時代是哈里發權力與王權結合的時代。這是伍麥葉王朝的三個哈里發穆阿威葉（661-680 年在位）、麥爾旺（683-685年）和阿卜杜勒・麥立克（685-705 年）的時代，以及阿拔斯王朝哈里發賴世德（786-809 年）以前的時代。這些時代繼續保持哈里發政權的特點，只是制約力量已經從伊斯蘭教變爲羣體凝聚力和寶

---

❻❻ Q（同上），第Ⅰ卷，pp. 342-344; R（同上），第Ⅰ卷，pp. 385-388.

❻❼ Q（同上），第Ⅰ卷，pp. 284-286; Issawi, 1950年（《「緒論」選粹》），pp. 131-133; R（同上），第Ⅰ卷，pp. 320-322.

劍了。第二個時代，哈里發權力徒有其名。這是指伍麥葉王朝的後期和阿拔斯王朝的中期，君主保持哈里發的名義，實際上已經是一種王權。

（三）純粹王權。阿拉伯人的羣體凝聚力最終消失，政權落入非阿拉伯人之手，他們表面上接受一位阿拉伯人出身的哈里發，實際上王權獨立，哈里發並不分享政權。阿拔斯王朝後期東西方諸國的情況就是如此❸。

塗爾幹認爲宗教提供了一種社會團結，一種內聚力，一種統一性，它把社會成員聯合起來，有助於保存社會本身❹，這種觀點與伊本・赫勒敦的理論比較接近。維科則認爲如果宗教在人們中間失去立足之地，那麼人們就沒有什麼東西可以使自己在社會裏生活下去❺。這種觀點過分強調宗教的重要性，顯然不像伊本・赫勒敦的理論那樣具有說服力。

在伊本・赫勒敦以前已經有一些作者把政府作爲一種政治體制來加以討論。在伊斯蘭作者中比較著名的是法拉比（950 年卒）的《優越城居民意見書》，他在這本書裏提出了關於模範城市的設想，他認爲模範城市是與人體相似的一個具有敎階制度的有機體，他在這方面顯然受到了柏拉圖的《共和國》和亞里士多德的《政治學》的啓發❻。伊本・赫勒敦不像希臘哲學家們或法

❸　Q（同上），第 I 卷，pp. 364-376; Issawi, 1950 年（同上），pp. 137-139; R（同上），第 I 卷，pp. 414-428.

❹　Durkheim, 1933 年（塗爾幹，《 社會中的勞動分工 》），p. 399, 341.

❺　Vico, 1968年（維科，《新科學》），p. 426.

❻　Farabi, *Madina*（法拉比，《 優越城居民意見書 》）; Hitti, 1970 年（《阿拉伯通史》），pp. 371-372. EI2（《新版伊斯蘭百科全書》），第 2 卷，pp. 778-781, "Farabi（法拉比）", R. Walzer 撰。

拉比，他並不探討政府的最佳形式或理想形式，而且他把政治學
與倫理學區別開來。他的思想方法是比較世俗性的，很少宗教色
彩。他最感興趣的是現實世界中實際存在的各種國家形態，一般
認爲他對國家的分析已經超越了法拉比、柏拉圖和亞里士多德的
水平。

第四節　城　市

　　《緒論》第四章的主題是城市。伊本‧赫勒敦的研究以城市
文明與國家的關係爲主線。他認爲文明是質料因，國家是形式
因。這顯然受亞里士多德的四因說（形式因，質料因，動力因與
目的因）的影響。伊本‧赫勒敦認爲，一個王朝的強弱，一個民
族人口的多寡，一個城市的大小，以及富裕程度是互相關聯的。
因爲王朝與王權是文明的形式，而文明以及臣民和城市等是王權
的質料。哲學家們認爲形式與質料是不可分割的。人們不能想
像一個沒有文明的王朝，也不可能想像一個沒有王朝與王權的文
明。因爲人類根據本性必須互相合作，而這就要求有制約的力
量，只有以宗教或王權爲基礎的政治領導才能提供這種制約力
量。正因爲文明與王權不可分割，所以王權的解體必然影響文
明，反過來，文明的腐朽也必然影響王權。王權與文明共存亡
❼❷。

　　一般來說，王朝先於城市而存在，城市是王權的產物。城市
有宏偉的紀念性建築物，有鱗次櫛比的民居與大廈巨宅。城市不

----

❼❷　Q（《緒論》1858年版），第Ⅱ卷，pp. 94, 96-97, 254-255, 264-
　　265; R（《緒論》英譯本），第Ⅱ卷，pp.104, 107, 290-291, 300.

是只供少數人居住的，而是供大量人口居住的。只靠一家一戶的
力量不可能建造一座城市，只有靠衆多人口的共同努力與大規模
合作才能與建城市。城市並不屬於人類生存的最低必需條件，大
衆不會自發地去與建城市，只有王朝的強制性力量或巨額報酬才
能驅使衆多的人們去建立城市⑬。

　　王朝本身需要建立或奪取城市。一個王朝的統治羣體必須擁
有城市有兩個原因：第一個原因，他們一旦勝利，必然尋求和
平、安寧與悠閒的生活，希望擁有沙漠裏所缺乏的各種文明的享
受，只有在城市裏他們才能享有這樣的生活。第二個原因，在敵
對部落的區域裏如果已經有城市存在，必須加以控制，以免落入
敵對勢力之手，成爲他們進行挑戰的基地。如果尚無城市，則必
須建立新城市，使自己比較容易控制那些地區，威懾敵對勢力。
城市易守難攻，比較少的戰士憑藉城牆就能夠抵禦比較多的戰士，
因此一個王朝需要控制城市，鎮懾那些覬覦王權的部落，而不能
讓城市落入他們的掌握之中，構成對自己的威脅⑭。

　　城市的選址與規劃是爲建城的目的服務的：供人居住和享受
奢侈安逸的生活。一座城市滿足這種要求的程度取決於選址與規
劃者的知識。在選址與規劃時，有許多因素需要考慮在內。爲了
軍事防禦，應該把所有的住房規劃在城牆之內，城市的位置應該
設置在敵人難以接近的地方，比如，在崎嶇的小山頂上，或者四
面環海，或者河流環繞，必須通過橋樑才能入城。爲了衞生，應

---

⑬　Q（同上），第 II 卷，pp. 201-202; R（同上），第 II 卷，pp.
　　235-236.

⑭　Q（同上），第 II 卷，pp. 203-205; R（同上），第 II 卷，pp.
　　237-238.

該選擇空氣新鮮的地點建城，不可選擇靠近臭水潭，或死水塘，或沼澤，或是烏煙瘴氣的地點建城，否則疫病容易流行。爲了居民的便利，如果在河邊或泉水邊建城，較易向居民提供乾淨的用水；靠近優良牧場則可供居民放牧家畜；靠近農田則可以比較容易與迅速地獲得穀物；靠近森林則較易獲得燃料與木料；靠近海邊則較易獲得來自遠方的舶來品。所有這些要求的重要性各有不同，很難十全十美，必須根據居民的需要進行綜合考慮，擇優而從⑦。但是，並非所有的建城者都能夠考慮這些因素。那些只知道游牧生活的民族目光尤其短淺。阿拉伯人在伊斯蘭教興起時代，選擇城址時只考慮到適合他們的駱駝的牧場、林木和半鹹水，靠近沙漠和商路。庫法和巴士拉就是這麼選定的。因此，阿拉伯人所造的建築物，除了少數例外，都較快就廢棄了⑦。

易弗里基葉（主要指突尼斯）和馬格里布的城市一般比較小。因爲在伊斯蘭教征服以前數千年裏，柏柏爾人一直過著游牧生活，他們住在帳篷裏，或山上的堡壘裏，他們對建造房屋沒有興趣，更不必說建造城鎮了。他們不熟悉建造城市的種種技術。而征服柏柏爾人的歐洲基督教徒與阿拉伯伊斯蘭教徒統治時間不長，不足以使定居文明在他們中間紮根。與此相似，阿拉伯人牢牢地扎根於沙漠之中，他們建立大帝國以後，伊斯蘭教禁止他們進行過多的建築活動，被征服民族留下的建築物對他們來說已經足夠了。當他們逐漸擺脫宗教上的限制，開始建造大厦巨宅時，

---

⑦ Q（同上），第Ⅱ卷，pp. 210-213; R（同上），第Ⅱ卷，pp. 243-247.

⑦ Q（同上），第Ⅱ卷，pp. 213, 232-233; R（同上），第Ⅱ卷，pp. 247-248,269-270.

他們已經開始走向衰落。因此，伊斯蘭教帝國的力量不亞於以前的大王朝，但伊斯蘭教的宏偉建築物卻比較少⑰。

當一座城市建立起來以後，如果統治王朝延續一段很長的時間，並且力量強大，那麼，新的建築物會不斷出現，大廈巨宅的數量有增無已，城牆越來越向外伸展。最後，城市會占據一個廣大的地區，大得幾乎無法測量。巴格達就是這樣，它包括了鄰近的四十多個城鎮。科爾多瓦和開羅也是這樣。決定城市繁榮程度的一個主要因素是人口的多寡。一個城市的居民合作勞動的產品超過了他們最低限度的需要，他們就開始有餘力生產奢侈品，供本城享用和出口以換取其他地方的產品。所謂收入就是所花費的勞動力的價值。因此，城市人口越多，所投入的勞動力越多，生產出來的產品的總價值也就越大，這個社區的收入也就越大。經濟繁榮不久就導致人們享用精美的住宅、衣服和器皿，雇用僕人，出門則乘驢騎馬。結果，建築業、服裝業、百貨業、交通業、服務業等等行業都興旺起來。人們消費水平提高，造成各種消費品供不應求，物價上升，各種廠商利潤增加，工人的工資也隨之上升。人們的收入和開支不斷增加，辛勤勞動以生產各種商品的工人日漸富裕。人們的收入與開支進入良性循環，整個城市越來越繁華，掌握各種手藝的人越來越多，而收入低微的牧民則無法在這種物價昂貴的城市中生活⑱。

隨著城市工商業的發展，統治王朝的稅收逐步增長。王朝的

---

⑰　Q（同上），第Ⅱ卷，pp. 229-232; R（同上），第Ⅱ卷，pp. 266-269.

⑱　Q（同上），第Ⅱ卷，pp. 202, 234-280; R（同上），第Ⅱ卷，pp. 235-236, 271-280.

財富日增，威望提高，於是能夠建造新的城堡與碉樓，城鎮與都市。埃及、叙利亞、伊拉克、印度和中國，以及地中海以北的北方地區都是如此。這些地區繁榮的根本原因是那兒有大量人口，能提供大量勞動力，從而生產大量剩餘產品，出口以換取金、銀、錢幣⓻。

城市文明繁榮程度的一個決定性因素是民族的強弱。要造成城市文明的繁榮，需要非常複雜的分工，每種行業都需要高度的技藝，這種精湛技藝只有代代相傳，才能精益求精，達到爐火純青的地步。一個王朝必須統治很長時期，提供長期和平穩定的環境，才能讓各行各業日趨繁盛。各行各業一般都是在城市裏發展起來的。王朝向全國臣民征收賦稅，然後把錢財分配給王室、朝臣和種種與王朝有聯繫的人，他們再轉而把這些錢財消費在首都和其他中心城市裏。這些大城市的居民用自己的勞動把這些錢財賺去，他們爲了賺到這些錢財，一代又一代地追求技藝的精湛。猶太人統治了叙利亞一千四百年，科卜特人在埃及的政治權力延續了三千年，奈伯特人與波斯人持續治理伊拉克達數千年之久，哥特王朝和伍麥葉王朝統治了西班牙數千年，才造成了這些地區高度發展的定居文明⓼。

王權是羣體凝聚力發展的必然結果，城市文化是文明發展的必然結果，同時也意味著文明的腐朽和衰亡的起點。文明像生物一樣有產生、發展、成熟、衰老和死亡。當人們生活日益奢華

⓻　Q（同上），第Ⅱ卷，pp. 244-247; Issawi,1950年（《「緒論」選粹》），p. 78; R（同上），第Ⅱ卷，pp. 280-283.

⓼　Q（同上），第Ⅱ卷，pp. 250-255; Issawi, 1950 年（同上），p. 90; R（同上），第Ⅱ卷，pp. 286-288.

時，王朝逐漸入不敷出，於是加重稅收，導致通貨膨脹，超過合理限度，人們購買力下降，百業趨於蕭條，大衆日益貧困，城市走向衰落。當文明民族習慣於奢侈時，人們的靈魂受到種種污染，宗教和世俗的幸福遭到敗壞。它不可能保持宗教，因爲宗教被各種奢侈的習俗深深地污染了，它也不可能保持世俗的幸福，因爲奢侈生活使人們寅吃卯糧，捉襟見肘。市民爲了滿足奢侈習慣所養成的種種欲念，變得不講道德，厚顏無恥，虛情假意，詭計多端；他們說謊、欺騙、蔽詐、偷竊、製造僞證，放高利貸；他們熟知一切卑鄙下流的勾當，甚至在女性近親當中也肆無忌憚，談吐淫穢；他們利用一切招搖撞騙的手段躲避法律的懲罰；他們忽視青年一代的敎育。近朱者赤，近墨者黑，許多人從小耳濡目染，養成惡習，卽使出身高貴，也墮入深淵，無以自拔。人們沉溺於佳肴美酒以滿足口腹之欲，進而沉溺於通姦與同性戀之類的性交方式以滿足淫欲。通姦使人們無法確定自己的眞正後嗣，失去對子女的感情和責任感。同性戀則導致沒有後代。市民的人性腐敗不堪，事實上他們已經從人類墮落爲獸類。到了這步田地，城市的衰亡也就指日可待了[81]。

　　城市走向衰落時，建立城市的王朝往往也在走向衰亡。建立這些城市的王朝滅亡以後，城市可能有幾種命運：一種命運是城市自治。許多市民通過聯姻建立了密切的關係，形成了一些羣體。當統治王朝滅亡以後，城市常常得以掌管自己的事務，包括防務。城市的長老們展開權力鬥爭，網羅被保護者、黨羽和盟友，收買民衆，形成一定程度的羣體凝聚力，直至其中一人大權

[81]　Q（同上），第Ⅱ卷，pp. 255-261; Issawi, 1950 年（同上），p. 74; R（同上），第Ⅱ卷，pp. 291-297.

獨攬，控制全城。有時出身低微者也能控制羣體凝聚力，進而壓倒長老們與上層階級。不過，不管建立政權者的出身是高是低，這些城市政權的命運與王朝的命運並無二致，同樣會走向衰亡。

另一種命運是城市的重生。當舊王朝滅亡時，它的首都常常會被新王朝用作新的首都。新王朝就不必爲自己建造新都了。在這種情況下，新王朝將會保護這個城市。根據新王朝的奢侈程度與環境的改善程度，這個城市的建設會進一步發展。新王朝的生命給予這座城市以新的生命。當時的法斯與開羅就是這樣[82]。

最後一種命運是城市的死亡。在有的情況下，新王朝另建新都，而且把舊都城的工匠遷往新都，這就加深了舊都城的衰落。比如，塞爾柱克王朝將首都從巴格達遷往伊斯法罕，就造成了巴格達進一步的衰落。

舊王朝滅亡之後，有些城市沒有機會補充人口，鄰近沙漠地區的居民不再流入這些城市，這些城市的人口逐漸減少。由於人口減少，需求也減少了，各種行業逐漸萎縮，工人也日益減少。建築業逐步衰亡，不再建造華麗的大廈巨宅。大理石、馬賽克、黑玉、貝殼、玻璃等建築材料不再輸入。人們反覆利用從舊建築物上拆下來的舊料，修修補補，七拼八湊，勉強維持下去。再往後，人們用土坯代替石料，房子完全沒有任何裝飾，退化到就像農村一樣，城市就這樣衰亡了[83]。

[82] Q（同上），第Ⅱ卷，p. 203; R（同上），第Ⅱ卷，p. 237.

[83] Q（同上），第Ⅱ卷，pp.203, 233-234; R（同上），第Ⅱ卷，pp. 236-237, 270-271.

第五節　經濟生活

《緒論》第五章研究各種謀生手段。這一章可以分爲兩個部分，第一部分討論經濟學的一些基本概念，概述各種謀生手段。第二部分分門別類討論三大類自然的謀生手段。

伊本・赫勒敦首先討論一些經濟學的基本概念。他把「交換」作爲各種經濟活動的一條基本原理。每個人都企圖得到一些東西，當一個人從另一個人那兒拿走某一樣東西時，他必須付出另一樣東西來交換，否則的話，就不是正常的經濟活動，而是無償剝奪另一個人的財產。在當時以個人消費爲中心的經濟生活中，「享用掉的收益」(ma'āsh) 是一個基本經濟範疇。一個人通過把自己的勞動與自然因素（原料等）結合起來而獲得收益，當他根據自己的興趣與需要花掉這些收益以享受其成果時，花掉的收益就被稱爲「享用掉的收益」。他的收益如果超過他的需求而儲蓄起來，那就成爲「財富」(riyāsh, mutamawwal)。他不直接消費的財富被稱爲「積累的財富」(kasb)，比如，一位死者的財富對這位死者來說，就是「積累的財富」，因爲死者不再能享用它了。但是對於他的繼承者來說，當他們使用這筆財產時，這筆財產就是「享用掉的財富」(rizq) ❽❹。

每一點收益與資本積累都需要人類的勞動。當收益的來源是某種手藝時，收益出自勞動是非常明顯的。某些手藝以其他手藝

---

❽❹　Q（《緒論》1858 年版），第 II 卷，pp. 272-274; Issawi, 1950
年（《「緒論」選粹》），p. 71; R（《緒論》英譯本），第 II 卷，
pp. 311-312.

爲基礎，比如，木工與紡織以木料與羊毛爲材料，而要獲得木料
與羊毛就需要其他手藝。不過在成品中，木工與紡織投入的勞動
比較重要，其價值比較大。 如果收益的來源是動物、植物或礦
物，那麼收益出自勞動並不明顯，但是人類的勞動仍然是必不可
少的。比如，有些地區的農業幾乎不需要花費什麼心血，不需要
使用什麼農具，因此大多數農民甚至沒有意識到他們投入到產品
中去的勞動力與開銷的價值，儘管這種價值實際上是存在的。金
與銀是資本積累的價值尺度。全世界的人們都認爲寶藏與財富是
由金銀所組成的。在某些情況下，人們會希望獲得其他東西，但
這只是爲了最終獲得金銀。金銀是收益、財產與寶藏的基礎㊙。

接着，伊本・赫勒敦概論了各種謀生手段。謀生的手段是多
種多樣的。

擁有政治權力的人，根據一般認可的規則從臣民那兒取得財
物，這就是賦稅。通過行使政治權力而謀生並不是謀生的一種自
然的方式。在所有自然的謀生方式中，農牧業是比較簡單的，它
不需要玄想與理論知識，這是與大自然關係最密切的行業㊙。各
種手藝是次生的，晚於農牧業，它們比較複雜與科學，需要更多
的思考和知識。商業也屬於謀利的自然的方式。但其大部分方法
是狡猾的，利用收購價格與銷售價格的差額來謀利。商業帶有賭
博的性質，得冒風險，因此法律允許商業中的奸詐行爲。奸詐行

㊙ Q（同上），第Ⅱ卷， pp. 274-276; Issawi, 1950 年（同上），
pp. 71-72; R（同上），第Ⅱ卷，pp. 312-315.

㊙ Q（同上），第Ⅱ卷，pp. 276-277; Issawi, 1950 年（同上），
pp. 78-79; R（同上），第Ⅱ卷，pp. 315-317.

爲並不是用暴力無償剝奪他人的財產，還是算合法的[87]。

做僕人和尋寶並不是謀生的自然方式。大多數生活在奢侈中的人太驕傲而不願意照料自己的個人需要，或不能照料自己，因此雇用僕人。從男子氣概的觀點來看，這種情況是不值得讚成的。因爲依賴他人是軟弱的標誌。有些人企圖通過找到埋藏在地下的財寶或其他寶藏來發財，這是這些人懦弱並且不能用自然的方式謀生的結果[88]。

伊本・赫勒敦指出了中世紀社會中一個重要的事實：官階對於保障財產是很有用的。有官階的人要比沒有官階的人幸運和富裕。許多人爲了得到庇護，情願爲有官階的人提供無償勞動，這種勞動就成了有官階者的收益。從這個意義上說，政治權力也是一種謀生之道。掌管宗教事務的人，比如執行伊斯蘭教教律的法官、教師、教長（公衆禮拜時的領導者）、宣教師等等也能不勞而獲。有的信徒相信，當自己爲他們效力時，他們會爲眞主服務，因此願意無償爲他們幹活。但是只有對宗教特別虔誠的人才會這麼做。君主對宗教人士不如對有權力的人和有技藝的人那麼重視。因此一般說來，宗教人士並不很富裕。至於沒有官階的人要想發財致富就全靠他自己的努力了。大多數商人都處於這種地位。儘管一個擁有巨額資本與大量產業的人所享受的奢侈可以與君主和艾米爾相匹敵，但是君主和艾米爾總是覬覦其財產，嫉妒他，千方百計使他陷入法網，尋找理由懲罰他，將他的財產充

---

[87] Q（同上），第Ⅱ卷，pp. 277-278; Issawi, 1950 年（同上），pp. 79-80; R（同上），第Ⅱ卷，pp. 316-317.

[88] Q（同上），第Ⅱ卷，pp. 278-287; R（同上），第Ⅱ卷，pp. 317-326.

公，政府的判決一般總是不公正的。因此富裕的平民必須尋到有官階者的保護才能平安度日，否則難免被種種詭計和司法手段洗劫一空⓭。

第五章的第二部分從第 8 節到第 32 節依次研究農牧業、商業與技藝這三大類自然的謀生之道中的種種行業。

伊本・赫勒敦只用短短的一節談了一下農牧業。他認爲農牧業是弱者的謀生手段，這是一種自然的、簡單的生產程序。一般來說，市民或生活於奢侈之中的人不屑於從事農牧業。農牧民必須交納賦稅，比較微賤而貧困。

這一章用了七節討論商業。商人靠賤買貴賣謀利，他們或是把貨物囤積起來，等到這種貨物漲價再拋售出去；或是在某一個地方以較低的價格購進某種商品，再販運到另一個地方去以較高的價格出售。如果在某一地區的城鄉之間進行販運，貨物數量比較大，參與競爭的商人比較多，一般利潤就比較低。如果進行長途國際販運，比如前往蘇丹或東方，路途艱險，貨物數量不多，只有少數商人從事，商品價格可以擡得很高，利潤也就比較高，這些商人往往會迅速致富⓮。如果某種商品價格過低，對經銷這種商品的商人會造成危害。中等價格和市場的迅速波動才能爲人們提供生計與利潤⓯。商人當中幾乎沒有誠實的人，弄虛做假，

⓭ Q（同上），第Ⅱ卷，pp. 287-288, 295-296, 249-250; Issawi, 1950 年（《「緒論」選粹》），p. 86; R（同上），第Ⅱ卷，pp. 326-328, 334-335, 285-286.

⓮ Q（同上），第Ⅱ卷，pp. 297-300; R（同上），第Ⅱ卷，pp. 336-340.

⓯ Q（同上），第Ⅱ卷，pp. 301-302; Issawi, 1950年（《「緒論」選粹》），p. 75; R（同上），第Ⅱ卷，pp. 340-341.

以次充好，拖延付款是常有的事。有時候也會出現賴帳的事，除非有成文契約與證人，否則司法部門也束手無策。如果一個商人不怕爭執，知道怎樣處理帳目，常常準備打官司，或者有官階的保護，那麼他可以繼續經營商業。另一方面，害怕涉訟，或缺少攻擊性的人，或沒有官階保護的人應該避免經商[92]。商業活動要求精明狡猾，巧取豪奪，花言巧語，能言善辯，認錢不認人。這些品質傷害與毀壞了道德與男子氣概。等級比較低的商人更強烈地受這些惡劣品質的影響。弄虛做假成了他們的主要特點。男子氣概對他們來說是格格不入的。另一方面，有少數商人並非經商出身，而是以某種不尋常的方式突然獲得巨額財富，成為商界巨頭，他們不親自經商，而是將商業交給代理人或奴僕去經營，他們的男子氣概就很少受到影響[93]。

第五章用一半以上的章節(第15 —— 32節)來討論各種技藝。技藝是體力勞動與腦力勞動結合起來的活動。熟能生巧，藝人只有反覆操練才能達到爐火純青的地步。名師出高徒，一個徒弟掌握的技巧與師傅的傳授是分不開的[94]。只有在一種巨大的、完美的定居文明中，技藝一代又一代地傳下去，才能達到很高的水平。小的文明或農牧文明只需要一些簡單的必不可少的手藝，如木匠、鐵匠、裁縫、屠夫或織工。這些手藝都比較粗糙。當文明比較繁榮時，這些手藝日益發展，日益改良。由於奢侈之風日

[92] Q（同上），第Ⅱ卷，pp. 302-304; Issawi, 1950 年（同上），pp. 68-69; R（同上），第Ⅱ卷，pp. 342-343.

[93] Q（同上），第Ⅱ卷，pp. 304-305; Issawi, 1950 年（同上），pp. 69-70; R（同上），第Ⅱ卷，pp. 343-345.

[94] Q（同上），第Ⅱ卷，pp. 306-307; Issawi,1950年（同上），pp. 140-141; R（同上），第Ⅱ卷，pp. 346-347.

盛，又增加了一些新的手藝，如補鞋匠、硝皮匠、絲織工人、金匠等等。當文明充分發展時，上述各行手藝達到爐火純青的境地。新的藝人，如香料匠、澡堂擦背、厨師、餅乾匠、音樂舞蹈教師等等也都有利可圖，能夠靠技藝爲生。由於都市的奢侈生活對智力活動的興趣日增，抄寫、裝訂、校對書籍的行業也發展起來了。當文明過度發展時，技藝也會畸形發展，會出現一些奇技淫巧，比如，有些埃及人的職業是敎鳥和驢子做馬戲，敎人作各種雜技❺。

在某一個城市裏，只有當文明牢牢地扎下根來，並且持續很長時間，各種技藝才可能根深柢固。當時的西班牙與突尼斯就是如此❻。只有當大量人口需要這些技藝時，這些技藝才可能得到改良和發展。而當城市接近衰亡時，各種技藝也會衰退下去❼。在各民族中，阿拉伯人是最不熟悉各門手藝的，因爲他們比其他民族更深地扎根於沙漠生活中，更遠離定居文明❽。

人類的技藝無計其數。伊本・赫勒敦認爲，有一大類技藝是社會生活必不可少的，包括農牧業、建築業、裁縫、木工以及紡織。另外有一大類技藝是高尚的，因爲它們的服務對象是比較高貴的，這包括助產術，其對象是產婦與新生兒；醫學，其目的是治病救人；書法和書籍生產，其作用是使人類的思想得以保存與

---

❺ Q（同上），第 II 卷，pp. 307-309; R（同上），第 II 卷，pp. 347-349.

❻ Q（同上），第 II 卷，pp. 309-311; R（同上），第 II 卷，pp. 349-351.

❼ Q（同上），第 II 卷，pp. 311-313; Issawi, 1950 年（《「緒論」選粹》），pp. 72-73; R（同上），第 II 卷，pp. 351-352.

❽ Q（同上），第 II 卷，pp. 313-314; Issawi, 1950 年（同上），pp. 54-55; R（同上），第 II 卷，pp. 353-354.

傳播；音樂，其用途是使人享受和諧的樂曲之美。他只具體地討論這兩大類技藝，對其他技藝就存而不論了[99]。

農牧業是最古老的技藝，爲人類提供不可或缺的食物。這是農牧民的技藝，市民是不懂的。

城鎮裏的各種技藝中首先當然得數建築業。第一和第七地帶的居民是不懂建築的。第二到第六地帶由於居民的貧富、氣候狀況以及技術五花八門，建築物的情況也大不相同。有的人建築城堡和大廈作爲住處，有的人以小屋爲滿足。在這兩個極端之間，有各種水平的建築物。建築業中有築牆、粉刷、架屋頂、裝飾、掘井和架設供水系統等技術，工人的技巧也千差萬別。建築業也常常利用幾何學。只有在機械的幫助下，古人才能建成那些巨大無比的紀念性建築物。

木工也是人類生活所必不可少的。農牧民要用木料做帳篷柱子、駱駝鞍子、長矛和弓箭。在城市裏，人們用木料建造房子與打製家具。造船業也少不了木工。木匠這行業需要各種幾何知識。有些希臘幾何學家是木工大師，比如，《錐線》一書的作者阿波羅尼阿斯就是一例。

人們爲了抵禦寒冷而發明了紡織，進而發明了裁縫，後來爲了奢侈又進一步改進了這兩個行業。

伊本・赫勒敦在描述了助產術的操作過程之後，討論了助產術與人類起源的關係。法拉比和西班牙哲學家們認爲，人類是一種永恒的存在，不可能有開始與終結，因爲人類的出生靠助產

---

[99]　Q（同上），第Ⅱ卷，pp. 316-317; Issawi, 1950 年（同上），pp. 83-84; R（同上），第Ⅱ卷，pp. 355-356.

術，如果遠古沒有人類，當然也沒有助產術，第一個人怎麼能出生並存活呢？伊本・西那反駁了法拉比的觀點，認為人類並非永存，在遠古時代，曾有一頭動物幫助第一個人的成長。(這個觀點通過伊本・圖斐利〔1185年卒〕的哲理小說《哈義・伊本・葉格贊》⑩而流傳下來)。伊本・赫勒敦同意伊本・西那的萬物有生有滅的觀點，但不同意有一頭動物幫助第一個人成長的觀點，他認為倒不如假設第一個人有一種本能，可以無須幫助而成長。

城鎮比曠野地區更需要醫學。城鎮居民常常暴食暴飲，呼吸渾濁的空氣，缺少鍛鍊，因此更容易生病，也更需要求醫吃藥。

書法是一門高尚的技藝，這是人區別於動物的特點之一。文字表達了人們的心靈，它可以把一個人的意願帶到遠方去，使人們可以讀到古人的著作，學習各門科學。農牧民大多數目不識丁，只有在文明特別發達的城市中書法才能達到完美的地步。然後，伊本・赫勒敦簡要地敍述了阿拉伯文書法的發展過程。

當王朝強盛，文明繁榮時，生產書籍的技藝就會發展起來。人們抄寫和裝訂書籍，並借助追溯傳述者的辦法對書籍進行校對。隨着馬格里布地區文化的衰弱，這種校對的技巧也失傳了。但東方還保存着這種技巧。

伊本・赫勒敦勾勒了當時關於樂譜與和聲的理論，描述了一些樂器，討論了音樂引起美感的理論。他根據馬立克學派的意見，認為背誦《古蘭經》時不必使用音樂。阿拉伯人是熱愛詩歌的，也有民間音樂，不過伊斯蘭教起初在某種程度上是避開音樂的。後來隨着阿拉伯文明的發展，有些波斯與拜占廷的歌唱家來

---

⑩ Hitti, 1970 年 (《阿拉伯通史》), pp. 581-582.

到阿拉伯人當中，音樂才逐漸發展起來。

第五章的最後一節說明一個人如果學習一種技藝，特別是學習書寫與算術，會促進自己智力的發展❿。

第六節 各門學科與教育

《緒論》的第六章研究各門學科和教育，共 59 節，可以分為八組：第一組，包括第 1 至第 8 節，討論人類的思維能力和知識分類；第二組，從第 9 至第 17 節，討論與神學有關的各門學科；第三組，從第 18 到第 29 節，討論與理性有關的各門學科；第四組，從第27到 29 節，討論巫術、字母巫術和煉金術等三門邊緣學科；第五組，從第 30 到 32 節，批判哲學、占星術與煉金術；第六組，從第 33 到 43 節，研究教育；第七組，從第 44 到 51 節，研究語言學；第八組，從第 52 到 59 節，研究詩學。伊本·赫勒敦幾乎概述了他那個時代的所有的學問。

第一組 8 節研究人類的思維、知識：

第一組的 8 節，首先從研究人類的思維能力入手。思維能力可以分為三個層次：(一)辨識性的智力，人類借助它來趨吉避凶；(二)經驗性的智力，這是通過經驗逐步獲得的，人類借助它來處理與同胞的關係；(三)思辨性的智力，提供實在的知識和假設性的知識。思維能力使人不僅能被動地了解外部世界，而且能

---

❿ Q（《緒論》1858 年版），第Ⅱ卷，pp. 317-363; Issawi, 1950 年（《「緒論」選粹》），pp. 145-149, 141-142; R（《緒論》英譯本）第Ⅱ卷， pp. 356-407.

主動地改造世界。當人類打算建造、生產或創造某種事物時，他必須理解這種事物存在的理由或原因，或者把制約這種事物的各種條件控制起來。比如，一個人打算造一個屋頂，他會從屋頂考慮到墻壁與地基，他的思考到此結束。下一步就打地基，砌墻，造屋頂，他的行動到此結束。他又可以開始思考下一步行動的計劃。因此，行動的開始即思想的結束，而思想的開始即行動的結束。有些人對事物的原因了解二、三個層次，有些人則能夠探索五、六個層次。就像有的棋手能預想下面三步或四步的變化，有的棋手則沒有這種能力。人區別於動物的本質是思考能力，人越是能深入探索事物源本的，就越是遠離動物，越是具備較高的人性⓪。

第4、5節討論了三個世界：（一）感覺的世界，這是人類與動物共享的世界；（二）思維的世界，這是人類專有的世界；（三）精神的世界，這是人類與天使共享的世界。先知介乎於人類與天使之間，將關於眞主的知識傳述給人類⓭。這些問題在本書的第一章中已經作過詳盡的探討。

人類剛出生時是一無所知的，只有通過學習才能獲得知識。學問的訓練是一種像木工、音樂和書法一樣的技藝，因爲對一門學問的技巧的掌握和對其各方面的知識的熟悉是一種習性所造成的結果。長期的反覆訓練所養成的習性能使一個學者掌握這門學問的所有的基本原理，知道它的種種問題，了解其中的種種細

⓪　Q（《緒論》1858年版），第Ⅲ卷，pp. 364-370; Issawi, 1950 年（《「緒論」選粹》），pp. 166-167; R（《緒論》英譯本），第Ⅲ卷，pp. 411-419.

⓭　Q（同上），第Ⅲ卷，pp. 370-374; R（同上），第Ⅲ卷，pp.419-424.

節。習性不同於理解。有時候，一個完全沒有受過訓練的普通人可以與一個學者同樣地理解某一門學問的某一個問題，但是，他不可能像一個淵博的學者那樣具備必要的習性。有些習性是肢體的習性，有些則是大腦的習性，比如數學技巧。養成習性需要訓練，因此主持訓練的教師是不可或缺的❿。

伊本・赫勒敦對當時伊斯蘭世界東部與西部的學問的發展水平作了一番比較。學問的訓練的傳統在馬格里布實際上已經中斷，在東方則未中斷。原來的學術中心巴格達、巴士拉和庫法已經荒廢，但是學問已經轉移到呼羅珊、河中和開羅。許多前往東方求學的馬格里布人認為東方人的智力比馬格里布人完美，伊本・赫勒敦不同意這種觀點。他認為極熱與極冷地帶的人們在智力上確實不如溫帶的人們，但溫帶的人們在智力上並無本質差別，東方人顯得比馬格里布人聰明，根本原因是他們保持了文化的繁榮和科學訓練的傳統❶。

第二組 9 節研究與神學有關的各門學問:

第 9 節首先闡明當時的各門學問可以分成兩大類：(一)哲學性的各門學科，這是人類可以通過自己的思維能力而獲得的學問；(二)傳統的，常規的學科，這是以宗教教律的權威為基礎的，智力的思辨沒有用武之地。儘管每種宗教都有這一類學問，但是伊斯蘭教教律禁止研究其他宗教。因此這些傳統的學問只限

---

❿　Q（同上），第Ⅲ卷，pp. 376-377; R（同上），第Ⅲ卷，pp.426-427.

❶　Q（同上），第Ⅲ卷，pp. 377-384; Issawi, 1950年（《「緒論」選粹》），pp. 144-145, 50-52, 143-144; R（同上），第Ⅲ卷，pp. 427-435.

於伊斯蘭敎的範圍之內，主要學科有：《古蘭經》解釋、《古蘭經》讀法、聖訓學、敎律學原理、敎律學、敎義學，以及作爲基礎的語言學[106]。伊本・赫勒敦對各門學科的分類可能與當時的圖書館分類法相對應[107]。

第一門加以討論的神學學科是《古蘭經》注釋與讀法。先知穆罕默德在世時就向他周圍的人解釋《古蘭經》的內容。這些解釋傳述下來，由泰伯里[108]、瓦基廸、賽阿里比等人寫成著作。《古蘭經》注釋形成兩個分支：(一)以傳述爲基礎；(二)語言學知識，比如辭典編纂學和寫作風格研究[109]。

聖訓學（hadīth）是研究先知或聖門弟子的言行的。聖訓學的一個分支研究廢止某些聖訓的問題。當兩條聖訓互相矛盾時，就必須確定哪一條聖訓是被另一條所廢止的。聖訓學的另一個分支研究傳述的線索。根據傳述線索的可靠程度，聖訓被分爲三類：眞實的，良好的和虛弱的。這種聖訓被編成標準的文獻，其中穆罕默德・伊本・易司馬儀・布哈里（810-870 年）所編輯的《聖訓實錄》是最權威的[110]。此後有穆斯林（875 年卒）的《聖訓實錄》，他遵循布哈里的方式，只傳述普遍接受的聖訓，

[106] Q（同上），第Ⅲ卷，pp. 385-388; R（同上），第Ⅲ卷，pp.436-439.

[107] Azmeh, 1990 年（《伊本・赫勒敦新解》），p. 103.

[108] Tabari, *Tafsir*（泰伯里，《「古蘭經」註》）。

[109] Q（《緒論》1858 年版），第Ⅲ卷，pp. 388-395; R（《緒論》英譯本），第Ⅲ卷，pp. 439-447.

[110] Bukhari, *Sahih*（布哈里，《聖訓實錄》）。Hitti, 1970 年（《阿拉伯通史》），p. 395. EI2（《新版伊斯蘭百科全書》），第 1 卷，pp. 1296-1297,"Bukhari（布哈里）", J.Robson 撰。

不過刪去重複，按照教律學的範疇編排⑪。而艾卜・達五德（888年卒）、帖爾密迪（約 892 年卒）和奈薩儀（915 年卒）的《聖訓集》則儘量包括所有的聖訓⑫。

教律學（fiqh，費格海）是關於伊斯蘭教律的知識，涉及所有穆斯林的義務、禁忌以及各種行為標準。這些教律是以《古蘭經》和聖訓為基礎的。十葉派與哈列哲派各有自己的教律學。正統派（遜尼派）的教律學有四大學派：（一）希賈茲學派，這派特別重視聖訓，以希賈茲人為代表，它的領袖是馬立克・伊本・艾奈斯（715-795年）。他在麥地那居於領導地位，主要著作是《聖訓易讀》⑬。他把麥地那人的實踐也作為教律的源泉。因為麥地那人擁有先知穆罕默德時代的優秀典範，一代又一代地傳下來，所以他們採取保守主義的態度。這個學派傳播到馬格里布和西班牙，並在那兒紮下了根子。因為馬格里布與西班牙像希賈茲一樣接近沙漠地帶，那兒的穆斯林多半抱着農牧社會的生活態度，不像伊拉克人那樣留戀城鎮生活，所以比較容易接受保守的馬立克學派。馬立克學派在埃及也有相當大的影響。（伊本・赫勒敦本

---

⑪ Muslim, *Sahih*（穆斯林，《聖訓實錄》）。Hitti, 1970年（同上），p. 395. EI（《伊斯蘭百科全書》），第 6 卷，p. 756, "Muslim（穆斯林）"，A. J. Wensinck 撰。

⑫ Abu Dawud, *Sunan*（艾卜・達五德，《聖訓集》）。Tirmidhi, *Sahih*（帖爾密迪，《聖訓集》）。Hitti, 1970 年（同上），pp. 395. EI2（《新版伊斯蘭百科全書》），第 1 卷，p. 114, "Abu Dawud（艾卜・達五德）"，J. Robson 撰。EI（《伊斯蘭百科全書》），第 8 卷，pp. 796-797, "Tirmidhi（帖爾密迪）"，A. J. Wensinck 撰；第 6 卷，p. 848, "Nasa'i（奈薩儀）"，A. J. Wensinck 撰。

⑬ Malik, *Muwata*（馬立克，《聖訓易讀》）。Hitti, 1970 年（同上），p. 398. EI2（同上），第 6 卷，pp. 262-265, "Malik（馬立克）"，J. Schacht 撰。

人就是屬於馬立克學派的，並且在開羅多次擔任過馬立克派的大法官。）（二）伊拉克學派，這一派以伊拉克人爲代表，它的領袖是艾卜・哈尼法（767年卒）⑭。因爲幾乎沒有什麼聖訓在伊拉克人當中流傳，所以他們大量使用而且精通比論。十四世紀這個學派的信徒包括伊拉克、印度、中國、河中和所有非阿拉伯（波斯和突厥）國家的穆斯林。（三）沙斐儀學派，這個學派介於希賈茲學派和伊拉克學派之間，創始人是沙斐儀（767-820 年）⑮。這個學派早先流傳於伊拉克、呼羅珊和河中，十四世紀時則以埃及爲中心。（四）罕百里學派，創始人是艾哈邁德・伊本・罕百勒（855 年卒），他是最有名的聖訓學家之一⑯。這個學派盡可能以聖訓而不以比論作爲法律的源泉。這個學派曾經在巴格達很有勢力，十四世紀時主要流行於敍利亞⑰。

　　伊本・赫勒敦認爲教律原理學是最偉大、最重要和最有用的教律學學科之一，它研究教律的原理(usūl，五疏勒)。伊本・赫勒敦關於這門學科的概述對現代學術研究來說很有價值，因爲它出色地勾勒了這門學科的歷史的輪廓，可以作爲一種基礎，讓現

---

⑭　艾卜・哈尼法的學生艾卜・優素福（798 年卒）所著的《賦稅論》中保存了艾卜・哈尼法的主要意見。參閱 Yusuf, *Kharaj*（優素福，《賦稅論》）。 Hitti, 1970 年（同上），p. 397-398. EI2（同上），第 1 卷，pp. 123-124, "Abu Hanifa（艾卜・哈尼法）", J. Schacht 撰。

⑮　Hitti, 1970 年(同上)，pp.398-399. EI(《伊斯蘭百科全書》)，第 7 卷，pp. 252-254, "Shafi'i（沙斐儀）", Heffening 撰。

⑯　《穆斯奈德聖訓集》據說是他編纂的。參閱 Hanbal, *Musnad*（罕百勒，《穆斯奈德聖訓集》）。EI2（《新版伊斯蘭百科全書》），第 1 卷，pp. 272-277, "Ahmad b. Hanbal"（艾哈邁德・伊本・罕百勒）", H. Laoust 撰。

⑰　Q（《緒論》1858 年版），第 III 卷，pp. 1-14; R（《緒論》英譯本），第 III 卷，pp. 1-20.

代學者搞清楚這門學科的重要歷史作用和文化地位，這個課題至今還幾乎無人著手⑱。這門學問主要研究教律的四個根源：（一）《古蘭經》；（二）聖訓；（三）僉議（ijmā'，伊只馬耳），這是曾經追隨過穆罕默德的人一致同意的意見。伊斯蘭教的一條原理認為：穆斯林民族作為一個整體是絕無謬誤的。（四)比論（qiyās，格雅斯），就是追隨過穆罕默德的人與起初幾代人把新的案件與《古蘭經》和聖訓裏的類似案例進行類比，得出結論。教律原理學有兩個分支：（一)論戰，研究四大教律學派意見有分歧而進行論戰時應遵循的規則；（二)辯證，研究教律學派的追隨者與其他人進行論戰時的適當程序⑲。

　　辯證神學（教義學）以邏輯學的證據來捍衛伊斯蘭教的信仰，駁斥那些偏離正統的標新立異者。伊本・赫勒敦認為，人類的智慧不可能去理解一切事物及其原因，以及萬事萬物的全部細節。想用人類理性的認識能力去了解一切，猶如坐井觀天。就像聾子不可能了解整個聽覺的世界，盲人不可能了解整個視覺的世界，動物不可能了解整個人類智力活動的世界，人類也不可能用智力去把握更高的另一種精神世界。人類應該信仰先知穆罕默德要求他信仰的信條。人類的智力是一架精確的天平，但是用它去衡量真主的獨一無二，或彼岸世界，或先知的性質，或神性的特點，或其他類似的問題，那就超出它的能力了。伊本・赫勒敦概述了教義學的產生與發展過程。《古蘭經》有許多經文說真主沒有人的屬性，但有少量措辭使人覺得真主有人的屬性。後來有少

---

⑱　Azmeh, 1990 年（《伊本・赫勒敦新解》），p. 105.

⑲　Q（《緒論》1858 年版），第Ⅲ卷，pp. 17-26; R（《緒論》英譯本），第Ⅲ卷，pp. 23-34.

數標新立異者論證真主有人的屬性。而穆爾太齊賴派則走向另一個極端,否認真主有知識、能力、意志和生命等理念的屬性。他們確信《古蘭經》是受造之物。他們向一些哈里發灌輸這一信條,迫使人民接受它。穆斯林宗教領袖反對他們,結果遭到鞭笞與殺戮。這促使正統派起而用邏輯證據捍衛宗教信條。辯證神學家的領袖艾卜勒‧哈桑‧艾什耳里 (873/4-935年)⑳借助於邏輯與傳統方法,論證真主沒有人的屬性,但是有知識、能力、意志和生命等四種理念的屬性,也能聽、能看、能講。他從每一方面駁斥了穆爾太齊賴派。他所建立的學科被稱為辯證神學。伊本‧赫勒敦認為艾什耳里的方法是很完美的,是最好的辯證學科和神學學科之一。但是論證的形式在技巧上還不完善。後來邏輯學充分發展起來了。辯證神學家們運用邏輯學的成果,並從哲學家們關於物理與形而上學的討論中引來種種論據去捍衛神學。它被稱為現代學派,以區別於艾什耳里為代表的古代學派。現代學派的第一個代表人物是安薩里 (1058-1111年)㉑。伊本‧赫勒敦對現代學派混淆教義學與哲學的做法抱著批判態度。他認為哲學與神學應該嚴格區別開來。比如,對物體的哲學性的研究不同於對物體的神學性的研究。哲學家研究物體是研究它們的運動或靜止狀態。而神學家是把它們作為造物主造物的證據來加以研究的。伊本‧

⑳ Hitti, 1970 年 (《阿拉伯通史》), pp. 430-431. EI2 (《新版伊斯蘭百科全書》), 第 1 卷, pp. 694-695, "Ash'ari (艾什耳里)", W. Montgomery Watt 撰。

㉑ 他的主要著作有《聖學復蘇》,《哲學家的矛盾》等, 參閱 Ghazali (安薩里), *Ihya* (《聖學復甦》); *Tahāfut* (《哲學家的矛盾》)。Hitti, 1970 年 (同上), pp. 431-432. EI2 (同上), 第 2 卷, pp. 1038-1041, "Ghazali (安薩里)", W. Montgomery Watt 撰。

赫勒敦認爲，當時異端邪說與標新立異者已被摧毀，正統的宗教
領袖已經用他們的系統的著作使大衆免受其害，辯證神學已非必
不可少的學問。

　　蘇非主義屬於教律學的範圍。蘇非的宗旨是不斷地向眞主禮
拜，完全獻身於眞主，厭惡世俗的虛榮，拋棄各種歡愉、財產和
地位，隱居起來過與世隔絕的宗教生活。蘇非主義代表禁欲主
義，後來發展成神祕主義。古舍里（1074 年卒）、和素胡爾韋
爾廸（1911 年卒）⑫等人把蘇非們的實踐和他們的神祕的、狂喜
的經驗寫成著作。安薩里在其《信仰的節制》⑭裏系統地研究了
蘇非的禁欲主義與神祕主義。從此蘇非主義成爲伊斯蘭教中的一
門學科。伊本・赫勒敦認爲蘇非派討論的四個主題的價值各不相
同：(一)虔誠的修煉，以獲得神祕的、狂喜的經驗，並進行自我
批判。這類討論是無可厚非的。(二)揭去感性帷幕，體驗超自然
的存在，比如神性、神的寶座、天使、啓示、先知、精神等等。
沒有直覺經驗的人無法理解這種體驗。沒有語言可以表達蘇非們
所體驗到的這些超自然的東西。對這類討論可以存而不論。(三)
與神恩有聯繫的種種事物與活動。這類討論也無可厚非。(四)在
蘇非派的術語中稱爲「狂喜的言辭」(shataḥāt) 的言論。這種
言辭的涵義是難以理解的。如果發表這種言辭的蘇非處於失去理
智的狀態中，則不必予以追究。但如果並未失去理智，則應加以

⑫　Hitti, 1970 年（同上），p. 434.

⑬　Hitti, 1970 年（同上），pp. 439, 586. EI（《伊斯蘭百科全
　　書》），第 7 卷，p. 506, "Suhrawardi（素胡爾韋爾廸）", S.
　　van Ben Bergh 撰。

⑭　Ghazali, *Iqtisad*（安薩里，《信仰的節制》）。

追究⦿。因此哈拉只⦿就被處死了⦿。

詳夢這門學科屬於教律學。夢可以分爲三類：(一)來自眞主，這種夢清楚明白，無須解釋；(二)來自天使，這類夢是眞實的，但不很清楚，需要詳夢，進行解釋；(三)來自撒旦，是混亂的夢⦿。

第三組 12 節研究各種理性科學:

第 18 節概述理性科學及其發展的歷史。理性科學對具有思維能力的人類來說是自然而然的。它們不限於某個宗教羣體，信奉各種宗教的人都有完全平等的資格學習與研究它們。科學可以分爲四類七門：第一類是邏輯學；第二類是關於數量的科學，分爲四門：算術、幾何、天文與音樂；第三類是物理學；第四類是形而上學。伊斯蘭教出現以前，有兩個偉大的民族，卽波斯人和希臘人最廣泛地研究過這些科學。敍利亞人、迦勒底人和科卜特人研究過巫術和占星術，波斯人與希臘人曾向他們學習這些學科，後來遭到幾個宗教的禁止，流傳下來的知識不多。在波斯人當中，理性科學起過很重要的作用。在希臘人當中，理性科學占有很高的地位。哲學界的棟梁有蘇格拉底的弟子柏拉圖，及再傳弟子亞里士多德。亞里士多德是亞歷山大大帝之師，是最偉大的希臘科學家，被稱爲第一教師。羅馬帝國則廻避理性科學。不過在其圖書館裏的科學作品中，這些學科繼續保持著永恒的生命。

⦿　Nicholson, 1921 年（《伊斯蘭教神祕主義研究》），p. 80.

⦿　Q（《緒論》1858 年版），第Ⅲ卷，pp. 59-80; Issawi, 1950 年（《「緒論」選粹》），pp. 175-176; R（《緒論》英譯本），第Ⅲ卷，pp. 76-103.

⦿　R（同上），III, p. 108.

伊斯蘭帝國起初並不注意各種技藝。後來王朝興盛，文明繁榮，他們開始渴望學習哲學性的各門學科了。具有某些科學知識的哈里發麥蒙（813-833 年在位）派使節到拜占廷去了解希臘科學。結果，大量的資料得以翻譯、保存與搜集。穆斯林科學家們勤勉不懈地學習和研究希臘科學。他們特別注重研究亞里士多德，寫了許多關於他的著作，並且在許多方面提出了不同觀點，超過了自己的前輩。東方的法拉比和伊本·西那（阿維森那），西班牙的伊本·魯世德（阿維羅伊）[128]和伊本·巴哲（阿維巴斯，1138年卒）[129]屬於最偉大的穆斯林哲學家之列。研究數學、占星術和巫術的最著名的學者，在東方有查比爾·伊本·哈彥（776 年活躍於庫法）[130]，在西班牙有麥斯萊麥·麥只里帖（約 1007 年卒）[131]。後來在馬格里布和西班牙科學衰落了，東方科學仍很繁榮。在羅馬的土地上，在歐洲基督教徒的國度裏，人們重新研究哲學性科學，在許多學校裏教授科學，懂得科學的學者和學生人數很

---

[128] 他的主要著作有《矛盾的矛盾》，《梗概》，《摘要》，《註釋》。參閱 Ibn Rushd（伊本·魯世德），*Jami*（《梗概》）；*Tafsir*（《註釋》）；*Tahafut*（《矛盾的矛盾》）；*Talkhis*（《摘要》）。Hitti, 1970 年（《阿拉伯通史》），pp. 582-584. EI2（《新版伊斯蘭百科全書》），第 3 卷，pp. 909-920, "Ibn Rushd（伊本·魯世德）", R. Arnaldez 撰。

[129] 其著作有《獨居者養生法》，參閱 Ibn Bajjah, *Tadbir*（伊本·巴哲，《獨居者養生法》）。Hitti, 1970年（同上），pp.581. EI2（同上），第3卷，pp. 728-729, "Ibn Badjdja（伊本·巴哲）", D. M. Dunlop 撰。

[130] Hitti, 1970 年（《阿拉伯通史》），pp. 380-381.

[131] Hitti, 1970 年（同上），p. 571. EI2（《新版伊斯蘭百科全書》），第 5 卷，pp. 1109-1110, "Madjriti（麥隻里帖）", J. Vernet 撰。

多[132]。

理性科學的第一大類是與數量有關的科學，共有四門：

第一門是數學。早期和晚期的哲學家們都寫過數學著作，伊本・西那在《治療論》中就研究過數學，數學有四個分支：算術、代數、工商會計和遺產法。第一個寫代數學著作的是花拉子密（780到約850年）[133]。後來有舒佳耳・伊本・艾斯拉木（十世紀初）[134]，他的關於六種二次方程式的著作是關於這個課題的最好的著作之一。

第二門是幾何學。首先從希臘文翻譯成阿拉伯文的幾何學著作是歐幾里德的《幾何原本》，有侯奈因・伊本・易司哈格（約837年卒）等人的多種譯本[135]。伊本・西那在其《治療論》裏寫過幾何學專論。幾何學有三個分支：球體、圓錐體和機械學；測量；光學。研究光學最著名的穆斯林學者是伊本・海賽木（965-1039年）[136]。

第三門是天文學。在哈里發麥蒙的時代建立了天文臺。天文學的最好的著作之一是托勒密的《天文大集》[137]。阿維森那和阿

---

[132] Q（《緒論》1858年版），第Ⅲ卷，pp. 87-93；R（《緒論》英譯本），第Ⅲ卷 pp. 111-118.

[133] 他關於代數學的著作叫做《積分和方程計算法》（*Hisab al-Jabr w-al-Muqabalah*）。Hitti, 1970（《阿拉伯通史》），pp. 379-380. EI2（《新版伊斯蘭百科全書》），第4卷，pp. 1070-1071，"Khwarzmi（花拉子密）"，J. Vernet 撰。

[134] 薩爾頓稱他為最偉大的數學家，見 Sarton, 1927 年（《科學史導言》），第1卷，p. 624.

[135] Hitti, 1970 年（《阿拉伯通史》），pp. 311-314.

[136] 他的成名作是《光學書》（*Kitab al-Manazir*）。Hitti, 1970年（同上），p. 628-629. EI2（《新版伊斯蘭百科全書》），第3卷，pp. 788-789，"Ibn al-Haytham（伊本・海賽木）"，J. Vernet 撰。

[137] *Almagest*（《天文大集》）。Hitti, 1970 年（同上），pp.314-315.

維羅伊都概述過此書，拔汗尼（九世紀）寫的節本比較容易理解❸。
天文學的一個分支是天文表的製作，比較著名的學者是白塔尼（九
～十世紀）❹。

　　第四門是音樂。這是關於聲音的比率和調式及其數量方面的
度量的知識，其成果是音律學❹。

　　理性科學的第二大類是邏輯學。它所研究的規則使人能夠在
定義和論據方面辨別正誤。亞里士多德把邏輯學作為第一門哲學
性學科，作為哲學的引導。他關於邏輯的著作叫做《工具》，分
為八篇。希臘哲學家還寫了一本論述綱目、差異、種類、屬性和
事件等五種普遍規則的著作，作為第九篇❹，所有這些著作都翻
譯成阿拉伯語了，法拉比、阿維森那、阿維羅伊等穆斯林哲學家寫
過評論和節本。伊本・赫勒敦指出，艾什耳里等早期教義學家認
為，如果論據是謬誤的，那麼論據所證明的事物也是謬誤的。因
此，信條的論據擁有與信條相同的地位，攻擊論據也就是攻擊信
條。安薩里等後期教義學家認為論據的謬誤不一定意味著信條的
錯誤。他們認為早期教義學家的許多前提是錯誤的，他們用辯證法
與類比推理法得出來的論據去代替從前的論據。否定舊論據，用新
論據取而代之，並不是攻擊信條本身，只是更有力地捍衛信條❹。

❸　Hitti, 1970 年（同上）, pp. 375, 387, 588, 589. EI2（《新版
　　伊斯蘭百科全書》）, 第 2 卷, p. 793, "Farghani（拔汗尼）",
　　H. Suter1 (J. Vernet) 撰。
❹　Hitti, 1970 年（同上）, p. 376. EI2（同上）, 第 1 卷, pp.
　　1104-1105, "Battani（白塔尼）", C. A. Nallino 撰。
❹　Q（《緒論》1858 年版）, 第Ⅲ卷, pp. 93-108, 88; R（《緒論》
　　英譯本）, 第Ⅲ卷, pp. 118-137, 112.
❹　指玻爾菲利的《邏輯學入門》(Porphyry, *Isagoge*)。參閱Hitti,
　　1970 年（《阿拉伯通史》）, p. 315.
❹　Q（《緒論》1858 年版）, 第Ⅲ卷, pp. 108-116; Issawi, 1950
　　年（《「緒論」選粹》）, pp. 167-168; R（《緒論》英譯本）,
　　第Ⅲ卷, pp. 137-147.

理性科學的第三大類是物理學（自然科學）。它不僅研究各種元素，也研究人類、動物、植物和礦物，在麥蒙時代，亞里士多德的有關著作與其他許多著作被翻譯成了阿拉伯文。這方面最全面的阿拉伯文著作是伊本・西那的《治療論》。他在許多物理學問題上反對亞里士多德的觀點，表達了自己的觀點。另一方面，阿維羅伊只節寫亞里士多德的著作，並不批評他的觀點。物理學有兩個分支：醫學和農學。格林（約200年卒）寫過一本非常有用的醫學著作，後來從希臘文翻譯成了阿拉伯文。在伊斯蘭世界裏有一些技藝超羣的醫生，比如拉齊（865-925年）⑭、麥朱西（994年卒）⑭和伊本・西那。農學方面最重要的著作是《奈伯特人的農業》⑭。

理性科學的第四大類是形而上學（哲學）。形而上學研究影響肉體與精神的一般性問題，比如本質、統一性、多樣性、必然性、可能性等等，研究精神性的事物是怎樣產生萬物的，研究靈魂離開肉體後的狀態及其向本源的回歸。這方面有亞里士多德的著作可供研究。阿維森那、阿維羅伊、安薩里都寫過有關著作。伊本・赫勒敦認為，後期神學家把神學與哲學問題混為一談。這使人們迷惑不解，是不正確的。先知穆罕默德所具備的認識能力

---

⑭ Browne, 1921 年（《阿拉伯醫藥》），p. 44. EI（《伊斯蘭百科全書》），第 6 卷，pp. 1134-1136, "Razi（拉齊）", A. J. Wensinck 撰。

⑭ Hitti, 1970 年（《阿拉伯通史》），p. 367. EI2（《新版伊斯蘭百科全書》），第 2 卷，p. 381, "'Ali b. al-'Abbas al-Madjusi（阿里・伊本・阿拔斯・麥朱西）", C. Elgood 撰。

⑭ Hitti, 1970 年（同上），p. 358. 關於物理學諸學科見 Q（《緒論》1858 年版），第 Ⅲ 卷，pp. 116-121; R（《緒論》英譯本），第 Ⅲ 卷，pp. 147-152.

要比哲學家們廣濶，他的認識是超越理性，包容理性的，它們來
自神的光輝。當先知把我們引向某種認識時，卽使理性認識與其
矛盾，我們也不必用理性來論證其是否正確。我們必須信仰先知
要求我們信仰的東西， 對我們不理解的東西， 我們必須緘口不
言。只有當異端用思辨性的新說反對穆斯林的信條時，教義學家
才有必要運用理性的論據去反駁他們。辯證神學不應該挿手物理
學和形而上學方面的問題。蘇非主義的極端派也把形而上學、辯
證神學和他們自己的學科混爲一談。其實蘇非主義應該全神貫注
於直覺經驗，而不應該涉及理性證據和科學認識⑭。

第四組 3 節討論巫術、字母巫術和煉金術等三門邊緣學科:

這些學科不屬於理性科學的範圍，但因爲不是屬於伊斯蘭教
的，所以也不能算在神學的範圍內⑭。

第五組 3 節批判哲學、占星術和煉金術:

伊本・赫勒敦認爲這三節很重要，這三門學科在城市中得到
廣泛研究，它們對宗教可能造成很大的危害。因此有必要搞清楚
它們的本質，確立對它們的正確態度。

伊本・赫勒敦指出，有些學者認爲萬物的本質與狀態都能夠
通過心智的思辨與智力的推理來認識。應該通過思辨，而不是通
過研究傳述的線索來確定信條是否正確。這些人被稱爲「哲學

---

⑭ Q(同上)，第Ⅲ卷， pp. 121-124; R(同上)，第Ⅲ卷， pp. 152-
155.

⑭ Q (同上)，第Ⅲ卷， pp. 124 ff; R (同上)，第Ⅲ卷， pp. 156
ff.

家」——falāsīfah——這是希臘文，意為「愛智者」。他們確定一套規則使思辨能區別真偽，這套規則被稱為「邏輯」。人們從個別的存在之物中抽象出概念來，這種抽象叫做「初步的認識」。從這些概念中再抽象出更帶有普遍性的概念，叫做「進一步的認識」。人們借助於理性的思辨和論證獲得對所有存在之物的認識，從而達到極樂之境。哲學家們用研究人類的方法去研究最高天體，他們認為天體也必然像人類一樣有一個靈魂和一種智能。即使沒有教律，人類也能靠其智能懲惡揚善，從而體會到快樂。這種哲學的代表是亞里士多德，最著名的穆斯林哲學家是法拉比和伊本‧西那。伊本‧赫勒敦認為，哲學家們的這種觀點是錯誤的。「初步的認識」與外部世界比較吻合，在這方面人們應該承認哲學家的主張。但是「進一步的認識」與外界的吻合就不明確。至於精神性的存在，是不可能通過邏輯論證來認識和證明的。因為，只有對於感性可以認識的事物才能夠進行從個別到一般的抽象。我們不可能通過感性去認識精神性的本質，相反，感性只是我們與精神性的存在之間的帷幕。人類只有在夢中才能直覺地體驗到這種精神性世界的存在，伊本‧赫勒敦引證了柏拉圖的觀點來支持自己的理論：關於神不可能取得任何確定的知識，人關於神所能說的東西只是猜測而已⑭。伊本‧赫勒敦認為，人類的認識能力分為兩類：（一）精神性的，無須任何中介；（二）肉體性的，必須通過肉體器官，比如大腦和感官。靈魂通過精神性的

---

⑭ Plato, *Timaeus*（柏拉圖，《蒂邁歐篇》），28 c.-Great books of the Western world, 7. Plato（西方名著叢書，第7卷，柏拉圖），Chicago: Encyclopaedia Britannica, Inc., 1952 年，p. 447.

認識能力，不借助於任何中介，直接與神感應，從而達到極樂之境，這是不可能通過理智的思辨和科學來達到的。只有揚去感性認識的帷幕，甚至終止大腦的思考，排除一切肉體帶來的干擾，才能達到極樂之境。懲惡揚善可以使人快樂，但是只有根據先知穆罕默德的要求去行動才能體會到一般快樂之上的極樂境界[149]。伊本·赫勒敦對哲學的批判主要是反對哲學用理性去分析神學問題，他認爲史學應該是哲學的載體，是哲學的一個分支，自然界和人類社會是哲學研究的範圍，在這個範圍內，應該嚴格遵循理性原則。眞主一旦創造了這個世界，就讓它按照自己的規律去運行了，不予以干涉。在這方面他比較接近自然神論者的觀點，哲學不必去討論任何超自然的東西，應該把它留給神學去討論。

伊本·赫勒敦從兩個方面來否定占星術：(一)從理性科學的角度來說，即使接受占星家的觀點，承認星體的力量是影響事物發展的一種原因，那也不過是多種原因之一，不足以決定事物的發展結局；(二)從宗教的角度來說，認爲星體對這個世界發生影響的觀點是錯誤的。它會動搖普通人對宗教的信仰。它還會鼓動人們舉兵反對某個王朝。因此對占星術應該加以禁止[150]。

伊本·赫勒敦不贊成煉金術。他首先指出，從社會實踐的角度講，煉金術是有害的，許多人因貪婪而研習煉金術，結果傾家蕩產，甚至身陷囹圄。其次，他從學理上論證煉金術是不可能成功的。金、銀、鉛、錫、銅、鐵等七種金屬固然可以互相轉化，但是，大自然形成金礦是一個漫長的，極其複雜的過程，煉金術

[149] Q（《緒論》1858 年版），第Ⅲ卷，pp. 209-220; Issawi, 1950 年（《「緒論」選粹》），pp. 176-179; R（《緒論》英譯本），第Ⅲ卷　pp. 246-258.
[150] Q（同上），第Ⅲ卷，pp. 220-228; R（同上），第Ⅲ卷，pp. 258-267.

士不可能重演這個過程，用人工生產出金子來⑮。

第六組 11 節研究教育：

伊本·赫勒敦首先闡述了著述的七種目的：（一）創新；（二）注釋；（三）勘誤；（四）增補；（五）編纂；（六）鈎沉；（七）節寫⑯。

然後討論了幾個有關教育的問題。某一門學科有過多的著作會成爲一種障礙；大量手册、摘要之類的著作對教育也沒有好處⑱。語言學、數學和邏輯是輔助性學科，學習時間不必太長，討論不必太細⑲。他堅決反對粗暴地對待學生，嚴厲懲罰對學生，特別對小孩很有害，這使他們覺得壓抑，失去精神，變得善於說謊，虛僞狡詐，依賴別人，不求上進⑳。通過訪學，在當代權威教師的門下學習一段時間可以大大提高一個學者的學術水平㉑。

伊本·赫勒敦認爲，學者是最不熟悉政治活動方式的。因爲學者習慣於思辨、抽象，運用普遍性的概念和類比推理。而政治

---

⑮ Q（同上），第Ⅲ卷，pp. 229-241; R（同上），第Ⅲ卷，pp. 267-280.

⑯ Q（同上），第Ⅲ卷，pp. 245-247; R（同上），第Ⅲ卷，pp. 284-287.

⑱ Q（同上），第Ⅲ卷，pp. 248-251; Issawi, 1950 年（《「緒論」選粹》），pp. 159-161; R（同上），第Ⅲ卷，pp. 288-291.

⑲ Q（同上），第Ⅲ卷，pp. 258-259; Issawi, 1950 年（同上），pp. 162-163; R（同上），第Ⅲ卷，pp. 298-300.

⑳ Q（同上），第Ⅲ卷，pp. 264-266; Issawi, 1950 年（同上），p. 161, 61; R（同上），第Ⅲ卷，pp. 305-307.

㉑ Q（同上），第Ⅲ卷，pp. 266-267; Issawi, 1950 年（同上），p. 162; R（同上），第Ⅲ卷，pp. 307-308.

家必須注意外部世界的種種現實，這些現實往往不能被塞進一個觀念的模式當中去，不能拿來與其他事例類比。結果，善於概括與類比的學者搞政治時常常出差錯。而不善思辨，就事論事，憑感覺行事的政治家搞政治時常常比較得心應手⑰。

伊本・赫勒敦探討了非阿拉伯人在伊斯蘭學術界起主導作用的原因：阿拉伯人原來沒有學術傳統，以游牧爲生，即使轉爲城市生活以後，也以從政爲主，無暇顧及著述，故學者多爲波斯人、阿拉伯化的非阿拉伯人或混血的阿拉伯人⑱。儘管學者多爲非阿拉伯人，但伊斯蘭世界的學術語言是阿拉伯語，大量古代著作都被翻譯成了阿拉伯文，新的著作多用阿拉伯文寫成，因此第一語言不是阿拉伯語的人要學習各門學科就比以阿拉伯語爲母語的人困難⑲。

第七組 8 節研究語言學：

阿拉伯語言學分爲四個分支：（一）語法；（二）辭典編纂學；（三）造句法、文體和文學批評；（四）文學⑳。語言是類似於技藝的習慣，是用來表達思想的舌頭的技巧性習慣。只有在適當的語言環境中，反覆操練才能形成純熟的語言技巧㉑。至於學習古阿拉

---

⑰ Q（同上），第 Ⅲ 卷，pp. 268-270; Issawi, 1950 年（同上），pp. 64-66; R（同上），第Ⅲ卷，pp. 308-310.

⑱ Q（同上），第 Ⅲ 卷，pp. 270-274; Issawi, 1950 年（同上），pp. 61-64; R（同上），第Ⅲ卷，pp. 311-315.

⑲ Q（同上），第Ⅲ卷，pp. 274-278; R（同上），第Ⅲ卷，pp.315-319.

⑳ Q（同上），第Ⅲ卷，pp. 274-296; R（同上），第Ⅲ卷，pp.315-341.

㉑ Q（同上），第Ⅲ卷，pp. 297-298; Issawi, 1950 年（《「緒論」選粹》），pp. 149-150; R（同上），第Ⅲ卷，pp. 342-344.

伯語則有所不同，這種語言已經消失，只有大量閱讀書面文獻，比如《古蘭經》、聖訓、古代的和傑出的阿拉伯人寫的詩和散文，並且堅持用古阿拉伯語表達自己的思想，才能掌握它[162]。掌握古阿拉伯語不同於掌握阿拉伯語言學，甚至可以不依靠語言學。有的語法學家熟悉一切語法規則，卻不善寫作，有的人善於寫作，卻不熟悉語法規則[163]。以阿拉伯語為母語的人，會養成一種對語言的鑒賞力，他對不規範的阿拉伯語會覺得不喜歡，他不能像語法學家一樣說明自己不喜歡的理由，他只是被長期養成的直覺所引導。非阿拉伯人，比如波斯人、拜占廷人、突厥人和柏柏爾人，長大以後才學習阿拉伯語，就沒有這種鑒賞力。有的學者從血統上說是非阿拉伯人，但是在阿拉伯人中長大的，則能夠純熟地掌握阿拉伯語[164]。

第八組 8 節討論詩歌：

阿拉伯文分為詩歌與散文。很少發現一個人同時擅長詩歌與散文[165]。阿拉伯人高度評價作為一種文體的詩歌，他們使詩歌成為科學和歷史的檔案庫，判別是非的證據，給科學和智慧提供參考的主要基礎。要學習寫詩，必須熟悉著名阿拉伯詩人的作品，然

---

[162] Q（同上），第Ⅲ卷，pp. 307-308; Issawi, 1950 年（同上），p. 153; R（同上），第Ⅲ卷，pp. 353-354.

[163] Q（同上），第Ⅲ卷，pp. 309-312; Issawi, 1950 年（同上），pp. 151-153; R（同上），第Ⅲ卷，pp. 354-358.

[164] Q（同上），第Ⅲ卷，pp. 313-317; Issawi, 1950 年（同上），pp. 154-155; R（同上），第Ⅲ卷，pp. 358-362.

[165] Q（同上），第Ⅲ卷，pp. 322-327; R（同上），第Ⅲ卷,pp. 368-372.

後尚須多加練習，擺脫前人作品的束縛，自出新意❻。穆斯林阿拉伯人的詩歌與散文比伊斯蘭教興起以前的阿拉伯人的作品更流暢和成熟。伊斯蘭教建立了強大的王朝，詩人常將詩歌獻給哈里發，而哈里發根據詩歌的質量和影響予以獎賞，從而促進了詩歌的發展。後來非阿拉伯人的艾米爾們掌握了權力，他們不懂阿拉伯文詩歌，詩人把讚頌詩獻給他們只是爲了邀賞而已。雄心勃勃，身居高位的人不屑於寫詩了，詩歌也漸趨衰微❼。最後一節引用大量實例向我們展示了當時的阿拉伯詩歌。當時的農牧民中有許多詩歌，所用的語言不同於古阿拉伯語，因此學者們，特別是語言學家們不承認這些作品是詩歌。伊本‧赫勒敦認爲，詩歌存在於各種語言中，詩歌並不隨著古阿拉伯語的消失而消失，當代阿拉伯農牧民中流行的詩歌是眞正的詩❽。

《緒論》最後以一個簡短的跋結束。伊本‧赫勒敦說明，《殷鑒》的第一卷（即《緒論》）至此結束，這一卷是關於文明的性質及其有關的各種問題的。他希望以後心智敏銳，學問紮實的學者，能夠比本書更細緻深入地研究這些問題。創立一門新學科的人，並不擔負列舉所有問題的任務。他的任務是確定這門學科的對象及其各個分支，以及有關的探討課題。他的後繼者可以逐漸擴展，探索更多的問題，直至這門學科完全建立起來。最後伊本‧赫勒敦說明，他是在回曆 779 年（公元 1377 年）11 月以前

---

❻ Q（同上），第Ⅲ卷，pp. 327-344; R（同上），第Ⅲ卷, pp. 373-391.

❼ Q（同上），第Ⅲ卷，pp. 357-359; R（同上），第Ⅲ卷，pp. 410-412.

❽ Q（同上），第Ⅲ卷，pp. 359-433; R（同上），第Ⅲ卷，pp.412-480.

的五個月中完成第一卷初稿的。此後他對第一卷作過修改和校正工作，並加上了諸國歷史部分⑩。

⑩ Q（同上），第Ⅲ卷，pp. 433-434; R（同上），第Ⅲ卷，p. 481.

第四章　作爲歷史編纂者的伊本‧赫勒敦

第一節　選材與組織

　　伊本‧赫勒敦的歷史巨著《阿拉伯人、波斯人、柏柏爾人歷史的殷鑒和原委》(*Kitāb al-'Ibar wa-Dī wān al-Mubtada' w-al-Khabar fī Ayyam al-'Arab w-al'- Ajam w-al-Barbar*)是一部當時的世界史。它是以阿拉伯人、波斯人、柏柏爾人爲中心，包括與他們同時代的其他強大民族的歷史。這些同時代的民族事實上包括伊本‧赫勒敦所知道的世界上所有的民族。不過，關於印度人和中國人的知識主要侷限於神話和異國風情的記載❶。如前所述，全書分成兩大部分，第一部分即前面研究過的《緒論》(*muqaddamh*)，第二部分就是我們現在要研究的敍事性的歷史 (*tarīkh*)。在伊本‧赫勒敦的心目中，歷史的緒論和歷史本身是連續不斷的，它們共同構成了歷史著作的主題。《緒論》安排在敍事性歷史的前面，並不意味着它們研究兩種不同的實體。它們都研究歷史，只是它們用兩種不同的方法來處理它。《緒論》用百科全書式的方法來處理歷史，接在它後面的部分則用敍事的方法來處理。伊本‧赫勒敦告訴他的讀者，歷史是關於

---

❶　Biruni, *Hind* (比魯尼，《印度考》)。

人類社會卽世界文明的記載❷。《殷鑒》的這兩個主要組成部分內容上的同一性在於：它們用兩種不同的模式來研究同一個主題—— 世界文明。因爲《緒論》提供了一種衡量歷史記載質量的標準，加強了歷史學家的研究能力，所以歷史的緒論實際上是史學的工具。在《殷鑒》的三大卷中，分別敍述阿拉伯人和柏柏爾人歷史的第二卷和第三卷就是根據第一卷《緒論》所確定的一系列原則寫成的。

因爲阿拉伯人和柏柏爾人是《殷鑒》的主角，所以其他民族的歷史是圍繞着這條主線，按照年代先後安排的。《殷鑒》的第二卷和第三卷的輪廓如下：

第二卷研究從古到今阿拉伯人歷史發展中，先後出現的各個族羣和各個國家。第一篇序言論述各民族的系譜；第二篇序言論述《殷鑒》中系譜的展現。然後敍述阿拉伯人歷史發展中先後出現的四個族羣：

(一)第一個族羣是阿德人和賽莫德人，附帶敍述亞伯拉罕 —— 以實瑪利 —— 以撒 —— 約瑟 —— 羅得這個先知系列。

(二)第二個族羣是希木葉爾人，附帶敍述波斯人的四個族羣、巴比倫人、科卜特人、以色列人、希臘 —— 馬其頓人、羅馬人、拜占廷人和哥特人的歷史。

(三)第三個族羣包括蓋哈丹人、古達人、希拉人、肯德人和阿德南人（從穆達爾人到古萊氏人）的各個國家、諸侯，和一些小政權。接著是先知時代，直到先知穆罕默德去世。然後研究伊斯蘭敎的哈里發國家，這個名稱在這兒僅僅指麥地那的哈里發政

---

❷　見Q（《緒論》1858年版），第Ⅰ卷，p. 56.

權。接著敍述伍麥葉帝國的歷史。下一步研究十葉派的國家。這
主要是一部阿拔斯哈里發帝國的歷史，與它一起存在和衰落的比
較小的國家則根據它們與阿拔斯王朝的關係加以敍述。在敍述了
阿拔斯哈里發穆耳臺廸德（892-902 年在位）的統治之後，就描
寫了哈木丹尼王朝和布韋希王朝前期，接着展現了塞爾柱克人從
興起到他們的蘇丹征服巴格達的早期歷史。歷史的敍述再次以阿
拔斯王朝爲焦點，接著轉向易德里斯王朝和易司馬儀派，擴展到
安達盧西亞（西班牙）的伍麥葉王朝，接著是一直寫到伊本·赫
勒敦自己時代的穆斯林西班牙的歷史。《殷鑒》然後轉而回到阿
拔斯王朝，並且敍述了與後期阿拔斯王朝同時並存的突倫王朝、
伊赫什德王朝、薩曼王朝、古里王朝、德萊木人、布韋希王朝後
期、庫爾廸人、塞爾柱克王朝後期和韃靼人的歷史。接著勾勒了
地中海東岸地區突厥人的一些國家的歷史的輪廓，介紹了十字軍
東征的情況，最後敍述了埃及麥木魯克王朝、亞美尼亞人和蒙古
人的歷史。

　　(四)第四個族羣包括阿拉伯半島和其他地方遺存的阿拉伯人
部落，接着是馬格里布的貝尼希拉勒人和貝尼素萊木人的詳細的
歷史。

　　第三卷研究柏柏爾人和馬格里布第二個民族：(一)他們的世
系。(二)他們的住處。(三)他們的長處。(四)從伊斯蘭敎征
服以前到艾格萊卜王朝的柏柏爾人歷史的一個粗略的概覽。(五)
布特爾柏柏爾人的歷史，隨後是基塔麥部族及其與法帖梅王朝的
關係然後敍述了散哈哲部族先後出現的四個族羣：第一個族羣包
括建立過齊里國的齊里人、突尼斯的貝尼呼羅珊部族和貝尼哈馬
德部族等等。第二個族羣包括建立過穆拉比兌帝國的穆拉比兌人

等等，附帶敍述撒哈拉沙漠以南黑非洲各國的歷史。然後是第三個族羣：麥斯木達部族和易德里斯王朝等等，這個族羣的鼎盛階段是穆瓦希德人所建立的穆瓦希德帝國。接著是哈夫息王朝，我們可以把這個王朝看做散哈哲部族的第四個族羣。接著是第二個大的部族──宰那泰部族的歷史：他們的第一個族羣從伊斯蘭教傳入以前的時代一直延伸到十世紀艾卜・雅齊德的時代，包括法斯的齊里王朝和其他小王朝。然後是第二個族羣，它的最突出的代表是特萊姆森的齊雅尼王朝。第三個族羣與第二個族羣同時並存，包括貝尼賽拉麥部族（伊本・赫勒敦就是在撒哈拉沙漠邊緣他們的一個城堡裏寫成他的《緒論》的初稿的），以及這個族羣最強大的力量──法斯的馬林王朝❸。

　　並非歷史上發生的每一件事情都是具有歷史意義的。在實際的歷史寫作中，也並不存在所謂「純粹」的事件。歷史學家首先必須確定自己的歷史作品的基本單位──一個人物，一個家族，一個部落，一種制度，一門學科，還是一個民族或者一個國家，然後根據某一事件與這個基本單位的關係來確定要不要選擇這個事件。德國歷史學家蘭克所說的「純粹的事實」實際上並不存在，不過許多信奉實證主義哲學的東方學家仍然認爲這種「純粹的事實」是存在的❹。

　　在阿拉伯──伊斯蘭歷史著作中具有歷史意義的基本單位是

---

❸ 見 Azmeh, 1990 年（《伊本・赫勒敦新解》），pp. 42-43, n. 12.; 參閱 Hitti, 1970 年（《阿拉伯通史》）。

❹ 見 Ranke, 1956 年（蘭克，＜1830 年代片斷＞，收入《歷史的多樣性》），pp. 59-60; Meinecke, 1972年（《歷史主義》），p. 500; Hourani, 1976 年（＜歷史＞，收入《中東研究》），pp. 97-135.

由國家所代表的一個民族。有時候所謂「國家」，幾乎算不上「政
治組織的形式」，只是一個王朝的統治者而已❺。根據伊本‧赫
勒敦的觀點，歷史是關於人類文明的記載。不過，在純粹敍述性
記載的層次上，歷史所採用的形式是「關於某一個時代或某一個
民族的適當記載的滙集」❻。什麼是適當的記載，因時因地而異。阿
拔斯王朝和伍麥葉王朝的歷史學家必須記載每一個君主的名字、
祖先、父母、妻妾、姓氏、印章戒指、法官（*qādi*。哈的），侍從
（*hajīb*），以及大臣（*wazīr*）。因為當時的歷史學家是為王室寫
歷史的，而王室成員希望知道這些情況以便效法先輩。但是，後
世的歷史學家就沒有必要盲目模仿。因為不同的王朝相繼出現，
時代越隔越遠，史學的興趣集中到君主本身和各個王朝的相互關
係上來了。問題的中心在於哪個民族能夠對抗統治王朝，哪個民
族太弱而不能夠做到這一點。因此，一個後世的歷史學家在寫作
古代史時，再描寫這種種細節就顯得不得要領，忘記注意歷史學
的目的了。但是，伊本‧赫勒敦指出，有些重要的大臣必須加以
記載，比如，伍麥葉王朝的伊拉克總督哈查只（661-714年），阿
拔斯王朝的巴格達的伯爾麥克家族（8世紀-9世紀初）和開羅的
卡夫爾（966-968 年執政）。因為他們非常有影響，其歷史重要
性超過國王❼。

　　歷史學以王權為中心。但是，王權並非只是王朝的名稱。在
歷史著作中，王權是一個國家的主權的標誌，而國家則是一個統

---

❺　見 Azmeh, 1981 年（《現代學術研究中的伊本‧赫勒敦》），
　　pp. 141 ff.
❻　見 Q（《緒論》1858 年版），第 I 卷，p. 50.
❼　見 Q（同上），第 I 卷，p. 50.

治民族的國家，在這樣的國家裏，統治民族完全由統治王朝所代表，兩者幾乎完全同一。因此，王朝衰亡後，這個民族也就退出了歷史舞臺。歷史著作對這個民族也就不再加以記載了。

舉例來說，猶太人在第二神廟被毀滅以後，就不再是一個具有歷史意義的單位了[8]。曾經統治過別人，但其王朝已衰亡的柏柏爾人也失去了歷史意義[9]。波斯人的命運也是如此，甚至阿拉伯人也不能避免落到這種下場。儘管從肉體上來說，阿拉伯人仍然繼續存在，但是從歷史上來說他們已經失去意義了。伊斯蘭敎已經由其他民族來宏揚了[10]。埃及的科卜特人是具有最長的繼續不斷建立王朝的歷史的民族，但是他們一旦被阿拉伯人所征服，就失去了歷史意義[11]。儘管伊本・赫勒敦知道科卜特人的基督敎仍然是埃及人口中很大一部分人所相信的宗敎，但是他卻把他們排除在歷史的視野之外了。

一個民族只有建立國家政權，才有資格被寫進歷史。政權根據君主或統治民族的名字來命名，比如，史學家常常講到哈倫・賴世德（786-809 年）或艾努舍爾旺（538-578 年）的政權，或阿拉伯人、波斯人、伍麥葉人的政權。個人的政權的解體不一定導致城市文明的解體，只有民族政權的解體才會導致城市文明的衰落[12]。根據阿拉伯──伊斯蘭歷史學家的共同意見，一個民族

---

[8] 見 BD（《殷鑒》1856 年版），第 II 卷，p. 11. Fischel, 1956 年（＜伊本・赫勒敦：論聖經，猶太敎，和猶太人＞，收入《伊格那斯・戈德齊赫紀念文集》），pp. 147-171.

[9] 見 BD（同上），第 VI 卷，p. 104 及各處。

[10] 見 BD（同上），第 VI 卷，p. 6.

[11] 見 BD（同上），第 II 卷，p. 140.

[12] 見 Q（《緒論》1858 年版），第 II 卷，p. 265.

的歷史的最純粹的形式包括連續不斷地列舉這個民族的各個國王及其在位年代，以及在其統治期間發生的不同尋常的，令人深思的，或災難性的事件⑬。

伊本・赫勒敦用來組織其《殷鑒》的世界歷史圖式，是稍加修改的中世紀阿拉伯——伊斯蘭文化的歷史宇宙觀。這是一個由諾亞的三個兒子，閃、含和雅弗的子孫後代所居住的世俗世界。這三大世系繁衍所形成的芸芸眾生中，產生了許多帝王，這些王族的歷史就構成了世界歷史的主題。當時的主流觀點認為，民族的差異就是世系的差異，諾亞的三個兒子所產生的七個世系後來繁衍成遍布世界的全部人口，伊本・赫勒敦不同意這種主流觀點⑭，他說，眾所周知，世系是不可靠的東西，眾說紛紜，莫衷一是⑮。他在《殷鑒》第二卷的序言中處理這個問題時，雖然沒有明確批評人類有七個初始世系的觀點，實際上並不認可這種意見。他懷疑所有的人類全都是諾亞的三個兒子的後裔的論點，他肯定，把閃、含和雅弗說成人類的祖先不過說明有三種不同類型的人類，分別居住在世界的三方：南方，西方和北方，換言之，南方，溫和地帶和北方分別由含、閃和雅弗的後裔所居住⑯。此外，可以根據世系之外的標準來區別和劃分各個民族：像阿拉伯

---

⑬　見 Rosnthal, F., 1968 年（《第二版穆斯林史學史》），p.459.

⑭　伊本・易斯哈格（767年卒）和泰伯里（923年卒）的主流傳統受到另一種觀點的反對，那種觀點認為阿拉伯人不算七大初始民族中一個獨立的實體，見 Mas'udi, *Tanbih*（麥斯歐迪，《提醒與監督》），p. 77. 伊本・赫勒敦在 BD（《殷鑒》1856年版），第Ⅱ卷，pp. 11 ff. 概述了主流觀點。

⑮　BD（同上），第Ⅱ卷，pp. 4-5.

⑯　Q（《緒論》1858 年版），第Ⅰ卷，p. 154; T（《伊本・赫勒敦自傳》），p. 354.

人、以色列人和波斯人這些民族可以用他們的世系爲基礎來劃分；但是，像黑人、埃塞俄比亞人、斯拉夫人和撒哈拉沙漠以南的非洲人（蘇丹人）就得根據他們的外貌和地理位置來劃分了。有許多東西造成各個民族之間的差異：世系、語言、膚色、風俗習慣、宗敎信條、居住地區和其他更多的東西❶。關於世界歷史世系圖式的討論形成了《殷鑒》整個歷史性敍述部分的序論❶。

當然，閃是一切偉大事物的源泉。從他的後裔中繁衍出阿拉伯人、以色列人和波斯人❶。他的後裔不僅居住在世界的溫和的中心地帶，而且是產生先知的唯一的源泉。洪水時代以前亞當這一系產生過先知，洪水時代之後除了閃這一系之外，其他任何世系都沒有產生過先知❷。從雅弗的後裔中繁衍出突厥人、中國人、斯拉夫人、法蘭克人，等等。從含的後裔中繁衍出印度人、信德人、科卜特人、黑非洲人，以及最後的但並不是最不重要的迦南人。正是從迦南遷到非洲的迦南人成了柏柏爾人的祖先。至於其他民族的祖先則眾說紛紜。例如，有些人認爲奈伯特人和敍利亞人是一個民族，而其他人相信他們是兩個民族❷。每一個主要民族都成爲過具有歷史意義的民族，有些還不止一次地成爲這樣的民族，有的民族，比如阿拉伯人，還成爲過具有世界歷史意義的民族。波斯人的相繼不斷的王朝是他們繼續不斷地具有歷史

---

❶ BD（《殷鑒》1856 年版），第Ⅱ卷，pp. 3-4.

❶ BD（同上），第Ⅱ卷，pp. 3 ff.

❶ 波斯的世系學家則堅持認爲波斯人有分開的起源——BD（同上），第Ⅱ卷，pp. 309-310. 但是，其他波斯人則宣稱不僅是閃的後裔，而且是以撒的直接的後裔。見 Mas'udi, *Tanbih*（麥斯歐迪，《提醒與監督》），pp. 108-110.

❷ BD（同上），第Ⅱ卷，pp. 8-9.

❷ BD（同上），第Ⅱ卷，p. 134.

意義的證明，就像波斯人一樣，阿拉伯人的歷史可以追溯到遠古時代：在阿拉伯人建立了第一個國家使自己具有歷史意義之後，他們的極其古老的第二個國家是與波斯人和以色列人的第一個國家同時代的❷。在世界歷史圖式中，上述每一個民族都是由一系列王朝所代表的，都曾經占據過歷史舞臺的一角，都曾經生存過一段或長或短的時間。

　　阿拉伯人以四個前後相繼的族羣 (*ajyal, tabaqat*) 出現在歷史舞臺上。波斯人也有四個先後相繼的族羣，一共統治了大約 4281 年❸。阿拉伯人比波斯人和以色列人更勝一籌，他們在歷史上第一次建立業績要比那兩個古代民族更早。阿德人、賽莫德人、泰斯木人和其他一些部族構成了阿拉伯人的第一個族羣，他們是與諾亞的直接後裔一脈相承的❹。他們是最純粹的阿拉伯人，是最早出現的阿拉伯人。他們統治阿拉比亞半島、地中海東岸地區的一部分，以及其他地方。阿德極其長壽的一生中，所生的衆多的兒子繁衍生息，形成了一個龐大的部族，建立了大馬士革❺。他們在歷史上所留下的持續最久的痕跡可能是這樣一個事實：阿德本人是第一個使用阿拉伯書法字體的人，這一點也確定了他是阿拉伯人的楷模❻。像其他阿拉伯人的族羣一樣，這第一個族羣也有國家、氏族、部落和世代❼。也是由一個王朝世系或幾個同時並存的王朝世系所代表的共同祖籍把他們統一在一起

❷　BD（同上），第Ⅱ卷，p. 308.
❸　BD（同上），第Ⅱ卷，p. 310.
❹　BD（同上），第Ⅱ卷，pp. 28 ff.
❺　BD（同上），第Ⅱ卷，pp. 35-36.
❻　BD（同上），第Ⅱ卷，p. 39.
❼　BD（同上），第Ⅱ卷，p. 29.

的。但是，阿拉伯人不是最早的歷史時代的唯一居民。還存在過與阿拉伯人的第一個族羣同時代的其他民族，巴比倫人就是其中之一，但是這些民族所留下的是一幅混亂的圖景，它在世系方面不夠精確，缺乏歷史記載所要求的時代連續性。因此，這些民族的歷史不是作為具有歷史意義的獨立單位來加以敍述的，而是作為與亞伯拉罕——以實瑪利——以撒——約瑟——羅得這個先知系列同時代的事件的目擊者來加以敍述的❷。歷史的第一個時代作為一個整體，在細節方面是模糊不清的，關於這個時代的記敍的可靠性是令人懷疑的。因此，給予這些民族和阿拉伯人的第一個族羣的注意是比較少的，相反給予阿拉伯人的第二個族羣，及其同時代的以色列人和最早的波斯人的注意要多得多。

阿拉伯人的歷史由其第二個族羣重新繼續下去，阿拉伯人的第一個族羣已經絕種了，第二個族羣，採用了他們的名稱，借用了他們的先驅者的阿拉伯語。他們的祖先並不講這種語言，祖系可以追溯到蓋哈丹（即《舊約》上的約坍），但是祖系並不確定，因為最早的祖先的起源是個長期爭論不休的題目❷。不必理會關於最早起源的爭論，這個族羣憑其語言而成了阿拉伯人，而且作為阿拉伯人而開創了自己的歷史業績。這個族羣是由賽伯伊王國、希木葉爾王國和其他王國所組成的，他們被認為是所有的南方阿拉伯人（包括伊本‧赫勒敦自己的家族）的始祖。

不像阿德的後裔，蓋哈丹的後裔從未失去過歷史意義❸。他

---

❷　BD（同上），第Ⅱ卷，pp. 58 ff.

❷　BD（同上），第Ⅱ卷，pp. 55, 84-85.

❸　阿德人並未在種族的意義上滅絕，他們成了阿拉伯人第一個族群的遺民。見 BD（同上），第Ⅱ卷，p. 497.

們與阿德南人和古達人的後裔一起繁衍成了阿拉伯人的第二個族羣❸。這個族羣的歷史是由其成員在阿拉比亞、地中海東岸地區和美索不達米亞所建立的一些國家為代表的：在這些國家中有肯德人的沙漠國家，據說大詩人伊木魯勒・蓋伊斯（約 A.D.540 年卒）是這個王朝的王族的一個成員，還有戈蘭高地和南伊拉克的臣服於拜占廷和波斯薩珊王朝的一些附庸國家，當然還有麥地那的赫兹賴只族和麥加的古萊氏人所建立的國家。但是第三個族羣早期的這些平庸的業績被其後期的輝煌事業所壓倒了：古萊氏人產生了先知穆罕默德、伍麥葉王朝、阿拔斯王朝、法帖梅王朝、和其他許多王朝，有一段很長的時間稱霸世界。

　　阿拉伯人的第四個族羣被稱為異化的阿拉伯人，因為他們所使用的阿拉伯語與《古蘭經》所使用的穆達爾語（古阿拉伯語）不一樣❸。這個族羣包括馬格里布的著名的希拉勒人和素萊木人。

　　阿拉伯人的歷史內容，就是這樣根據先後出現的四個族羣被組織起來的，每一個族羣都可以用一組世系來詳細說明。以色列人和柏柏爾人也是如此。其他民族也用這種方式來處理。國家總是從父親傳給兒子：波斯人、馬其頓人和其他民族的命運都是如此。有一些民族並無明顯的世系來代表國家的連續性，羅馬人就是如此。但是，這只是例外，並不重要。總的來說，在《殷鑒》中，世系的連續性是歷史的連續性（也就是有無歷史意義）的評判標準。如果一個國家的一些君主不是根據世系一代一代繼

---

❸　BD（同上），第Ⅱ卷，pp. 505 ff.
❸　BD（同上），第Ⅵ卷，p. 8.

承下來的話，那麼這個國家只能作爲特例。因爲世系是連續性的主要原則。

阿拉伯人或其他民族的每一個族羣都是自身具有歷史意義的獨立單位，這個族羣與其先驅者和同時代者的關係對這個族羣所組成的國家來說是無足輕重的。例如，蓋哈丹的後裔作爲阿拉伯人的第二個族羣居於統治地位，也作爲第三個族羣的一部分居於統治地位。這兩個族羣裏的蓋哈丹人從歷史的意義上來講，沒有什麼連續性，只有從血統的意義上來講，才具有連續性。因爲他們建立的是不同的王朝，有不同的世系，所以從歷史的角度來看，並無連續性。這兩個族羣裏的蓋哈丹人，除了生物學意義上的、種族上的連續性之外，沒有什麼關係，因爲他們分別屬於兩個孤立的時間單位，各自構成一段具體的歷史。阿拉伯——伊斯蘭歷史學家在研究波斯薩珊王朝、馬其頓亞歷山大王朝和其他民族的歷史時，分別使用他們各自的紀元，這說明伊斯蘭歷史學家總是從零點開始來研究一段獨立的歷史[33]。

《殷鑒》和阿拉伯——伊斯蘭文化中的其他所有歷史著作一樣，關於希志來以前的民族和國家的編年史有時不太確定和有些混亂，但是仍然存在一種編年的秩序。阿拉伯人的第一個族羣和第二個族羣通過一個個王朝的先後相繼而獲得了歷史意義，在史料確實可靠時還記下了君主統治的年數。其他民族，比如早期的以色列人，沒有自己的編年秩序，就依附在伊本・赫勒敦覺得比較可靠的編年背景上來加以敍述：例如，摩西的年代是根據埃及法老的年代來記載的，而法老的年代並不是用一種連續不斷的紀元

---

[33] Azmeh, 1981 年（《現代學術研究中的伊本・赫勒敦》），p. 176.

來記載的，是用一個個有時不相銜接的具體君主的統治年數來記載的❹。與此相似，耶穌基督的降生是用羅馬皇帝奧古斯都在位第四十二年來記載的❺。甚至希志來以前的阿拉伯人的第三個族羣的嚴格的編年史也存在同樣的問題，卽沒有一個統一的紀元。

先知穆罕默德從麥加遷到麥地那的希志來，後來被作爲回曆紀元的起點，從此以後的歷史就有一個統一的紀元了。這爲伊本・赫勒敦，其實也爲所有其他的歷史學家提供了良機，把帝王繼承的確切記載與一種統一的回曆紀元的精確性結合起來，從而產生了一種對阿拉伯 —— 伊斯蘭史學的目的來說比較完整和細緻的歷史。阿拉伯人的大帝國及其同時代人和後繼者（柏柏爾人、法蘭克人和突厥諸族）的比較弱小的國家，都可以具備完整的歷史記載了。像被寫進歷史的所有其他民族及其族羣一樣，阿拉伯人的第三個族羣的伊斯蘭時代是由一系列帝王與王朝一一繼承所組成的。伊本・赫勒敦用世系樹的圖表形式來展示這種繼承關係❻。

在《殷鑒》中，伊斯蘭的阿拉伯人的第一個國家從第一任哈里發艾卜・伯克爾一直延續到回曆 132 年／公元 750 年伍麥葉哈里發國家滅亡。除了所有的哈里發都是古萊氏人之外，麥地那的正統哈里發政權與大馬士革的伍麥葉王朝在世系方面沒有什麼聯繫。在所有的阿拉伯 —— 伊斯蘭歷史學家當中，只有伊本・赫勒敦一個人認爲這兩個政權之間存在連續性。從阿拔斯人開始他們的反伍麥葉王朝的宣傳以來，伍麥葉王朝就被認爲是插在麥地那的正統哈里發政權與阿拔斯王朝之間的罪大惡極的篡位者。這種

❹　BD（《殷鑑》1856 年版），第Ⅱ卷，pp. 152-153.

❺　BD（同上），第Ⅱ卷，pp. 407-408.

❻　BD（同上），第Ⅱ卷，pp. 24-25.

觀點在阿拔斯王朝統治下是不容置疑的歷史學的真理，後來凝固成歷史的傳統的真理❸。伊本・赫勒敦的同時代人從來沒有擺脫過這種觀念。例如，比伊本・赫勒敦晚一輩的多產而且很有權威的歷史學家蓋勒蓋山迪（1418年卒），就很直率地重複了這種觀點。伊本・赫勒敦認為正統哈里發政權和伍麥葉王朝之間具有連續性的前提是把兩類國家區別開來，一類國家是單系繼承──古萊氏人──穆達爾人──阿德南人這一支的阿拉伯人就是這樣，另一類國家是雙系繼承，古萊氏人阿卜杜・麥那弗這一支一分為二，一支是伍麥葉氏族，另一支是先知穆罕默德的氏族──哈希姆氏族❸。隨著以大馬士革為首都的伍麥葉哈里發國家的垮臺，這條垂直的繼承系統就一分為二，一支是巴格達的哈希姆氏族的阿拔斯王朝，另一支是科爾多瓦的伍麥葉王朝。

起初的，主要的一分為二的對峙是遜尼派和十葉派的對峙。伍麥葉王朝是遜尼派。伊本・赫勒敦以一種異乎尋常的觀念把阿拔斯王朝作為十葉派，從而把阿拔斯王朝與他們最仇恨的敵人──法帖梅王朝劃入了同一個歷史系統❸。伍麥葉──阿拔斯之間的對峙是對伍麥葉哈里發國家的合法性進行爭論所造成的結果，而十葉派宣稱只有阿里的後裔擔任哈里發才合法。這是十葉派國家的起源❹。把阿拔斯王朝與法帖梅王朝以及其他阿里系的王朝劃入一個範疇，與麥地那的正統哈里發政權以及伍麥葉王朝所組成

❸ Petersen,1964年（《阿拉伯早期傳統中的阿里和穆阿威葉》）。

❸ 伊本・赫勒敦關於早期伊斯蘭歷史上伍麥葉和哈希姆這兩個氏族的關係的概述見 BD（《殷鑑》1856年版），第Ⅲ卷，pp. 3 ff.

❸ BD（同上），第Ⅲ卷，pp. 363 ff.

❹ BD（同上），第Ⅲ卷，pp. 363-364.

的另一個範疇相對峙，這種方法在阿拉伯——伊斯蘭歷史學的分類方法中是非常奇怪和出格的❹。伊本・赫勒敦不僅把法帖梅王朝與阿拔斯王朝劃入一個範疇，十葉派系統的國家還包括馬格里布的易德里斯王朝——這確實是第一個由阿里的後裔所建立的十葉派國家，以及其他一些從中亞到馬格里布的小王朝。

　　儘管伊本・赫勒敦在處理王朝的分類和繼承關係方面，不盡符合自己所確定的原則，但是他把柏柏爾人作為歷史研究的一個單位是別具慧眼的。他實際上是把柏柏爾人的歷史作為一個獨立的、完整的單位來加以研究的第一個人。以前人們只記敍柏柏爾人倫理道德方面的特點，伊本・赫勒敦也列舉了他們的品德和他們所產生的著名人物❷。

　　但是他不限於此，他還描寫了貝尼希拉勒部族的遷徙，詳細描寫了這個部族和貝尼素萊木部族的發展和明確劃定的領土，以及其他所有與國家政權有關的事實，包括世系延續的結構。柏柏爾人的歷史的獨立性自然是以他們的世系的完整性和延續性為前提的。柏柏爾人的系譜學熱中於證明齊雅尼王朝以及更廣大的宰那泰部族聯盟等柏柏爾人的國家是起源於阿拉伯人的。伊本・赫勒敦系統地否定了這種觀點❸。對伊本・赫勒敦來說，只有在詳細的討論了柏柏爾人的世系的完整性和獨立性之後，柏柏爾人的歷史才成為一個史學寫作的題材。

　　總的來說，在《殷鑒》中，歷史寫作的主要單位，也就是被認為具有歷史意義的單位，史學研究的主要範疇，是民族及其先

---

❹　參閱Mamour, 1934年(《關於法帖梅王朝哈里發起源的爭論》)。

❷　BD (《殷鑑》1856 年版)，第Ⅵ卷，pp. 104-106.

❸　BD (同上)，第Ⅵ卷，p. 181.

後出現的族羣。運用這些範疇可以使歷史著作變得井然有序；可以把各種與過去有關的資料寫成歷史，使這些資料具有意義，置於恰當的地方，與歷史的主題密切相關。

第二節　對政治史的貢獻

伊本·赫勒敦在伊斯蘭世界西部——馬格里布的政治史方面，在伊斯蘭世界的東部——埃及麥木魯克王朝的政治史方面，包括埃及與帖木兒的衝突的歷史方面，都爲我們留下了珍貴的第一手記載。

《殷鑒》所記載的伊斯蘭世界西部的歷史，卽柏柏爾人的歷史，特別是突尼斯的哈夫息王朝、特萊姆森的齊雅尼王朝和法斯的馬林王朝的歷史具有很高的史料價值。伊本·赫勒敦在研究這些歷史時，有非常多的機會參考大量第一手資料，包括重要的外交文書。他與游牧的柏柏爾人部落的親密交往保證他能獲得很有價值的信息。關於他成年時代發生的種種歷史事件，他不僅是一個仔細的、很少偏見的觀察者，而且在某種程度上是一個直接的參與者。在這些方面，《殷鑒》是最權威的著作，我們可能會用其他史料去補充《殷鑒》的不足之處，但是我們永遠不可能用其他史料去代替《殷鑒》。他關於艾哈麥爾族的記載也是如此，這個部族的穆罕默德（1232-1273 年）建立了奈斯爾王朝（1232-1492 年），伊本·赫勒敦曾在格拉納達住過一段時間，而且與穆罕默德的一個繼任者的宮廷發生過聯繫，他給我們留下了關於穆罕默德事業的詳細記載❹。他關於西西里的穆斯林敎徒的記載，關

---

❹　Hitti, 1970 年（《阿拉伯通史》），p. 550.

於西班牙的穆斯林教徒和基督教徒的記載，也是難以用其他史料替代的。他對基督教諸民族抱著一種客觀的態度，他指出阿拉伯人的嚴重偏限時能夠擺脫民族偏見，這些都是值得稱頌的。《殷鑒》所記載的許多內容並非出之第一手資料，關於這些內容現代學者首先得依靠比較早的編年史，但是他們仍然可以在《殷鑒》中找到有用的補充材料，因為伊本・赫勒敦加以利用的有些珍貴史料現在已經不復存在了❹。

　　1332年伊本・赫勒敦出生於突尼斯之前 60 年，控制馬格里布的穆瓦希德帝國已經壽終正寢了。在突尼斯，一個獨立的地方總督建立了哈夫息王朝。在馬格里布中部，以特萊姆森為首都的王國由齊雅尼王朝所統治。在摩洛哥，1269年馬林王朝的統治者對正在解體的穆瓦希德帝國給了最後的、致命的一擊。

　　伊本・赫勒敦的少年時代，突尼斯在蘇丹艾卜・伯克爾的統治下比較穩定和繁榮。伊本・赫勒敦這樣描寫當時的情況：突尼斯的居民忘記了命運的無常，生活在和平與繁榮之中，在蘇丹所高舉的燦爛大旗下，在他的公正的保護下，高枕無憂❹。這個國家不再到處是叛亂的吼叫聲❹。

　　1346年蘇丹艾卜・伯克爾的去世引起了驚恐。每個人都從床上跳起來，奔向王宮，去搞清楚這個消息是不是真的。他們逗留在王宮外面通宵達旦，失魂落魄❹。哈夫息王朝內部爭奪王位的

---

❹　Schmidt, 1930 年（《伊本・赫勒敦：歷史學家，社會學家和哲學家》），pp. 11-12.

❹　*Histoire*（《殷鑑》第六，第七卷的法文譯本），第Ⅲ卷，p. 23.

❹　*Histoire*（同上），第Ⅲ卷，p. 24.

❹　*Histoire*（同上），第Ⅲ卷，p. 23.

鬥爭爲雄心勃勃、企圖統一馬格里布的馬林王朝的蘇丹艾卜勒‧哈桑創造了機會，1347年征服了突尼斯。伊本‧赫勒敦以熱情的語句描寫了馬林王朝的軍隊進入突尼斯城的場面：蘇丹的軍隊從他們的營地到城門口排成三、四里路長的兩行隊伍。這些馬林人在他們各自的旗幟下，騎在馬上，一路排過去，蘇丹走出他的帳篷，騎上一匹駿馬，他身後是一列華麗的儀仗隊。他隨著鼓聲的節拍緩緩前進，上百面旗幟在他周圍飄揚。當他走過去以後，原來排在路的兩邊的軍隊轉而排到他身後的隊伍中去。大地在這支大軍的腳下顫抖。伊本‧赫勒敦覺得他從未見過如此壯麗的場面❹。

但是，一些突尼斯人對馬林王朝抱著敵意，馬林王朝本身也矛盾重重。當馬林王朝的軍隊背棄蘇丹艾卜勒‧哈桑時，帝國各地變得盜匪橫行❺。蘇丹最後只得放棄突尼斯，逃回摩洛哥。

馬林人的離去並未使突尼斯恢復平靜。在哈夫息王朝內部鬥爭不已之際，1348年爆發了瘟疫。伊本‧赫勒敦認爲這場瘟疫對歷史有極其重大的影響：一場毀滅性的瘟疫襲擊了東方和西方的文明，它使國家衰敗，人口銳減。它吞噬了許多文明的優秀事物，把它們掃蕩一空。它削弱了王朝的力量，減小了它們的影響。它動搖了它們的權威，它們已經瀕臨滅亡與解體的境地。文明隨著人口的減少而衰弱，城鎮破敗，道路荒廢，十室九空，百姓虛弱。整個人類世界爲之改觀❺。

1352年，伊本‧赫勒敦被任命爲哈夫息王朝的簽署官。從此

---

❹　*Histoire*（同上），第Ⅵ卷，pp. 251-252
❺　R（《緒論》英譯本），第Ⅰ卷，p. 66.
❺　R（《緒論》英譯本），第Ⅰ卷，p. 64.

以後直到 1382 年他離開馬格里布為止，整整 30 年當中他不僅親眼目睹，而且親身經歷了許多馬格里布地區的重要歷史事件。

1354 年初，他來到馬林王朝的首都法斯。他為我們描寫了鼎盛時期法斯的繁華：許多人都開始用石料和大理石建築廣廈巨宅，飾以瓷磚以及花草和幾何圖形並用的圖飾。他們熱中於搶購絲綢長袍、高頭大馬、精美食物和金銀首飾，到處是一片驕奢淫逸❷。馬林王朝的君主建造了一些學院來紀念自己的榮耀。這些宗教性的學院有藏書豐富的圖書館，其中有些圖書是以前在西班牙被基督教徒所虜獲，後來根據一項和平條約的條款歸還給馬林王朝的❸。從 1354 年到 1362 年，伊本·赫勒敦參與了馬林王朝的種種複雜的政治鬥爭，他做過蘇丹艾卜·伊南的私人秘書，被囚禁過 22 個月，擁立過新的蘇丹艾卜·賽里木，擔任過國務卿等重要官職，他為我們留下了這一時期馬林王朝宮廷活動的詳細記載。

1362年12月，伊本·赫勒敦前往西班牙的格拉納達王國，他受到了極其熱情和殷勤的歡迎❹。1364年，伊本·赫勒敦擔任了一項重要的外交使命：代表伊斯蘭教的格拉納達王朝與西班牙基督教的卡斯提爾王國訂立一項和平條約。他訪問了自己的故鄉塞維利亞，看到了一些顯示自己祖先的力量的紀念碑❺。卡斯提爾國王殘酷的彼德羅，希望伊本·赫勒敦作他的朝臣，但是伊本·赫勒敦彬彬有禮地拒絕了。可能他意識到彼德羅的地位並不穩固，

---

❷ *Histoire*（《殷鑑》第六，第七卷的法文譯本），第Ⅳ卷，p. 180.
❸ *Histoire*（同上），第Ⅳ卷，p. 100.
❹ *Slane*（《緒論》的法文譯本），第Ⅰ卷，p. xliii.
❺ *Slane*（同上），第Ⅰ卷，p. xlivii.

因爲他對卡斯提爾王國內部的動蕩局勢和百年戰爭期間的歐洲的外交格局相當熟悉[56]。

1365 年 3 月，伊本·赫勒敦前往布吉，應邀擔任哈夫息王朝蘇丹艾卜·阿卜杜勒的首相。他擔負起政府的領導工作，熱情地投身於組織行政管理和進行國務活動[57]。蘇丹幾乎剛進入布吉城，就與當地的檢察官和平民首領發生了衝突[58]。伊本·赫勒敦認爲蘇丹過於嚴酷：他極其嚴厲，對待布吉人非常粗暴。在他統治的頭兩年，他把五十多個人的頭顱砍掉了[59]。伊本·赫勒敦在執行自己的任務時，力求使各方面都滿意[60]，至少一部分市民對他頗有好感[61]。除了內部問題之外，艾卜·阿卜杜勒還得進行一場與君士坦丁城蘇丹的戰爭。他敗歸布吉，把伊本·赫勒敦爲他搞來的錢全部支付給阿拉伯雇傭軍了[62]。伊本·赫勒敦出征山區的柏柏爾人部落，徵收他們多年以來拖欠不交的賦稅，以繼續支持蘇丹進行戰爭。但是，布吉城的百姓開始仇恨自己的蘇丹[63]。最後他們失去了耐心，要求君士但丁城的蘇丹艾卜勒·阿拔斯把他們從暴政下面解救出來[64]。艾卜·阿卜杜勒在出城談判時，死於亂軍之中。伊本·赫勒敦將布吉城交給了艾卜·阿拔斯，城中生

---

[56] *Histoire*（《殷鑑》第六，第七卷的法文譯本），第 Ⅳ 卷，pp. 378-381.

[57] *Slane*（《緒論》的法文譯本），第 Ⅰ 卷，p. xlvii.

[58] *Histoire*（《殷鑑》第六，第七卷的法文譯本），第 Ⅲ 卷，p. 69.

[59] *Histoire*（同上），第 Ⅲ 卷，p. 450.

[60] *Histoire*（同上），第 Ⅲ 卷，p. 70.

[61] *Slane*（《緒論》的法文譯本），第 Ⅰ 卷，p. xlix.

[62] *Slane*（同上），第 Ⅰ 卷，p. xlviii.

[63] *Histoire*（《殷鑑》第六，第七卷的法文譯本），第 Ⅲ 卷，p. 72.

[64] *Histoire*（同上），第 Ⅲ 卷，p. 450.

活遂恢復了正常❻。新蘇丹對伊本・赫勒敦並不信任，於是伊本・赫勒敦前往貝尼希拉勒部族中最強的一支——達瓦威達人當中去暫時隱居一陣。

以特萊姆森為首都的齊雅尼王朝的蘇丹艾卜・哈木邀請伊本・赫勒敦擔任他的首相，因為形勢混亂，伊本・赫勒敦沒有接受他的邀請❻。但是，在此後的四年中（1366-1370年），伊本・赫勒敦一直幫助齊雅尼王朝與達瓦威達人保持聯盟關係。

1370年，伊本・赫勒敦轉而幫助馬林王朝去爭取達瓦威達人的支持，並幾乎俘獲艾卜・哈木。1372年，馬林王朝蘇丹阿卜杜勒・阿齊茲去世，齊雅尼王朝蘇丹艾卜・哈木乘機恢復統治，重返特萊姆森。伊本・赫勒敦也恰巧於此時返回特萊姆森❻。為了逃避艾卜・哈木的報復，伊本・赫勒敦歷盡艱險從特萊姆森逃到法斯。

1374年9月，伊本・赫勒敦前往西班牙，希望在一個比較穩定的環境中度過自己的餘生。但是，他被格拉納達國王穆罕默德五世遣返特萊姆森。幸好艾卜・哈木怒氣已消，還想利用伊本・赫勒敦，遂允許他在特萊姆森附近住下來。不久就派他去聯絡達瓦威達人。伊本・赫勒敦乘機隱居於他們當中，開始撰寫《殷鑒》的第一部分，即《緒論》。從此退出了馬格里布的政治活動。

伊本・赫勒敦在馬格里布的時期，以柏柏爾人和阿拉伯人諸王朝的歷史以及自己親身經歷的種種政治事件作為自己研究的課

❻　*Slane*（《緒論》法文譯本），第 I 卷，p. xlix.

❻　*Slane*（同上），第 I 卷，p. xlix.

❻　*Histoire*（《殷鑒》第六、第七卷的法文譯本），第 I 卷，p. 463.

題。他的《殷鑒》的第六、第七卷就是以此爲中心的。這一部分
1847-1851 年由法國學者德斯朗整理出版❻，1852-1856 年又由
他翻譯成法文出版❻，是西方學術界首先熟悉的。西方學者起初
比較重視伊本‧赫勒敦對伊斯蘭世界西部歷史的貢獻。隨著研究
的深入，他們全面地估價了伊本‧赫勒敦對伊斯蘭世界東部歷史
的貢獻。伊本‧赫勒敦在埃及生活了四分之一世紀，他把當時埃
及的政治、軍事和外交事件作爲自己寫作的對象。他完成了與他
關係密切的埃及麥木魯克王朝蘇丹貝爾孤格的傳記。當時埃及正
處於世界征服者帖木兒侵略的矛尖上，伊本‧赫勒敦追溯了蒙古
人和韃靼人的歷史，包括成吉思汗 (1155-1227年)、他的後裔，
以及帖木兒的傳記。

　　1382年，伊本‧赫勒敦踏上埃及的土地時，他所面臨的這種
文明和政府是與馬格里布大不相同的。麥木魯克社會是一個由軍
事寡頭政權統治的社會。伊本‧赫勒敦注意到在這兒大臣（維齊
爾）的地位比較低，只負責徵收賦稅而已。而侍從的地位要高得
多。他還記載了其他許多馬格里布行政機構中所沒有的麥木魯克
的官職❼。埃及與馬格里布的統治階級的語言和種族也不同。馬
格里布的統治階級主要是阿拉伯人和柏柏爾人，講阿拉伯語。而
埃及的統治階級主要講突厥語。因此，伊本‧赫勒敦把埃及的麥
木魯克統治者通稱爲突厥人，儘管個別統治者從血統上來講並不
一定是突厥人❼。作爲一個歷史學家，伊本‧赫勒敦首先對貝爾

---

❻　*Slane*, 1847-1851年（《殷鑑》第六、第七卷的 1847-1851年版）。
❻　*Histoire*（《殷鑑》第六、第七卷的法文譯本）。
❼　Q（《緒論》1858 年版），第Ⅱ卷，pp. 9-21.
❼　Q（同上），第Ⅰ卷，pp. 297, 305; 第Ⅱ卷，p. 384; B（《殷
鑑》1867 年版），第Ⅴ卷，pp. 369 ff.

孤格以前的埃及歷史作了概述，他用相當大的篇幅描寫了艾尤卜
王朝的創建者薩拉哈丁（薩拉丁）（1138-1193年）驅逐法蘭克人
（十字軍），收復聖地的英雄業績和他的後裔的情況❼。他也概
述了權力從艾尤卜王朝女王舍哲爾‧杜爾（1249-1250 年在位）
手裏轉入奴隸（麥木魯克）艾伊貝克手中，艾伊貝克（1250-
1257 年在位）創立麥木魯克王朝的情況。然後描述了伯海里系
（河洲系）麥木魯克王朝時期，特別是在拜伯爾斯（1260-1277
年在位）和蓋拉溫家族統治下的埃及的歷史❼。所有這一切都只
是作為伊本‧赫勒敦的主要任務——貝爾孤格傳的背景。

伊本‧赫勒敦最有資格成為貝爾孤格的傳記作者，他是貝爾
孤格的朋友和被保護者，經常出入宮廷，熟悉上層人物，有機會
詳細了解當時埃及的種種政治、宮廷、軍事、外交的變化。因
此，他在撰寫貝爾孤格傳時，改變了《殷鑒》中其他部分大量運
用各種史書的特點，完全不引用別的史書，而以自己的經歷與觀
察作為基礎❼。貝爾孤格青年時代被人從黑海東岸的塞加西亞帶
到克里米亞賣給了一個奴隸商人，1362-1363 年又在大馬士革被
轉賣給一個麥木魯克王朝的艾米爾(長官)，後來蘇丹艾什賴弗‧
舍耳班（1363-1376 年在位）命令這個艾米爾把他的奴隸送到
開羅去為自己的兒子所用。貝爾孤格的命運就此改變。他受到武
功和馬術等方面的軍事訓練，在軍隊中步步高升，成為總司令，
並被年輕的蘇丹撒里哈‧哈只（1381-1382 年在位）任命為攝

---

❼ B（同上），第Ⅴ卷，pp. 252-331, 331-363; T（《伊本‧赫勒敦
自傳》），pp. 284 ff.

❼ B（同上），第Ⅴ卷，pp. 369 ff., 394 ff., 401-412;T（同上），
pp. 317-319.

❼ B（同上），第Ⅴ卷，pp. 462-505; T（同上），pp. 321-331.

政。1382年貝爾孤格篡位自立爲蘇丹，成爲一個新的世系，卽布爾吉（碉樓）—— 塞加西亞系王朝的奠基人。伊本・赫勒敦在描寫貝爾孤格從 1382 年登基到 1399 年去世的這段歷史時，表現出對於蘇丹及其朝廷所面臨的複雜局勢瞭如指掌⓱。他特別詳細地記載了 1389-1390 年以失敗告終的反對貝爾孤格的政變。他將貝爾孤格的傳記一直寫到這位蘇丹去世，並且記述了他決定讓長子法賴吉繼位的遺囑。關於麥木魯克王朝的各種史料流傳下來很多，不過伊本・赫勒敦的記載是不同凡響的。他的貝爾孤格傳比較完整，不是就事論事的流水帳，而是一氣呵成，有血有肉的作品。更重要的是，不像十五世紀的研究麥木魯克王朝的歷史學家與他們所描寫的時代已經隔了一代或兩代，伊本・赫勒敦是一個直接的觀察者、目擊者，甚至是一個積極的參與者，他很可能是第一個寫作貝爾孤格傳的阿拉伯歷史學家⓲。

伊本・赫勒敦並沒有把自己的視野侷限在埃及的疆域之內，他同樣關心埃及的對外關係。當時帖木兒出現在麥木魯克帝國的邊疆上，並且已經入侵叙利亞，毀滅了阿勒頗，威脅著大馬士革。蒙古人和麥木魯克人的衝突已經達於頂點。處於這樣的歷史轉折關頭，伊本・赫勒敦不可能無動於衷，只作一個消極的旁觀者。他不是作爲一個政治家，而是作爲一個歷史學家對這種局勢作出反映的。他熱切地著手研究蒙古人和韃靼人諸部落的起源，擴張和征服的歷史，力圖搞清楚他們是怎樣在成吉思汗及其後裔和帖

⓱ B（同上），第 V 卷，pp. 371, 422; Ayalon, 1964年（＜伊本・赫勒敦對麥木魯克王朝的看法＞收入《L.A. 麥爾紀念文集》），pp. 142-143.

⓲ Fischel, 1967 年（《伊本・赫勒敦在埃及》），p. 81.

木兒的率領下衝出亞洲的心臟，侵入伊斯蘭世界的[77]。

　　為了實現這一目的，他盡可能廣泛地收集各種口頭的和書面的資料。他從來自中亞、花拉子模或呼羅珊的商人、旅客和學者那兒搜集口頭材料。他還曾經從來自中國的人那兒得到過一些消息[78]。不過，他主要的資料來源還是埃及的各個圖書館裏所能找到的書面材料。在地理背景方面，他主要利用易德里西 (1100-1166年) 題贈給羅吉爾(1130-1154 年在位)的著作《雲遊者的娛樂》[79]，以及伊本・白圖泰 (1304-1377 年) 的《遊記》[80]。伊本・赫勒敦進行歷史研究不可缺少而經常引用的史料是伊本・艾西爾(1260-1234 年)的《歷史大全》[81]。他也常常引用艾卜勒・菲達 (1273-1332 年) 的《世界史撮要》[82]。但是，伊本・艾西爾的著作只寫到 1233 年，艾卜勒・菲達的著作也只寫到 1331 年，伊本・赫勒敦必須尋找其他資料，來把蒙古人和韃靼人的歷史一直寫到自己的時代。他在著名的大馬士革歷史學家歐麥里 (1348年卒) 的史書中，找到了不少關於成吉思汗及其後裔的資料。通過歐麥里的阿拉伯文著作的引文，他得以利用朱威尼(1257 年卒) 的波斯文史書《世界征服者史》[83]。伊本・赫勒敦看來也掌握了最偉大的波斯歷史學家賴世德丁 (1318年卒) 對史學的主要貢獻。

---

[77]　B (《殷鑑》1867 年版)，第Ⅴ卷，pp. 515 ff.
[78]　B (同上)，第Ⅴ卷，p. 532.
[79]　Idrisi, *Tuhfat* (易德里西，《雲遊者的娛樂》)。
[80]　Ibn Battutah, *Tuhfat* (伊本・白圖泰，《遊記》)。
[81]　Ibn al-Athir, *Kamil* (伊本・艾西爾，《歷史大全》)。
[82]　Abu 'lFida', *Mukhtasar* (艾卜勒・菲達，《世界史撮要》)。
[83]　Juwayni, *Ta'rikh* (朱威尼，《世界征服者史》)。

在掌握了大量可靠史料的基礎上，伊本・赫勒敦向讀者展示了蒙古人和韃靼人的歷史畫卷[84]。他寫了一個專章，題爲：「蒙古人和韃靼人的統治，以及他們怎樣戰勝伊斯蘭諸國，推翻巴格達的哈里發……和成爲穆斯林的……」。在成吉思汗傳中，他記載了這個世界征服者的出生、世系、名字、尊號以及統一蒙古，征服花拉子模王朝、突厥斯坦、呼羅珊和波斯的業績。然後他敍述了成吉思汗的四個兒子各受分封，傳諸後代的歷史：（一）拖雷受封於波斯、伊拉克和信德，他的兒子是忽必烈和旭烈兀。（二）尤赤受封於欽察加汗國，以及遠至花拉子模的突厥人地區。（三）窩闊臺（元太宗，1229-1246 年在位）繼承汗位，稱大汗，以哈拉和林爲首都。後來，忽必烈（元世祖，1260-1295 年在位）繼承了汗位。（四）察合臺受封於突厥斯坦、喀什噶爾、赭時、拔汗那（費爾幹那），以及烏滸水以北的其他地區。伊本・赫勒敦另設專章敍述旭烈兀（1265 年卒）的業績：建立波斯的蒙古人王朝──伊兒汗王朝，保持與其哥哥蒙哥大汗（元憲宗，1251-1260 年在位）的關係，摧毀阿拉木圖的阿薩辛人的城堡，廢黜巴格達的阿拔斯哈里發[85]。旭烈兀的繼任者們曾經試圖聯合歐洲的基督教統治者，共同對付麥木魯克王朝[86]。伊兒汗國侵占麥木魯克王朝領土的企圖雖未得逞，但是，當最後一個強大的蒙古征服者──帖木兒登上歷史舞臺時，蒙古人對麥木魯克王朝的威脅就迫

---

[84] B（《殷鑑》1867 年版），第 V 卷，pp. 515-527；T（《伊本・赫勒敦自傳》），pp. 360-362.

[85] B（同上），第 V 卷，pp. 364 ff., 379 ff., 542-545. T（同上），pp. 318, 326, 361-362, 381.

[86] 關於旭烈兀以後伊兒汗王朝的情況，見 B（同上），第 V 卷，pp. 545-551；T（同上）pp. 361-362.

在眉睫了。

伊本·赫勒敦研究蒙古史的目的，是為了了解自己時代的麥木魯克 —— 蒙古衝突的背景。當他轉向研究帖木兒的事業時，他不可能利用任何書面史料，因為這些事件離開他自己的時代太近，還沒有任何編年史家或記錄者來得及在他之前把它們寫成歷史。因此在他研究工作的早期階段，他完全得依靠口頭資料。他從來自東方的官員、商人和旅客那兒收集各種情況。1400年底，他隨法賴吉的遠征軍來到大馬士革，他得到了一個出乎意料的機會親眼目睹麥木魯克 —— 蒙古衝突的各種政治、軍事和外交事件，而且成了記錄這些事件的第一個阿拉伯編年史家。

伊本·赫勒敦記載了1397年帖木兒與貝爾孤格的第一次外交接觸。帖木兒派使節到開羅去，準備訂立友好條約，但使節的態度惹怒了貝爾孤格，全被殺了[87]。1399年，貝爾孤格去世，帖木兒在印度聽到這個消息，返回中亞，旋卽向敍利亞進軍。伊本·赫勒敦立卽認識到蒙古軍隊對大馬士革的威脅。但是朝廷卻毫無準備，直到一個特使回到開羅證實帖木兒的軍隊已攻占並大肆搶掠了阿勒頗，才倉促出兵，由蘇丹法賴吉親自率領遠征軍從開羅前往大馬士革[88]。帖木兒的有些將士已經厭倦於長期戰爭，埃及軍隊是有可能守住大馬士革的。但是，1401年1月6－7日夜間，蘇丹法賴吉及其主要的艾米爾(長官)在聽說首都有可能發生政變的消息之後，倉皇逃回開羅，於是埃及軍隊的士氣一蹶不振[89]。

---

[87]　T（同上），pp. 364-365; B（同上），第 V 卷，p. 555.

[88]　T（同上），pp. 365-366. Fischel（《伊本·赫勒敦與帖木兒；他們公元 1401 年（回曆 803 年）在大馬士革的歷史性會見》，《伊本·赫勒敦自傳》部分內容的英文譯本，下同），p. 29.

[89]　T（同上），p. 367. Fischel（同上），p. 30.

大馬士革的內政官員派人出城與帖木兒達成了和平條約⑩。但是帖木兒進城後背信棄義，把贖金提高十倍，達一千萬第納爾⑪，沒收逃走的蘇丹、官員、軍隊和商人所留下的財產，以及全城的牲口和武器，並縱兵大掠。在劫掠之際，火災爆發了，焚毀了大馬士革清眞寺。大馬士革的守軍堅守中心城堡，拒不投降。伊本·赫勒敦生動地描繪了蒙古軍隊圍攻城堡的全部過程，對於我們了解蒙古人的軍事戰術、裝備和技術很有幫助。城堡被攻打得殘破不堪，守軍只得投降求和⑫。

伊本·赫勒敦還是記載這一時期的外交活動的第一個阿拉伯歷史學家。他在自傳中講到，1403年3月從大馬士革返回開羅途中遇到過麥木魯克蘇丹法賴吉派往奧斯曼土耳其蘇丹巴葉濟德一世（1389-1402年）的密使，這個密使的使命是使兩國結盟共同對付帖木兒。他還講到法賴吉派到帖木兒那兒去談判互相釋放戰俘之事的使者，給他帶回了帖木兒付給他的騾子錢（帖木兒向他買過一頭騾子，但當時未付錢）⑬。他本人也從事了一項外交活動：寫信給馬格里布的蘇丹，告訴他從成吉思汗到帖木兒的蒙古人和韃靼人的歷史概況⑭。

伊本·赫勒敦也爲我們留下了關於帖木兒個人情況的記載。帖木兒名義上不是可汗，只是攝政，是通過聯姻關係成爲察合臺部族的親戚的，名義上的可汗是察合臺的後裔⑮。帖木兒的興起

---

⑩ T（同上），p. 368. Fischel（同上），pp. 30-31.

⑪ 第納爾，金幣單位，約重4克。

⑫ T（《伊本·赫勒敦自傳》），pp. 373-374. Fischel（《伊本·赫勒敦自傳》部分內容的英文譯本），pp. 38-39.

⑬ T（同上），p. 380; Fischel（同上），p. 44.

⑭ T（同上），pp. 380-381; Fischel（同上），pp. 44-47.

⑮ T（同上），p. 383; Fischel（同上），p. 46.

是伊本・赫勒敦的羣體凝聚力理論的佳例。察合臺部族始終保持比較原始的草原生活方式，遠離奢侈，因此得以征服廣大的地域。伊本・赫勒敦還記載了帖木兒跛右腿的情況，估計他當時（1401年）的年齡在六、七十歲之間，認爲他成功的主要原因是非常聰明，眼光銳利⑯。

　　關於帖木兒和麥木魯克——蒙古衝突，波斯文、阿拉伯文和基督教方面的著作均有記載，波斯文的著作尤爲詳細。但是，伊本・赫勒敦的記載是出衆的。因爲他本人親歷其境，在現場目睹種種事件的發生，與歷史的主角帖木兒直接交往多次，然後秉筆直書。所以，可以說在阿拉伯文獻中他是第一個如實記載這些歷史事件的人。他的這些記載是他對阿拉伯史學最有意義的貢獻之一⑰。

第三節　對伊朗史、基督敎史和猶太史的貢獻

　　伊本・赫勒敦對歷史研究的貢獻，並不偏限於伊斯蘭世界的政治史，他的研究具有廣闊得多的視野，遠遠超出他自己的穆斯林文明的範圍。他的研究包括伊斯蘭敎興起以前東方非阿拉伯民族的歷史。他對三大宗敎——拜火敎、基督敎和猶太敎表現出特別濃厚的興趣。

　　對伊本・赫勒敦這方面研究影響最大的是十世紀偉大的阿拉伯史學家麥斯歐廸（956年卒）。麥斯歐廸是個多產的作家，他的

---

⑯　T（同上），p. 382; Fischel（同上），p. 47.
⑰　Fischel，1967 年（《伊本・赫勒敦在埃及》），pp. 105-108.

著作超過三十種，內容包括歷史、地理、宇宙論、氣象學、天文學、伊斯蘭教律學❽。他是中世紀伊斯蘭最偉大的旅行家之一，他不僅訪問過伊斯蘭世界東部的許多地方，而且幾乎走遍了整個亞洲，包括印度、錫蘭，甚至有可能到過中國。他被稱爲阿拉伯的希羅多德。

在伊本・赫勒敦的思想和著作中，麥斯歐迪占有十分突出的地位。可能除了泰伯里之外，麥斯歐迪是伊本・赫勒敦在其《緒論》和《殷鑒》的其他部分中引證得最多的穆斯林歷史學家。他幾百次引證麥斯歐迪，絕大部分是引證《黃金草原和珠璣寶藏》❾，有時也引證《提醒和監督》❿。伊本・赫勒敦稱讚麥斯歐迪屬於屈指可數的最優秀的歷史學家之列⓫。他特別讚美麥斯歐迪的原因，顯然不僅僅是麥斯歐迪爲他提供了大量史料，其他許多穆斯林的、基督教的和猶太教的著作也爲他提供了豐富的資料。更深層的原因是麥斯歐迪爲他提供了一種新的史學方法，一種更寬闊的史學視野。麥斯歐迪的《黃金草原》不僅記載阿拉伯的歷史，也記載非阿拉伯人的歷史；不僅敍述政治史，也敍述地理狀況和風俗民情；因此這部著作成了一部史地百科全書，成了歷史學家們的基本參考書⓬。伊本・赫勒敦在《緒論》中，很清楚地說明自己的目標是作一個新時代的麥斯歐迪，爲自己的時代寫一部史地百科全書，系統地記載全世界所有的地區和民族，以及他

❽　Sarton, 1927-1948 年 (《科學史導言》)，第 I 卷，pp. 637-639.

❾　Mas'udi, *Muruj* (麥斯歐迪，《黃金草原》)。

❿　Mas'udi, *Tanbih* (麥斯歐迪，《提醒與監督》)。

⓫　Q (《緒論》1858 年版)，第 I 卷，p. 3.

⓬　Q (同上)，第 I 卷，p. 51.

們的風俗習慣和宗教信仰，作爲後世歷史學家的楷模[103]。

要作一個新時代的麥斯歐迪，必須像他一樣占有大量的第一手的專題史料。伊本‧赫勒敦在馬格里布時可能已經有了這個宏大的寫作計劃，甚至已經開始著手進行研究了。不過只有當他來到埃及以後，他才有可能在衆多的圖書館裏找到他所需要的資料，才有更多的機會接觸各種民族和宗教的代表人物。他經常使用的穆斯林史料，除了《古蘭經》和聖訓之外，還有泰伯里（838-923年）、麥斯歐迪（956年卒）、希沙木‧凱勒比（819年卒）、伊本‧易司哈格（約767年卒）、伊本‧阿薩基爾（1177年卒）、哈木宰‧伊斯法哈尼（961年卒），哈桑‧巴士里（728年卒）、伊本‧古太白（889年卒）、伊本‧哈茲木（994-1064年）、沙拉斯塔尼（1153年卒）、伊本‧艾西爾（1160-1234年）、艾卜勒‧菲達（1273-1332年）等歷史學家的著作[104]。在基督教史料方面，他不僅運用了《聖經》中的〈福音書〉，而且運用了一些罕見的資料。其中有一本書名叫《木匠約瑟之子雅各之書》，即所謂的《聖經》之外的〈雅各福音〉。這本書有很早的阿拉伯文和科卜特文的譯本。伊本‧赫勒敦運用這本書來研究基督教的起源和

---

[103] Q（同上），第Ⅰ卷，p. 52.

[104] 關於 Tabari（泰伯里），Mas'udi（麥斯歐迪），Hisham b. al-Kalbi（希沙木‧凱勒比），Ibn Ishaq（伊本‧易司哈格），Ibn 'Asakir（伊本‧阿薩基爾），Hamza al-Isfahani（哈木宰‧伊斯法哈尼），Hasan al-Basri（哈桑‧巴士里），Ibn Qutayba（伊本‧古太白），Ibn Hazm（伊本‧哈茲木），Shahrastani（沙拉斯塔尼），Ibn al-Athir（伊本‧艾西爾），Abu l-Fida（艾卜勒‧菲達），見 Rosenthal, F., 1968 年（《第二版穆斯林史學史》）；以及 EI（《伊斯蘭百科全書》）中的有關條目。

發展[105]。伊本・赫勒敦最經常使用的東西方基督教歷史學家的著作之一，是伊卜奴勒・阿米德（1273年卒）的阿拉伯文的《世界史》[106]。伊本・赫勒敦關於非阿拉伯人和伊斯蘭教以前的世界史的最重要的基督教史料，是聖奧古斯丁（354-430 年）的學生保魯斯・奧羅西烏斯（五世紀）的《反異教徒史》[107]。他對此書非常重視，以致還特地記下了十世紀把這部拉丁文著作翻譯成阿拉伯文的譯者的名字。他的猶太教史料包括最廣義的《陶拉特》——猶太教聖書、《摩西五經》，和一般的關於先知和歷史的著作。他也廣泛地利用了凱耳卜勒・艾哈巴爾（652年或654年卒）和瓦海卜・伊本・穆奈比（728 年卒）的著作。他們原來是也門的猶太教徒，後來改信了伊斯蘭教，把許多歌頌以色列的過去及其《聖經》中的英雄的故事、傳奇和傳說介紹給阿拉伯人。

在《殷鑒》中，要數研究非阿拉伯民族的部分使用了最多樣化的史料。伊本・赫勒敦並不因為任何一種史料的作者的宗教或民族背景而抱有偏見。他從不盲從一種史料，總是把它們互相比較，非常仔細的加以鑒別，說明它們的異同。他對大量史料所進行的取捨反映了他的不同凡響的眼光。他對世系、王朝、政治或軍事方面的情況給予了恰當的注意，但是他並不侷限於此，他更為注意文化與宗教，創造歷史的偉大宗教人物，重要宗教的聖書及其翻譯和傳播，宗教制度，異端，爭論和各種教派運動。他的這些史學方法特別明顯地體現在他對拜火教、基督教和猶太教這

[105] B（《殷鑒》1867 年版），第Ⅱ卷，pp. 143, 145, 146.

[106] Ibn al-'Amid, *Majma' al-Mubārak*（伊卜奴勒・阿米德，《世界史》。參見 Elmacini, 1625 年（《薩拉森史》）。

[107] Orosius, *Historiae*（奧羅西烏斯，《反異教徒史》）。

三大宗教的研究中。

伊本‧赫勒敦像他的許多穆斯林先輩一樣，對伊朗古代文明評價很高，認為古波斯人和希臘人是伊斯蘭教興起以前在科學方面最先進的兩個民族。他在《緒論》中也提及古伊朗的一些統治者和將軍，以及手工藝、音樂、建築、錢幣等情況，不過比較分散，比較零碎。他在埃及期間顯然彌補了自己這方面知識的不足，比較系統的研究了波斯阿開民王朝、帕提亞（安息）王朝和薩珊王朝的歷史❿。

伊本‧赫勒敦研究伊朗文明的一個特點是追隨早期波斯和阿拉伯世系學家和編年史家的習慣，把古代伊朗的傳說、傳奇英雄、王朝與希伯來民族的《聖經》中的世系和編年結合起來。比如，講到阿開民王朝的居魯士（古列）大帝（公元前 600?-529年）時，就提到他重建耶路撒冷的神廟，下令允許被尼布甲尼薩（公元前 ?-562年）虜往巴比倫的猶太人返回故鄉。還提到大流士（大利烏，公元前 558?-486?年）重申居魯士的命令，而阿塔塞克西斯（亞達薛西，一世至三世，公元前 464-338 年）則與以斯帖（《舊約‧以斯帖記》中波斯王克謝爾克謝斯（公元前519?-465年），即亞哈隨魯的猶太籍妻子）、末底改（以斯帖的養父）和哈曼（亞哈隨魯的寵臣）有關的事件聯繫在一起。他還提到岡比西斯（公元前529-522 年在位）是《舊約‧但以理書》中講到的三個波斯王之一⓫。。在講到珊薩王朝的沙普爾王時，提到羅馬將軍泰特斯毀滅耶路撒冷（公元 70 年），驅逐猶太人，以

---

❿　B（《殷鑒》1867 年版），第 II 卷，pp. 153-182.

⓫　*Bible*（《聖經》），*Esther*（<以斯帖記>）；*Daniel*（<但以理書>）。

及沙普爾王的統治與耶穌在耶路撒冷活動的時代差不多同時❿。他也努力把波斯諸王的年代與希臘文化方面的事件聯繫起來。他指出阿塔塞克西斯和大流士的時代，在希臘出現了大學者蘇格拉底（公元前470?-399年）、畢達哥拉斯（約公元前479年卒）、歐幾里德（公元前330?-275?年）。薩珊王朝的第一個國王艾爾德什爾・伊本・巴巴克的時代。希臘出現了名醫格林(130?-200?年)。

伊本・赫勒敦對伊斯蘭教出現以前的伊朗的概述中特別強調麥祝斯教卽拜火教⓫。他在《緒論》中基本上沒有探討拜火教。在他研究的早期階段，他對「麥祝斯」（Majūs）這個名詞給予了多種涵義。麥祝斯沒有經典和先知，是不信神的人，構成了世界上的大多數人口。他把改宗基督教以前的拜占廷皇帝君士但丁(280?-337年)、成吉思汗及其祖先以及旭烈兀汗、英國所謂的北方人(Norsemen)⓬、法蘭西的諾曼人、斯堪的那維亞人、八世紀入侵西班牙的北歐海盜都稱爲麥祝斯。但是，他在《殷鑒》第

---

❿　B（《殷鑒》1867年版），第Ⅱ卷，pp. 146 ff.

⓫　Din al-Majusiya（拜火教）。左羅阿斯脫創建的拜火教後來成爲波斯薩珊王朝的國教，中亞拜火教則與波斯國教在信仰和儀式方面有實質上的區別。當時中國人對這種區別並不注重，把他們的寺廟通稱爲祆祠或波斯寺。但是，流亡中國的波斯王族對這種區別很清楚。韋述《兩京新記》卷三：「西京醴泉坊，十字街南之東，波斯胡寺。註：儀鳳二年（677年）波斯王畢路斯奏請於此置波斯寺。」《長安志》卷一〇：「醴泉坊街南之東，舊波斯胡寺。註：景龍中（708年）幸臣宗楚客築此寺地入其宅，遂移寺於布政坊之西南隅祆祠之西。」顯然，波斯王畢路斯來到長安時，長安已經有祆祠了，但是他肯定認爲這種中亞拜火教寺廟不合波斯國教的規矩，因此另築新的波斯寺。嚴格說來，我們應該將作爲波斯國教的拜火教翻譯爲波斯教，而將中亞拜火教翻譯爲祆教。

⓬　*Hudud al-ʾAlam*（《世界境域志》），p. 158,328.

二卷中把嚴格意義上的麥祝斯教卽拜火教作爲自己的一個研究課
題。 在研究拜火教的創始人左羅阿斯脫的生平和活動，《阿吠
陀》（火教經），以及左羅阿斯脫之後的各種教派活動時，伊本·
赫勒敦利用了許多穆斯林和基督教權威以及波斯學者的著作，特
別利用了麥斯歐廸和泰伯里的著作。波斯古代用帕萊威語寫的編
年史《列王記》，有一部分在八世紀中葉就已經由伊本·穆蓋法
耳（757年卒）翻譯成了阿拉伯語，因此伊本·赫勒敦得以將早期
伊朗史料導入十五世紀的穆斯林史學。關於左羅阿斯脫的史料多
有矛盾之處，以伊本·赫勒敦當時的歷史條件還難以去僞存眞，
得出比較可靠的結論，因此他大多直錄史料⑬。他提到左羅阿斯
脫的最早的活動舞臺是亞塞拜疆，也提到巴勒斯坦是其傳教的出
發之地。他也提到，巴勒斯坦的信奉經典的人，卽猶太教徒和基
督教徒認爲左羅阿斯脫是先知耶利米（約公元前 626-586 年）⑭
的某個門徒的僕人，爲先知所喜愛。他根據波斯學者的記載介紹
道，以色列人的一個先知被派到中亞的巴里黑城的凱斯塔斯普王
那兒去，左羅阿斯脫把先知用希伯來語告訴他的東西用波斯文寫
下來，這事發生在凱斯塔斯普王在位的第三十年⑮。左羅阿斯脫
傳下一部啓示的書，這本書是用金字寫在 12,000 頭牛的牛皮上
的。凱斯塔斯普王將其放在伊斯泰赫爾（卽波斯本部的首府柏塞
波利斯）的神廟裏，托付給拜火教的祭師，並禁止他們把這部經
傳授給普通人民。左羅阿斯脫對這部經的解釋稱爲《贊德》。這

---

⑬　B（《殷鑒》1867 年版），第Ⅱ卷，pp. 161-163, 166-172.

⑭　*Bible*（《聖經》），*Jeremiah*（《耶利米書》）。

⑮　*Jew Encyclopaedia*（《猶太百科全書》），第Ⅺ卷，pp. 462-
465.

部書分爲三個部分：第一部分記載古代諸國的歷史，第二部分預言未來，第三部分是他們的法律和法規。

伊本・赫勒敦特別注意某些統治者從一種宗教改宗另一種宗教的事例，他詳細記載了左羅阿斯脫與伊朗國王凱斯塔斯普的戲劇性會見：左羅阿斯脫往見凱斯塔斯普，將自己的教義闡述給他聽。國王很敬畏這種教義，讓其人民接受這種信仰，殺死那些拒絕信奉的人。此事發生在左羅阿斯脫傳教的第三十五年。

他也記載了波斯出現的拜火教的兩個教派運動，即摩尼教和馬資達克教。起初，波斯國王沙普爾接受了二神教徒，《二宗經》的作者摩尼（271 年卒）的教義⑯。但是後來又回過頭去信仰他祖先的國教——拜火教了。當伯海拉木・伊本・霍爾木玆（273-276 年）登基爲王時，召集了著名學者檢查摩尼的教義，他們宣稱這些教義褻瀆神明，於是殺了摩尼，並迫害其信徒。薩珊王朝國王克瓦德・伊本・畢路斯（531 年卒）的時代出現了馬資達克⑰。這個教派的特點是宣稱人沒有權利保持私有財產，剝奪私有財產是合理的。波斯國王接受這種教義造成了混亂的宗教和社會情況，也造成了他自己被兄弟奪走王位的結果。

觀察伊本・赫勒敦對拜火教的研究可以加深對他的史學觀和處理史料的方法的理解⑱。

伊本・赫勒敦在其研究工作的早期階段，似乎有點猶豫不決，要不要把基督教作爲自己的研究對象⑲。後來他放棄了這種

---

⑯ 關於摩尼教，參閱 Jackson，1932 年（《摩尼教研究》）。

⑰ B（《殷鑒》1867 年版），第Ⅱ卷，pp. 176 ff.

⑱ Fischel，1967 年（《伊本・赫勒敦在埃及》），p. 129.

⑲ Q（《緒論》1858 年版），第Ⅰ卷，pp. 421-422.

態度，對耶穌及其門徒、《聖經》、基督教的傳播、教會、教派作了一番探索。在他以前，葉耳孤比(九世紀下半葉)⑳、麥斯歐廸、泰伯里、比魯尼 (973-1050 年)、伊本・哈茲木、沙拉斯塔尼已經研究過基督教的產生和發展，但是伊本・赫勒敦的研究的特點是包含了多得多的實際知識，使用了多種多樣的史料。他精深研究的成果是一個專章，題爲：「瑪利亞之子耶穌的故事，追隨他的門徒，基督教〈四福音〉的寫成，以及教士會議」，並由羅馬（拉丁）和拜占廷（希臘）史的章節中的有關內容進行補充㉑。他敍述了約瑟、瑪利亞及其家族的世系和歷史，他們逃難埃及，重返伯利恒，耶穌降生，寄居耶路撒冷，以及東方尋道者的到來和希律王要把所有兩歲的男孩殺光的命令。伊本・赫勒敦非常注意確定耶穌降生的確切年代，他記載了這個年代與其他各種紀年的相對關係。他記敍了祭司撒迦利亞的兒子——施洗的約翰，他爲耶穌施洗，以及大眾追隨和信奉耶穌的情況。他詳細描述了加略人猶大出賣耶穌，猶太人大祭司在羅馬總督彼拉多面前進行干預，以及耶穌被處死的故事。爲了與《古蘭經》相一致，他強調耶穌被釘上十字架的事，實際上並未發生，是另一個與他相像的人被釘上了十字架㉒。當然，作爲一個穆斯林，他否認耶穌的神性，否認耶穌通過被釘上十字架而獲得救世的力量。他列舉了耶穌的十二個使徒的名字，以及他們各自的傳教使命。他們的宗教被稱爲拿撒勒教，這是根據耶穌及其母親從埃及回來以後所居住的拿撒勒村的名字來命名的。

---

⑳　Ya'qubi, Ta'rikh (葉耳孤比，《世界史摘要》)。

㉑　B (《殷鑒》1867 年版)，第 Ⅱ 卷，pp. 143-153 ff.

㉒　Sweetman, 1945-1947 年 (《伊斯蘭和基督教神學》)。

伊本・赫勒敦對三大一神教的聖經有濃厚的興趣。他列舉了組成基督教《聖經》的所有作品，提到馬太在耶路撒冷用希伯來文寫成了他的《福音書》。由十二使徒之一，西庇太的兒子約翰將其翻譯成拉丁文。使徒路加爲一位羅馬權貴用拉丁文寫成了他的《福音書》。彼得用拉丁文寫成了他的《福音書》而歸之於他的學生馬可。這四種福音書的校訂本各不相同。《福音書》並非都是神的啓示，混合著耶穌和使徒的講話。它們的內容大部分是說教和故事。其中很少法律[123]。他根據彼得的學生克里門傳下來的本子描寫了基督教《聖經》的結構，包括〈舊約〉在內共有四十三篇，在屬於猶太人的舊教律的希伯來經典之外，加上使徒所接受的耶穌的教律：四福音；保羅書，包括十四封書信；使徒書，包括七封書信，以及一篇使徒行傳；克里門書，包括法律；啓示錄，包括西庇太的兒子約翰的想像[124]。

伊本・赫勒敦並不把自己侷限於基督教的創建，他也概述了基督教的發展，它在拜占廷帝國的傳播，寫下了一部君士但丁大帝以降的東方基督教簡史。他記載了各個拜占廷皇帝對早期基督教的態度，最後君士但丁大帝及其母親海倫皈依基督教並使基督教成了拜占廷帝國的國教。他把此事作爲重要的歷史轉折點之一，在其著作中多次提到過。他還記下了海倫在耶路撒冷所修建的聖墓（耶穌之墓）教堂[125]。他對在尼西亞、君士但丁堡、以弗所和卡爾西頓城所召開的基督教宗教會議及其結果，決議和信條

---

[123] B（《殷鑒》1867 年版），第 II 卷，pp. 201-203.

[124] B（同上），第 II 卷，p. 197, 200, 218.

[125] T（《伊本・赫勒敦自傳》），pp. 349-350; B（同上），第 II 卷，p. 149, 212, 225.

顯得驚人的熟悉，說明教會把尼西亞信條作為自己的基本原則
⑯。他寫了一個專章，題為「論教皇、主教等等名稱的意義」，
為僧侶、教士、主教和教皇等名稱下了定義⑰。他列舉了耶路撒
冷、亞歷山大港和安提俄克等東方主教區的早期歷任主教，並力
圖確定他們任職的年代。他討論了基督教教會當局與世俗力量，
特別與教皇親自加冕的神聖羅馬帝國皇帝之間的關係。並與伊斯
蘭教政教合一的情況作了對比。

伊本·赫勒敦對於各種異端和教派也很有興趣。他特別注意
早期東方基督教教會分裂成梅爾奇特教、雅各教和聶斯脫利教
（景教）的情況⑱。伊本·赫勒敦對基督教史的興趣除了出自學
術動機之外，可能還受其親身遊歷的影響。他在1401年5月來到
巴勒斯坦，參觀了耶路撒冷的各處基督教聖地，到過聖墓教堂。
他還參觀了易卜拉欽和其他主教的墓地，到過耶穌的降生地伯利
恆⑲。他也提到自己時代埃及基督教臣民的主教是雅各教徒，阿
比西尼亞人則追隨埃及基督教徒的宗教。

伊本·赫勒敦關於早期基督教史的詳盡知識，顯示出他作
為一個正統的穆斯林能夠在多麼大的程度上擺脫自己的信仰的束
縛，透徹地了解另一種宗教的神學上和教義上的差異。確實，在
從事這種研究的阿拉伯——穆斯林學者當中，正是十四世紀偉大
的穆斯林思想家伊本·赫勒敦對各種非伊斯蘭宗教表現出驚人的
學術上的客觀性⑳。

---

⑯　B（同上），第Ⅱ卷，pp. 210 ff; 329-331.

⑰　B（同上），第Ⅱ卷，pp. 148 ff; 218-219.

⑱　B（同上），第Ⅱ卷，pp. 152-153; 219 ff.

⑲　T（《伊本·赫勒敦自傳》），p. 350 ff.

⑳　Fischel, 1967 年（《伊本·赫勒敦在埃及》），p. 137.

因爲根據穆斯林的觀點， 歷史不是從穆罕默德的出現 開 始 的，而是從《聖經》的創世的故事開始的，所以《聖經》史成了 伊斯蘭宗教史不可分割的組成部分。毫不令人驚奇，伊本・赫勒 敦就像他的某些穆斯林先輩一樣，把以色列的過去作爲通史的一 部分。他非常廣泛地研究了《聖經》上所有的主要的事件和英雄 人物，包括諾亞、亞伯拉罕、以撒、雅各、到埃及去的約瑟、以 色列人在埃及的寄居，摩西的生平故事，直到逃出埃及❸。他繼 續記載以色列人過大荒野，過紅海，讚美歌頌上帝，上帝把法律 卽十誡賜給以色列人，金牛犢的故事，可拉等叛黨作亂，與亞瑪 力人、摩押人和其他各個迦南部落的紛爭和戰鬪，利未人階級的 出現，摩西的去世，以及在約書亞的領導下最後征服迦南。然後 討論了士師的時代，根據先後出現的次序記載了各個士師。寫下 了在掃羅王領導下，以色列王國的擴展，他與各個迦南人部落的 戰爭，與非利士人的戰爭，大衞王殺死巨人歌利亞的故事，大衞 在登基爲猶大王之前與掃羅王之子約拿單的友誼。他在一些專章 中展開了所羅門王及其兒子們的統治，以色列與猶大，便雅憫諸 部落的分裂，以及十部落的歷史。他還記載了在居魯士（古列） 大帝的同意之下，被擄走的以色列人得到允許重返故鄉，大流士 （大利烏）王允許他們重建神廟，以及以斯拉、尼希米、末底 改、以斯帖、哈曼、但以理等人的作用❸。

伊本・赫勒敦是少數不僅僅滿足於記載《聖經》史的伊斯蘭 歷史學家之一。他還盡力探索猶太人從重建第一神廟到公元 70 年第二神廟被泰特斯毀滅爲止這麼一段《聖經》之後的歷史。但

---

❸ B（《殷鑑》1867 年版），第Ⅱ卷，pp. 81-115.

❸ 參閱 *Bible*, The old Testament（《聖經》，＜舊約＞）。

是，關於這一歷史時期猶太史的史料非常稀少。如果他沒有在埃及出乎意料地發現了一部翻譯成阿拉伯文的猶太史，或許就只能像他的穆斯林前輩一樣，放棄研究這段歷史了。這部希伯來文編年史是優素福·伊本·庫爾榮十世紀中葉在意大利南部寫成的。這部書通常被稱為《約西豐編年史》。此書利用了猶太將軍兼歷史學家約瑟福斯（公元95年前後卒）用希臘文寫的《猶太戰爭》和《猶太古迹》等珍貴資料，有比較高的史料價值。這部歷史很快成了一部在猶太人當中膾炙人口的名著，從希伯來文翻譯成德文、拉丁文、英文、法文、意第緒文、埃塞俄比亞文，以及阿拉伯文。伊本·赫勒敦是廣泛運用這部史書的第一個中世紀穆斯林歷史學家，他根據此書敍述了亞歷山大大帝在耶路撒冷的出現，他的帝國分裂出托勒密王朝和塞琉西亞王朝，安太俄卡斯（公元前241?-187年）在敍利亞反對猶太人的戰爭，哈斯莫寧王朝和希羅德王朝的興衰，羅馬人的干涉，猶太——羅馬戰爭的爆發，最後，公元 70 年泰特斯毀掉第二神廟標誌着猶太國家的崩潰❸。

伊本·赫勒敦利用《約西豐編年史》研究了《陶拉特》這部猶太教聖書的許多細節，及其構成和傳播的情況。在所有非伊斯蘭民族的偉大的宗教書籍中，他對希伯來經典《陶拉特》的評價最高。很少穆斯林歷史學家像他這樣重視《陶拉特》。毫無疑問，他在自己的研究中運用了《舊約》的阿拉伯文譯本，並可能從猶太學者那兒得到過口頭的指點。關於猶太人舊教律的著作，他列舉了《摩西五經》五卷；《約書亞記》；《士師記》；《路得記》；《列王紀》四卷；《歷代志》一卷；《以斯拉記》；

---

❸ B（《殷鑑》1867 年版），第Ⅱ卷，pp. 116-141.

《以斯帖記》；《約伯記》；詩篇；大衛之子《所羅門記》五卷；以及其他一些不收入今本《聖經》的經書。他把《約西豐編年史》也作爲三卷經書列了進去，這說明伊本‧赫勒敦與埃及的科卜特人的圈子有很密切的接觸，在他們當中，優素福‧伊本‧庫爾榮的這部著作是如此深入人心，以致把它列入了聖書的範圍，儘管正式的科卜特教會並不承認這一點。

翻譯工作是不同民族和文明之間進行文化接觸的橋梁，思想交流的渠道，伊本‧赫勒敦對於這種工作評價很高，他自己就從巴格達的黃金時代翻譯成阿拉伯文的古典巨著中獲益匪淺。他提到過拉丁語《聖經》譯本，不過他更注意希臘語《聖經》譯本。他詳細地描述了這個譯本的產生經過。埃及國王托勒密急於了解猶太人《聖經》的內容，寫信給耶路撒冷的大祭司，大祭司選了七十個猶太大學者，讓他們帶着書籍前往亞歷山大港。托勒密爲他們提供了優越的條件，讓他們把《聖經》從希伯來文翻譯成希臘文[34]。

伊本‧赫勒敦在寫作猶太史的時候，把不少希伯來文關於節日、機構、稱號、時代、族羣的名字和術語仔細地轉寫成阿拉伯字母，並且每次都說明這是個希伯來文詞彙。他可能與某些猶太學者進行過合作。他自己對於希伯來文的字母的基本結構也相當了解。他批評有些學者在把希伯來文的詞彙轉寫成阿拉伯字母時漫不經心；他嘗試着加用一些符號來使這種轉寫更加精確。

伊本‧赫勒敦作爲一個歷史學家，在研究《聖經》和猶太教時，對《聖經》的某些說法進行了一些批評。他指出，《聖經》

---

[34]　B（同上），第 II 卷，pp. 119, 177, 189, 191, 212.

上記載，摩西所領導的逃出埃及的以色列人有六十萬之衆，那是不可靠的[135]。《古蘭經》中提到過的一些人名，比如阿德、賽莫德、胡德和撒里哈，在《聖經‧舊約》中卻沒有出現過，他對這一點表示驚訝。他認為信奉經典的人，即猶太人和基督教徒，在傳承《聖經》的過程中並未造成嚴重的訛誤，只是在解釋《聖經》時有一些錯誤。

伊本‧赫勒敦在處理伊斯蘭教興起以前的諸文明的歷史時，並沒有使用一個統一的紀元系統。在敍述猶太史時，最經常使用的紀元是尼布甲尼薩或泰特斯毀滅神廟以前或以後若干年。而泰特斯毀滅神廟的年代與其他紀元的關係是：此事發生在耶路撒冷建城第1,100周年，羅馬建城第830周年，或泰特斯第53年。

《約西豐編年史》、《舊約》，和其他有關資料不僅爲伊本‧赫勒敦提供了研究猶太史的基礎，而且對他某些哲學和史學觀念的形成也有影響。

他的世代論認為，一個王朝的興衰周期不超過三或四代人的時間，而一代人的時間大約是四十年。他引用的一個例證就是《聖經》中所記載的以色列人在荒野中流浪了四十年。在這段時間裏老一輩紛紛去世，從未在埃及目睹和感覺過屈辱的新一代成長起來了。由此證明一代人的時間大約是四十年。他引用的另一個例證是《聖經‧出埃及記》第20章第5節：「上帝曉諭民衆說，倘若你們不聽從我的話，我就懲罰你們，父償子償，直到第三、四代。」由此說明三、四代是一個周期。

伊本‧赫勒敦歷史哲學的一個基本觀念是羣體凝聚力。他認

---

[135]　B（同上），第Ⅱ卷，pp. 82-85.

為以色列人的歷史是說明這種羣體凝聚力的很好的例子。以色列人的祖先中產生過許多先知，他們有過很強的羣體凝聚力，依靠這種凝聚力建立了王權，因此他們曾經是世界上最大的族羣之一。以色列人出埃及之後曾在荒野中流浪四十年，新成長起來的一代沒有受過異族王朝的統治，產生了很強的羣體凝聚力。哈斯莫寧王朝興起並成功地推翻了希臘壓迫者，使羣體凝聚力獲得了新生。但是羅馬人打敗了他們，征服了耶路撒冷，他們喪失了羣體凝聚力。

他還用猶太人的歷史來論證自己關於城市定居文明的觀點。定居文明只有通過長期的發展才能達到爐火純青的地步。猶太人在敘利亞統治了 1,400 年，因此定居文明在那兒已經根深蒂固，各種技藝都出類拔萃，堪為楷模●。

● Q（《緒論》1858年版），第 Ⅱ 卷，pp.251-252.

第五章　伊本・赫勒敦與伊斯蘭思想方式

第一節　理想主義與現實主義

　　理想主義和現實主義是兩種思想模式，或者用漫漢的術語來說，兩種「思想方式」❶。有些人認為思維具有絕對性和普遍性，對這些人來說，無法理解不同的人會有不同的思想方式。事實上，思想就像人類的其他任何活動一樣，是受社會規範制約的。甚至邏輯規則也並不像亞里士多德所認為的那樣是絕對的，心靈所固有的。邏輯規則是爭辯和討論的產物。從某種意義上來講，邏輯規則是一套社會規範，用來檢驗辯論是否超出了這個社會所允許的範圍。

　　在現代文明社會裏，一個人通常同時是幾個羣體和組織的成員。他並不全身心地絕對隸屬於某一個羣體。但是，所謂原始人就不是這樣。原始人全身心地隸屬於他的唯一的羣體。原始羣體通常比較小，它的活動一般是以面對面的，直接的方式進行的。當原始人思維時，他通常是按照他的那個小羣體的規範來思維的。因此，他終生只有一套思維規範。在這樣的原始羣體中，在一段比較長的時期裏，事物是穩定不變的。換句話說，這個羣體

---

❶　Mannheim, 1936 年（《意識形態與烏托邦》），p. 147.

的道德規範和價值體系是固定不變的，被人認爲是神聖不可侵犯的。某種精神因素支持這些規範和標準，隨時準備懲罰那些違背規範的人。這種精神因素被稱之爲魔力、圖騰、神或者巫。隸屬於這種羣體的人的思維方式與參加若干組織或羣體的人的思想方式形成鮮明的對照。因此，可以把思想方式分爲兩大類型，一大類型是神聖的思想方式，以原始人爲代表，具有絕對性、永久性與精神性；另外一大類型是世俗的思想方式，以文明人爲代表，具有相對性、暫時性和物質性。理想主義與現實主義的對立是互相矛盾的思想方式所引起的衝突的一個方面。理想主義與宗教性質相似。

　　神聖的思想方式與世俗的思想方式只是理論上的兩個極端，在這兩個極端之間有許多中間層次。許多原始羣體，游牧部落，孤立的村莊，山間的社區，可以被歸入神聖社會，或歸入相近的類型。世俗社會的出現則是人類歷史上比較晚的現象。在每個地方，甚至在現代文明最世俗化和最實利主義的地方，也或多或少地可以觀察到神聖的思想方式。確實，直到今天幾乎仍然沒有人能夠完全用相對性的、暫時性的、實利性的思想方式來思考。幾乎在每個世俗化的社會裏，神聖的思想方式都逗留不去。許多人過著一種分裂的生活而自己沒有意識到。在市場上，或在政治活動中，他們把絕對的、永久的、精神的眞理置諸腦後。他們只追求實現世俗目標的最佳實際方式。但是，一旦他們換了一個場所，比如參加一個充滿神聖氣氛的宗教會議，他們就會忘記自己的另一個自我，開始說敎，熱切地相信人應該嚴格地根據永恒的原則生活。有時候這種情況甚至會導致人格分裂。在像美國這樣宗敎情緒和經濟活動都很強的社會中，人們的這種思想方式的分裂是司空見慣的。這就是所謂的美國人的兩難處境。在心理學上有分裂型人格這麼一個概念，在社會科學中也可以確定分裂型社會這麼一個概念。事實上，有時候思想方式分裂的現象，在社會範圍內比在個人身上還要明顯。

　　許多思想家認爲思想方式的分裂對人類社會是相當有利的。他們相信，儘管神聖的思想方式與現實生活有矛盾，但是能夠不斷提醒人類尚有值得追求與爲之奮鬥的理想。根據他們的意見，理想是人類社會不可或缺的。理想的名稱或形式會改變，但是永遠不會有一個毫無理想的社會。用塗爾幹的話來說，如果不同時伴隨著理想的產生的話，那麼社會既不可能產生，也不可能改造自身❷。

　　在伊斯蘭早期歷史中，可以很清楚地觀察到理想與現實的衝突和分裂。伊斯蘭社會是分裂型社會的典型之一。伊斯蘭教是在一個神聖社會中建立起來的。在穆罕默德死後不久，伊斯蘭教迅速傳播到許多不同的文明地區，建立了歷史上最大的帝國之一。從神聖社會向世俗社會的轉變是一場迅速的巨變。記憶猶新的穆罕默德的聖訓直接面對著伊斯蘭帝國的烏七八糟的世俗事務。正如湯因比指出的那樣，成功地建立了帝國的對外戰爭立即隨之以伊斯蘭兩大陣營：理想主義陣營和現實主義陣營之間的戰爭❸。有些穆斯林迎合潮流，採取了比較相對的、暫時的、實利的態度，而另一些人則仍然停留在過去的精神氣氛之中，尖銳的批判和激烈地反對世俗生活。這兩大陣營之間的鬥爭是嚴峻而長期的。

　　穆斯林歷史學家通常把伊斯蘭帝國的歷史劃分爲三個階段：

---

❷　Durkheim, 1965 年（塗爾幹，《宗敎生活的基本形式》），第2章和第3章。

❸　Toynbee, 1947 年（湯因比，《歷史研究》縮寫本），p. 343.

（一）正統哈里發時期，從先知去世開始，延續了三十年；（二）伍麥葉王朝，延續了約一個世紀；（三）阿拔斯王朝，延續到蒙古人攻占巴格達（公元 1258 年），接著是伊斯蘭的黑暗時期。伊斯蘭歷史的這種古典分期方法，有助於我們了解伊斯蘭思想方式發展的階段性。

第一個時期比較短。在第四個也是最後一個正統哈里發阿里統治時期（656-661年），理想與現實的衝突變得激烈起來。理想主義的陣營由阿里所領導，而現實主義陣營由伍麥葉人所領導。最後阿里被打敗並被殺死，穆阿威葉在高度世俗性的基礎上建立了伍麥葉王朝。在第二個時期，阿里的名字成了理想主義運動的旗幟。宗教和政治實際上一分為二。伍麥葉王朝的統治者熱中於政治活動，很少注意穆罕默德的聖訓。而理想主義者和篤信宗教的人則全力收集和保存穆罕默德的聖訓，並不打算理解現實生活的發展。兩個陣營之間的鴻溝日益擴大。穆罕默德的外孫，阿里的兒子侯賽因是一個理想主義的、虔誠的人。他拒絕承認穆阿威葉的兒子酒徒葉齊德繼任哈里發的職位。伊拉克的穆斯林宣布他為哈里發的合法的繼任者。由於他們的懇求，他帶著一個弱小的警衛隊前往庫法，在途中被政府軍全部殺害了。侯賽因的犧牲成為十葉派的起源，在這方面，他父親阿里的犧牲的影響要小得多。侯賽因的歷史悲劇為理想主義陣營提供了一種用其他途徑不可能獲得的宣傳力量。這使十葉派得到了一個「為侯賽因報仇」的口號，而這終於成為推翻伍麥葉王朝的原因之一。許多歷史學家同意，阿拔斯人也把他們的整個運動的基礎放在「為侯賽因報仇」的觀念上。

最後，伍麥葉王朝被推翻，阿拔斯王朝穩固地建立了起來。

在阿拔斯王朝早期，正統伊斯蘭敎得以正式形成。大部分伊斯蘭學科，特別是歷史學和聖訓學，在其統治下變得根深葉茂。伊斯蘭歷史學有意識或無意識地過度褒揚阿拔斯王朝和貶低伍麥葉王朝。

當然，阿拔斯人不可能把穆罕默德的舊理想與政治活動的世俗化的現實結合起來。因此，阿拔斯哈里發們把某些時間和場所用於祈禱、考慮和討論理想的，卽宗敎的問題，從而贏得了自由，可以把餘下的時間和場所用於世俗活動。他們用這種分裂的辦法來分別滿足這兩種不同的要求，而不把它們融合成一體。這些哈里發一方面信奉伊斯蘭敎，另一方面過著驕奢淫逸的生活。

隨著時間的推移，伊斯蘭社會發展出一種贖罪宗敎。在政治上或商業上成功的人，往往雇用別人爲他們履行宗敎責任，比如祈禱、朝聖和齋戒，建立許多清眞寺、宗敎學校和修道院性質的機構，以這些活動來救贖自己在世俗活動方面的罪孽。世俗生活與宗敎生活完全隔絕。一個君主只要保護聖祠，保持正常的奉獻，百姓就認爲他是一個虔誠的、好的統治者。他在世俗生活方面的不公正的行爲被人認爲是比較次要的問題。富裕的統治階級往往把自己在宗敎方面的活動寫成書，或雇人寫成書。這種做法被人認爲是一種好事。另一方面，如果一個政治家把自己的世俗活動如實寫下來，不加以辯解或修飾，那麼就會被人認爲是一種壞事。

在整個伊斯蘭歷史上只出現過一位屬於統治階級的作家敢於秉筆直書，毫無隱晦地把自己的世俗活動寫成一本書。這位作家就是伊本·赫勒敦。他在自傳中，不加辯解地如實敍述了自己在世俗的政治生活中縱橫捭闔和勾心鬥角的情況❹。對他的同時代的作家們來說，他的自傳毫無疑問是一種令人驚奇和不可解釋的現象。直到今天仍然沒有人能夠完全清楚地解釋伊本·赫勒敦怎麼敢於寫這樣一部極其坦率和真實的自傳，他為什麼要這樣坦白率直地寫一部關於自己的書。一種可能的解釋是，伊本·赫勒敦在其《緒論》中，已經建立了一套獨特的關於理想主義和現實主義的理論體系，根據這套理論來衡量，他覺得自己的全部世俗生活都可以問心無愧地公之於世。

有些伊斯蘭教的正統的作家們耽溺於各種烏托邦，努力設想，嚴格根據古老的理想，事情應該是什麼模樣的。他們把太多的注意力放在過去和將來上面，而忽視了現在。許多伊斯蘭教的經典著作是說教而不是描述，是推測而不是客觀地觀測事物。其中之一是伊斯蘭著名哲學家法拉比（公元 950 年卒）寫的《優越城居民意見書》❺。柏拉圖的《共和國》可能啟發了法拉比去描寫一個理想的城邦國家。當他描寫所謂反道德之城時，他也討論了自己時代的城市日常生活的某些細節。但是，他觀察實際城市生活的唯一目的就是為了否定它。

在研究伊本·赫勒敦時，有必要以理想與現實的矛盾為基礎去探討他的理論。伊本·赫勒敦毫無疑問是一位獨具卓見的思想家，但是，不應該過分強調他的獨創性，而忽視了他思想上受時代與環境制約的先入之見。全面恰當地評價伊本·赫勒敦的獨創性的關鍵在於，我們必須理解，他是中世紀伊斯蘭文化中唯一的

---

❹ Enan, 1969 年（伊南，《伊本·赫勒敦：他的生平和著作》），p. 21.

❺ Farabi, *Madinah*（法拉比，《優越城居民意見書》）。

一位能夠在自己的寫作中擺脫純粹理想主義偏見的作家。他也極其嚴厲地批判城市生活，但是他沒有像法拉比一樣去設想一種理想的城市生活，而是嚴肅地、腳踏實地地去分析它，去理解它，去探索它產生、發展、衰亡的規律。

　　如果把伊本・赫勒敦看做伊斯蘭的馬基雅維利 (1469-1527年)，那是有一定道理的。伊本・赫勒敦和馬基雅維利都用一種高度現實主義的理論框架來研究社會事務，因而與他們各自的同時代的學者截然不同。但是，他們兩人有一個巨大的差別是不應該忽視的。馬基雅維利為了現實主義完全拋棄理想主義，而伊本・赫勒敦則承認兩者都是有效的、重要的。對伊本・赫勒敦來說，在理想之中事物應該成為什麼模樣，在現實之中事物確實是什麼模樣，這兩點同樣重要，但是它們應該區分開來，各得其所，避免互相干擾。他在《緒論》中批判了那些把理想與現實混淆在一起的思想家。他也抨擊那些用研究聖訓的方法撰寫歷史的史學家。聖訓所講的是在理想中事物應該成為什麼模樣，因此聖訓學家的任務就是搞清楚先知是不是確實講過某一條聖訓。但是，這種方法不可用於歷史研究。歷史研究的是在現實之中事物確實是什麼模樣，歷史學家首先必須研究制約人們日常活動的社會規律。

　　伊本・赫勒敦不像馬基雅維利，他並不輕視理想與宗教的意義。沒有人能夠確定他內心深處是怎樣看待宗教的，但是從他的全部言行來看，他是一個非常虔誠的人。他認為，當一個人打算完成自己的宗教責任時，就應該退出世俗生活，與世隔絕，在專門用於宗教活動的場所禮拜真主。一個人不應該夢想根據宗教理想來改造社會，從而擾亂了社會秩序。他應該服從全人類有史以來所服從的社會必然性❻。伊本・赫勒敦抨擊理想主義的思想家，因為他們忽視現實，一心只注意過去的先知和未來的麥海廸（得道者）。對伊本・赫勒敦來說，先知的理想只適用於先知生活的時代和地方❼。他也直率地否認將來會出現麥海廸（得道者）。他可以被認為是伊斯蘭歷史上第一個，也可能是最後一個敢於否認麥海廸（得道者）的作家。

伊本・赫勒敦非常注意阿里與穆阿威葉，侯賽因與葉齊德，神聖的哈里發與世俗的王權之間的鬥爭。伊本・赫勒敦面臨一種進退維谷的處境。根據他的現實主義傾向，換句話說，他的世俗的思維方式，他應該站在穆阿威葉方面反對阿里，站在葉齊德方面反對侯賽因，站在伍麥葉人方面反對理想主義者的陣營；但是，這肯定會給他帶來麻煩。伊本・赫勒敦居然能擺脫這種困境，這說明他確實足智多謀。如果他沒有運用某些表面上支持其理論的傳統說法來保護自己的話，那麼他很可能像馬基雅維利一樣受到詛咒和不斷的譴責。確實，穆斯林讀者往往因為他的現實主義的觀點而不太重視他，但是宗教的詛咒從來沒有落到過他的頭上。

伊本・赫勒敦同意正統作家的意見，當伍麥葉王朝的建立者穆阿威葉登上王位時，神聖的哈里發就完結了❽。因為有一種歸諸先知的著名說法：在先知死後，哈里發只能延續三十年，然後王權就會占上風。伊本・赫勒敦承認，穆阿威葉與其說是一個哈

---

❻ Ibn Khaldun, *Muqaddimah*（伊本・赫勒敦，《緒論》，貝魯特版），p. 160 及各處。

❼ Ibn Khaldun, *Muqaddimah*（同上），p. 211.

❽ Ibn Khaldun, *Muqaddimah*（同上），p. 206.

里發，不如說是一個國王，但是這沒有什麼不對頭的地方❾。王權是一件具有相對性的事物，它本身並不是絕對壞的。當它被用於壞的目的時就是壞的，當它被用於好的目的時就是好的。先知並沒有過多地譴責王權；他只是譴責它通常的副產品：不公正，奢侈和其他類似的東西。當王權用於伸張正義，保衞宗教，贊助宗教典禮時，它毫無疑問是值得讚美的。

對伊本‧赫勒敦來說，穆阿威葉是一個眞正的穆斯林和優秀的君主。他生活在與先知及正統哈里發完全不同的時代。因此對他來說，要作一個受人尊敬的君主，奢侈與排場是必不可少的❿。伊本‧赫勒敦把穆阿威葉舉兵反叛合法的哈里發阿里和武力奪取哈里發職位歸諸於社會的壓力；卽穆阿威葉的羣體凝聚力強於阿里的凝聚力。因爲阿里的凝聚力比較弱，他遲早必然會被更強的領袖所取代。穆阿威葉不過恰好成了這樣一位領袖而已。如果穆阿威葉拒絕領導反對阿里的革命，他的部落中的某一個其他領袖也會領導這場革命的。因此，穆阿威葉只是做了不可避免的事而已⓫。

伊本‧赫勒敦用來支持這種極端相對主義觀點的一個論據是歸諸阿里本人的一種說法：鬭爭雙方的犧牲者都是殉敎者。他也從先知的聖訓中找到了很好的支持。先知曾經說過，任何用自己的推理形成自己的觀點的人都會受到眞主的褒獎⓬。

伊本‧赫勒敦也用同樣的相對的、暫時的、實利的理論框架

❾　Ibn Khaldun, *Muqaddimah*（同上），p. 206.
❿　Ibn Khaldun, *Muqaddimah*（同上），p. 203.
⓫　Ibn Khaldun, *Muqaddimah*（同上），pp. 205-206.
⓬　EI（《伊斯蘭百科全書》），第Ⅱ卷，p. 448, "Ijtihad（以智提哈德）"，D. B. Macdonald 撰。

來看待侯賽因和葉齊德之間的鬥爭。他認為侯賽因的羣體凝聚力比葉齊德的凝聚力弱，不管葉齊德多麼腐敗，侯賽因也沒有權利反叛，因此他對侯賽因的叛亂作了譴責，看來他有意通過批評侯賽因來貶低理想主義運動。他的觀點認為，理想主義的傾向不應該在社會領域中表現出來，在社會領域中，萬事萬物都是根據一種不可避免的模式發展的，理想主義傾向應該在其自己專門的場所表現出來，在那裏它們可以不受世俗考慮的干擾。以這種理論為基礎，可以認為穆阿威葉是一個現實主義的領袖，他除了登上哈里發的寶座，然後保持現狀之外，別無所求，而另一方面，侯賽因則是一個極端理想主義的人，他總是為恢復他的外祖父——先知的神聖傳統而奮鬥。伊本‧赫勒敦不喜歡任何人為了不現實的理想去擾亂社會秩序。當穆阿威葉不得不擾亂社會秩序時，他盡量少擾亂它，並且馬上通過他的羣體凝聚力把社會秩序維護得更好。只有理想是不夠的；沒有羣體凝聚力的宗教是不完全的[13]。

伊本‧赫勒敦對社會秩序的觀點從某種意義上來講，類似於古典經濟學家的觀點。他似乎相信，有一只仁慈的看不見的手——真主本人的手——構建了社會，確定了社會發展的規律。真主是世界上善與惡的創造者，惡是善的不可避免的副產品。因此，如果人們聽任社會自己發展，不去干擾它，它會糾正自己，返樸歸真。可以說，社會是沿著它的全智全能的創造者所安排的既定路線發展的[14]。

[13] Ibn Khaldun, *Muqaddimah*（伊本‧赫勒敦，《緒論》，貝魯特版），p. 218.

[14] Ibn Khaldun, *Muqaddimah*（同上），pp. 390-391.

伊本・赫勒敦在其著作中有好幾處說明，當社會周期性腐敗時，社會辯證法是恢復社會正義的有效工具。可以認爲伊本・赫勒敦是相當樂觀的。爲了抗衡他同時代人的理想主義的潮流，他必須保持樂觀主義的人生哲學。他告訴自己的同時代人，歷史並不需要他們的理想主義的努力，只要他們不用自己的不切實際的理想去干擾社會，社會本身會自我完善的。

像十八世紀英國的自然神論者一樣，伊本・赫勒敦相信，眞主在創造世界之後，就讓其按照自己的規律去發展，不再加以干預了。甚至眞主自己派往人間的先知也得根據社會規律去實現自己的神聖的使命。

伊本・赫勒敦毫不猶豫地引證先知穆罕默德的話：他是爲了教導宗教，而不是爲了世俗的事務被派往人間的。伊本・赫勒敦很明顯地把宗教與世俗事務區別開來。當然這是與正統的伊斯蘭教徒的觀點相矛盾的。一般穆斯林永遠記得在穆罕默德出現之前，阿拉伯人是低賤而貧窮的民族，而在他之後，他們成了富裕的，征服世界上一大片地區的民族。他們堅定地把這種歷史性的勝利歸功於穆罕默德及其教導的神聖的影響。這可以部分地說明爲什麼早期的穆斯林那麼狂熱地，細緻地記下先知的一言一行。他們採取絕對的、永恒的、精神的理論框架來對待這些完整保存下來的先知聖訓：先知所做的每一件事都永垂不朽，放之四海而皆準。

伊本・赫勒敦的時代是伊斯蘭歷史上最黑暗的時期之一，穆斯林聖訓學家把伊斯蘭社會的衰落，歸諸於社會偏離了伊斯蘭教原來的理想。伊本・赫勒敦激烈地攻擊這種理想主義的趨向，認爲這是一種僞善。

伊本・赫勒敦看待先知聖訓的方式幾乎與其他所有的穆斯林作家不同。他對待聖訓的方式是完全世俗的；也即採用相對的、暫時的、實利的思想方式。他公開地、直接地表達自己的世俗的思想方式。他對穆罕默德之後阿拉伯人的勝利有一套自己的解釋：因為阿拉伯人是十足的游牧民族，非常野蠻，所以當他們為了一個目標聯合起來時，他們就能征服其他民族❶。他們在穆罕默德之前沒有做到這一點，只是因為他們各個部落的部落精神太強，互相爭鬥的緣故❶。一旦穆罕默德使他們團結在一起為了一個事業，真主的事業，而奮鬥時，他們就能成功地征服世界上的許多地方。

伊本・赫勒敦重新檢驗了穆罕默德關於世俗事務的幾條聖訓。以他的觀點看來，不應該把這些聖訓看做絕對的和永恒的、超越時空的。穆罕默德並不希望他的信徒不看看它們背後的原因就盲目地生搬硬套這些聖訓。先知關於世俗事務所說和所做的每一件事都應該放到當時的、相對的環境中去考慮。不像純粹宗教性的聖訓，有關世俗事務的聖訓只適用於先知發出這些聖訓的時間和地點。總而言之，在伊本・赫勒敦的思想方式中，時間的概念非常重要，與同時代的理想主義者的思想方式形成鮮明的對照。可以說，在伊斯蘭歷史上，伊本・赫勒敦是把先知聖訓放在時空背景上，放在社會習俗和規範的背景上來加以考慮的第一個思想家。

伊本・赫勒敦時代引起爭論的重要問題之一是哈里發問題。據說先知講過，哈里發必須出自古萊氏部落。在伊本・赫勒敦的

---

❶ Ibn Khaldun, *Muqaddimah* (同上), p. 138,145.
❶ Ibn Khaldun, *Muqaddimah* (同上), p. 150,151.

時代，在整個伊斯蘭世界已經沒有古萊氏人的哈里發了。正統的作家呆在象牙之塔裏，不考慮他們國家的實際情況，堅持認爲哈里發應該是古萊氏人。對伊本・赫勒敦來說，這個問題非常簡單。從他的相對的、暫時的、實利的觀點來看，沒有必要在所有的時代，所有的地方都由古萊氏人來擔任哈里發。當先知限定只有古萊氏人能當哈里發時，他並不認爲古萊氏人具有其他部落所沒有的精神特點。先知這麼說的原因在於古萊氏是當時阿拉比亞最強的部落。它的羣體凝聚力是最強的。因此出自這個部落的哈里發，是把整個阿拉比亞置於伊斯蘭教統治之下的一個有力的因素；但是，在伊本・赫勒敦的時代，古萊氏部落已經失去了它的羣體凝聚力，任何能夠支持一個哈里發的強大部落，都擁有古萊氏部落過去所擁有的那種權利❼。

　　與此相關，伊本・赫勒敦還討論了民選哈里發的問題。他認爲，在先知去世後的一個階段裏，羣衆選舉是可能的。因爲先知的神迹的影響還栩栩如生，先知生平的歷史性事件還在人民的心靈中保持著很深的印象。後來，事過境遷，事情就不一樣了。在阿拉伯人的心目中，世俗的考慮超過了宗教的考慮。因此，新任哈里發應該是前任哈里發的兒子或近親。事實上，他應該由他的前任指定，因爲支持前任哈里發的羣體凝聚力在他死後，將支持他的兒子或親族。在伊斯蘭的世俗社會裏，羣衆選舉哈里發是不切實際的。這種觀點在有些穆斯林思想家的心目中是異常的，或可笑的，他們習慣於根據理想而不是根據事實來看問題。甚至直到今天，羣衆選舉哈里發的原則仍然是他們心愛的題目之一，儘

❼　Ibn Khaldun, *Muqaddimah*（同上），pp. 195-196.

管在他們社會的實際政治生活中這只是海市蜃樓而已[18]。

伊本·赫勒敦不僅以現實主義為基礎來解釋先知聖訓，而且以此為基礎來破除各種迷信和偏見。比如，當時許多人相信東方人天生比西方人聰明和科學。他認為這並不是因為東方人與西方人在心靈的構造方面有什麼不同。兩者之間的差異只是不同的文化和社會發展的結果[19]。有些游牧人天資比許多城市居民高，但是，文明的種種內容，比如技藝，使城市居民顯得比游牧民族更為世故老練[20]。又比如，當時人們迷信，種植某種不結果實的樹會使人們由富變窮。伊本·赫勒敦認為種植不結果實的樹是極端奢侈的象徵，是奢侈導致了文明的衰落。不結果實的樹只是文明衰落的徵兆，而並非其原因。他相信，社會像其他任何有機體一樣，當它極端衰老時，它就會死亡。任何個人都無法阻止社會從產生、發展，到衰落、死亡的周而復始的循環。

在伊本·赫勒敦的《緒論》中，可以發現許多其他例證說明他的現實主義的思想方式。但是伊本·赫勒敦的整個思想方式並不是完全世俗性的，或現實主義的。當他討論純粹宗教問題時，他會令人吃驚地突然從實利主義的態度跳到精神至上的態度，從理性主義跳到神祕主義[21]。

---

[18] EI（《伊斯蘭百科全書》），第 II 卷，p. 884, "Khalifa（哈里發）", T. W. Arnold 撰。

[19] Ibn Khaldun, *Muqaddimah*（伊本·赫勒敦，《緒論》，貝魯特版），pp. 432-433.

[20] Ibn Khaldun, *Muqaddimah*（同上），pp. 432-434.

[21] Baali, 1981 年（《從社會的角度看伊本·赫勒敦和伊斯蘭思想方式》），p. 28.

第二節 權力與正義

權力與正義這兩個概念並不是絕對的、抽象的。它們是由社會成員集體地決定其涵義的。在一個社會中被認為是正義的東西，在另一個社會中就不一定被認為是正義的。權力的標準也會隨著價值體系的變化而變化。

權力與正義、政治與宗教、現實主義與理想主義的矛盾，在一個神聖社會中是沒有意義的。在這樣的社會中，所謂權力與正義之間沒有鴻溝。在原始民族中，有權力的人通常就是體現傳統的人。在這些民族中間很難發現不公正的統治者。神聖社會中的統治者是領袖而不是主宰者。他通常領導他的人民去實現他們的目標而不是他自己個人的目的。這種社會中的領袖常常是慈父和長者。他與他的追隨者繼承了同樣的傳統，崇拜著同樣的神。他與他們休戚相關，患難與共。

理想與現實的矛盾多半是文明 —— 即世俗社會 —— 的產物。研究文明史的學者一般都同意，文明的興起總是伴隨著社會不公正，一個階級壓迫另一個階級，用暴力進行社會控制等現象的出現❷。國家是每個世俗社會的一個基本要素，許多思想家認為國家是在壓迫和社會不平等的基礎上建立起來的。

在世俗社會中，被壓迫階級往往傾向於抗議和反對那種支持上層階級進行壓迫的價值體系。他們可能創建另一套價值體系以

---

❷ 見 Wells, 1932年（威爾斯，《歷史大綱》），p. 228; Niebuhr, 1932 年（《有道德的人和不道德的社會》），p. 127.

對抗占統治地位的價值體系❷。這樣權力和正義之間的鴻溝就出現了。兩套分開的價值體系並駕齊驅地發展，一套是擁有勢力和權力的人的，另一套是信奉宗敎和正義的人的。在原始人當中，一般說來在神聖社會中，這種權力與正義之間的鴻溝是不存在的。

古代文明和國家的興起帶來了權力和正義的分離。在文明，卽世俗社會興起的任何地方都可以發現這種形式或那種形式的所謂神廟和王宮之間的衝突。祭司的影響逐漸減弱，而王權逐步增強。祭司嚴格地遵循從先輩那兒繼承下來的傳統，不能改變這些傳統以適應新的社會狀況。而世俗的國王，卻能夠對作爲目的的價值和作爲手段的價值加以區別。他能夠使自己的政治的和司法的決策適應不斷變化的現狀。他的目標是贏得對某一個地區的政治上和經濟上的控制。他並不在乎自己在征服不同民族的過程中所侵犯的各種價值體系。

被征服民族開始清楚地看出權力和正義完全分離了。掌握權力的人並非他們的傳統的繼承者。他們將怎樣對待這種情況呢？這是一個重大的問題，因爲他們根深蒂固的信念告訴他們，權力和正義是不應該分離的。對他們來說，唯一的解決辦法看來只有放在所謂「千福年」的希望上了，卽希望未來會出現一個權力與正義統一的太平盛世。爲了保持古老的信念，忍受眼前的現實，他們除了寄希望於未來之外，別無選擇。儘管在現實生活中權力與正義是分離的，但他們開始夢想將來有一天兩者會重新合二爲一。

❷　Gre, 1943 年（《社會和意識形態：知識社會學研究》），p. 2.

在古代社會的每個地方都可以看到這種形式或那種形式的千福年希望❷。看來關於正——反——合這種發展模式的辯證法不是黑格爾首先發現的，而是古已有之的。古代世界的各個被征服民族都相信，原來有過一個權力與正義統一的黃金時代，眼前必須忍受兩者分離之苦，但是將來一定會有一個兩者重新統一，人人享受幸福與繁榮的理想世界。

在原始民族中很少發現千福年希望的觀念。因為原始社會比較平等，人們很少感到權力與正義的分離，也就很少去夢想兩者的重新統一。在文明社會裏，神廟裏的祭司作為神聖傳統的繼承者打開了下層階級的眼睛，讓他們看清王宮裏的上層階級壓迫他們是違背自然的，在他們當中激起對王宮的憤怒，引起對未來的希望，即將來總有一天上帝會最後消滅人間的一切非正義現象。

在伊斯蘭教發展的歷史上，權力與正義經歷過一個從結合到分離的過程。伊斯蘭教不是一種單純的宗教，它是一種宗教和政治的複合體。它的創建者穆罕默德到了晚年不僅是神聖的宗教領袖，而且是穆斯林社會的世俗領袖。許多西方的歷史學家和東方學家批評穆罕默德親自出掌世俗權力。其原因在於他們大部分是基督教徒或生活在基督教文化環境中，認為天經地義的道理之一是所謂：「屬於凱撒的東西，應該給凱撒；屬於上帝的東西，應該給上帝」❷，即正義的神權歸上帝，世俗的權力歸君王。他們可能從小就被教導說，耶穌曾拒絕戴上「王冠」，他們僅僅因為穆罕默德接受了王冠，掌握了權力，就認為他不是像耶穌一樣偉

---

❷　Case, 1923 年（《千福年希望》），pp. 9–10, 16, 18–28.

❷　*Bible*（《聖經》），Matthew（〈馬太福音〉），第 22 章第 21節。

大的宗教領袖。他們忽視了耶穌所生活的社會和穆罕默德所生活
的社會之間的巨大差別。事實上，耶穌生活在權力與正義之間有
一條鴻溝的世俗社會中，而穆罕默德生活在神聖的部落紐帶占主
導地位的游牧社會中。湯因比指出：如果有人問，穆罕默德為什
麼不把屬於凱撒的東西給凱撒，答案是很明顯的，因為穆罕默德
不像耶穌，他並不生活在凱撒的管轄之下。耶穌是羅馬帝國的內
部無產者的一個成員，處於羅馬政府的掌握之中，而穆罕默德則
是外部無產者的一個成員，他的家鄉處於羅馬帝國疆界之外，處
於凱撒鞭長莫及的地方。這種社會環境的巨大差別，至少可以
部分地說明為什麼這兩位先知在塵世的命運會有這麼巨大的差別
❷。從他們各自所處的社會的性質來說，耶穌永遠不可能成為一
個成功的掌握權力的世俗領袖，因為在他所生活的社會中，宗教
與政治、正義與權力之間的鴻溝是如此巨大，沒有人能夠真正彌
合它。另一方面，阿拉比亞的社會仍然是一個神聖社會。湯因比
指出，穆罕默德進行傳教活動的第十三年，最後從麥加遷往麥地
那，放棄了純粹的先知性質的事業，轉而從事政治與宗教、權力
與正義相結合的事業，到這時候為止，以世俗的觀點來看，他的
傳教是徹底失敗了。作為十三年傳教的成果，他只贏得了少數信
徒，而這些信徒中大部分還不得不流亡異國❷。穆罕默德之所以失
敗，是因為阿拉比亞的游牧民族不能理解與權力相分離的正義。
在希志來（遷往麥地那）之後，穆罕默德變成了一個世俗領袖和
戰爭中成功的指揮官，阿拉比亞的游牧民族立即改變了對他的態

---

❷　Toynbee, 1962 年（湯因比，《歷史研究》），第Ⅲ卷，p. 469.
❷　Toynbee, 1962 年（同上），第Ⅲ卷，p. 469.

度。他們開始相信他確實是眞主派來的神聖的先知。他的事業贏得了巨大的成功。

有的學者批評穆罕默德沒有安排好怎樣選舉繼承者。這些作者也犯了同樣的錯誤——把他們自己的社會的觀念運用到一個不同的社會上去了。事實上，在世俗事務方面，與其說穆罕默德是一個國王，不如說他是一個長老。一個部落的長老完全不必擔憂在自己死後由誰來繼承。繼承者將根據自己的功績和領袖魅力而當選。當穆罕默德去世時，穆斯林們選擇了先知的最著名的門徒艾卜‧伯克爾做繼承者。雖然發生過一些小的意見分歧，但是沒有發生過大的衝突。在艾卜‧伯克爾死後，幾乎所有的穆斯林都很平靜地效忠於他的繼承者歐麥爾。沒有出現什麼繼承方面的麻煩，因爲伊斯蘭社會仍然保持著它原來的基礎，還沒有從神聖社會最後演變成世俗社會。上層與下層階級之間的裂隙還沒有發展起來。歐麥爾開始根據各人的功績，而不是平均地分發戰利品。這成了伊斯蘭社會中貴族階級興起的原因之一。第三任哈里發奧斯曼是個軟弱的人，在分發戰利品和任命官員時，不能抗拒他那些親戚的挾制。權力與正義之間開始出現裂痕。第四任哈里發阿里繼承奧斯曼，標誌著權力與正義繼續結合在一起。但是，阿里的統治注定是短命的。支持阿里當選的下層階級沒有力量阻止伍麥葉人的興起。穆阿威葉與阿里爭奪哈里發的職位，並最後打敗了阿里。在穆阿威葉建立的伍麥葉王朝統治下，王宮與神廟的對峙，即權力與正義的對峙非常明顯。大部分阿拉伯人站在伍麥葉王朝一邊，而非阿拉伯人則站在反對派的立場上。在伍麥葉王朝的統治下，阿拉伯人形成了一種對非阿拉伯穆斯林的很深的蔑視。據說穆阿威葉爲了防止非阿拉伯穆斯林有朝一日反叛政府，打算把他們殺掉一部分，把另一部分貶爲奴隸。非阿拉伯穆斯林依靠研究穆罕默德及其正統哈里發的聖訓來對抗這種歧視。淸眞寺成了學習伊斯蘭各門新興學科的學校，正如伊本・赫勒敦所指出的那樣，許多新興學科的學者是非阿拉伯人。因此穆斯林分裂成兩個羣體：戰士——權力的追隨著；學者——正義的追隨者。阿拉伯人代表征服者，他們相信在這個世界上靠寶劍作最後的裁決，非阿拉伯人是被征服者，他們依靠正義的理想來抗議寶劍的嚴厲的裁決。正義與權力的分離刺激了千福年希望的發展。

　　在伊斯蘭教裏，千福年希望通常被稱爲麥海廸主義。穆斯林們期待麥海廸（救世主）的降臨似乎是很自然的，因爲他們常常感到穆罕默德所敎導的正義與世俗政權的權力之間存在著巨大的矛盾。有些現代研究伊斯蘭教的學者認爲，穆罕默德對千福年希望沒有什麼興趣，因爲他是一個勝利的先知。他們看不出穆罕默德有什麼理由要預言未來的救世主，因爲他認爲他自己就是這樣的救世主，並且他最終實現了成爲救世主的宏願。這些學者也是把自己的思想強加在他人頭上。事實上，穆罕默德有足夠的理由對千福年希望抱有興趣，特別在他傳敎事業的第一階段，他幾乎是絕望地與敵對勢力進行鬥爭時，更有理由如此。他深受猶太敎和基督敎的影響。因此，人們很自然地發現，穆罕默德對彌賽亞主義(救世主卽將降臨之信念)，像猶太敎和基督敎敎徒一樣感興趣。在穆罕默德以前，阿拉比亞的人們並不知道麥海廸這個詞。可能穆罕默德創造了麥海廸這個阿拉伯詞彙來表達希伯來文的彌賽亞的涵義。信徒們相信，麥海廸就像彌賽亞一樣，會在未來的某個時間出現，把他們從非正義的權力下拯救出來。在麥海廸身上，權力和正義將再次結合在一起。在穆罕默德的聖訓中常常把

耶穌的降臨和麥海廸的興起相提並論。這兩位救世主將並肩戰鬪
以對付反基督的勢力。但是，耶穌與麥海廸的作用過於相似，爲
了解決這個難題，有些穆斯林信仰穆罕默德的另一條聖訓：除了
瑪利亞之子耶穌之外別無其他麥海廸[28]。

　　當阿拉伯人大獲全勝，開始建立龐大的帝國時，麥海廸主義
看來逐漸失去了對阿拉伯人心靈的感召。在正統哈里發時代，權
力與正義並未分裂，人們並不需要麥海廸。甚至穆阿威葉打敗阿
里，建立非正統的伍麥葉王朝時，也並沒有出現麥海廸。虔誠的
穆斯林仍然相信正義的政府遲早會恢復的。伊斯蘭歷史上的第一
位麥海廸，是在穆罕默德的外孫侯賽因被伍麥葉王朝的軍隊殺害
之後立即出現的[29]。這個麥海廸是侯賽因的親屬伊本・哈奈斐亞
赫。看來他實際上並不打算被稱爲麥海廸。但是有些穆斯林對侯
賽因之被害是如此震驚，因此恢復了對麥海廸的信仰。當伊本・
哈奈斐亞赫去世時，他的追隨者相信，他實際上並沒有死。他只
是暫時退出這個罪惡的世界，住在麥地那外面的山裏，等待眞主
的命令重返人間，把他的人民從非正義的社會中拯救出來。

　　在伍麥葉時代，以及在隨後的阿拔斯時代，出現了許多麥海
廸。他們幾乎全部是阿里的後裔[30]。有的學者認爲麥海廸思想是
一種十葉派的發明。這忽視了一個事實，卽麥海廸主義是一種千
福年希望，卽彌賽亞主義，在所有權力與正義發生衝突的社會裏，

[28]　EI（《伊斯蘭百科全書》），第Ⅱ卷，p. 525, "Isa", D. B.
　　　Macdonald 撰。
[29]　ERE（《宗教與倫理學百科全書》），第Ⅷ卷，pp. 336-340,
　　　"Mahdi（麥海廸）", D. S. Margoliouth 撰。
[30]　ERE（同上），第Ⅷ卷，pp. 336-337, "Mahdi（麥海廸）",
　　　D. S. Margoliouth 撰。

都可以發現這種或那種形式的千福年希望。確實，十葉派是嚴肅地信仰麥海廸的第一個伊斯蘭羣體。但是，後來蘇非派也接受了麥海廸主義。蘇非主義是伊斯蘭教內部發展起來的一種神祕主義，以抗議哈里發帝國的褻瀆神聖和伊斯蘭社會的道德淪喪❸。不過，在十葉派的麥海廸和蘇非派的麥海廸之間有很大的區別。十葉派相信，麥海廸是一個歷史人物，他在過去出現過，然後消失了，隱居在一個凡人到不了的地方。他等待眞主的命令，重新降臨人間，伸張正義。而蘇非派相信，麥海廸是一個凡人；他將在未來的某一天降生，在他成年之後，他將起而完成自己拯救社會的使命。因此，我們很少看到在十葉派中出現麥海廸。因爲他們賦予麥海廸的生活和過去的事業以一種超自然的性質。他們不輕易響應他們中間自稱麥海廸的人。任何自稱麥海廸的人爲了贏得十葉派的信任，都必須令人心服地證實自己不是在當代出生的，是剛剛從生活了許多世代的隱居地出來的。蘇非派認爲麥海廸主義是主宰社會和自然的辯證過程的一個階段。麥海廸的出現是一種不可避免的現象，因爲眞主英明地作好了安排，世界在變得腐敗之後，還會最後得以糾正。蘇非派毫無困難地把這種辯證的信念歸諸穆罕默德本人。據說先知曾預言在他死後，他的宗教會逐漸衰退❸。他也預言每個世紀之初，眞主會派一位改革者來復興伊斯蘭教。對蘇非派來說，這些相繼出現的改革者，是使伊斯蘭教在一段時間裏恢復純潔性的凡人。伊斯蘭教的最後的、革命性的復興，將由眞主指引的麥海廸來完成，這將發生在世界末日

---

❸　Browne, 1969 年（《阿拉伯醫藥》），第 I 卷，p. 416.

❸　EI（《伊斯蘭百科全書》），第 IV 卷，p. 323, "Sharia," J. Schacht 撰。

❸ 。眞主將使一切回到其初始狀態，因此權力與正義之間的衝突只是暫時的。虔誠的穆斯林有充分的權利指望一位救世主的出現。在正統的穆斯林中，麥海迪主義是一種活躍的社會因素。它在伊斯蘭社會中產生過，並且繼續產生著許多起義和社會運動。對正統的大衆來說，麥海迪是一個凡人；任何一個具有先知傾向的人，都可以覺得自己是人們所期望的伊斯蘭敎的拯救者。因此麥海迪主義是使伊斯蘭社會在其黑暗時期，避免完全腐敗的少數信條之一。而蘇非派就是這種社會運動背後的主要力量。

伊本・赫勒敦出生的時代，伊斯蘭社會正處於生死存亡的關頭，穆斯林幾乎同時遭到來自三個不同方面的包圍和進攻。蒙古人從東面，十字軍從北面，信奉基督敎的西班牙人從西面進攻過來。穆斯林絕望地守土抗戰，焦急地希望搞清楚，到底是什麼原因引起了這些可怕的災難。

這個時代，蘇非派在北非的影響異常強大。常常有人挺身而出，自稱麥海迪。這些麥海迪絕大部分失敗了，造成了社會動亂，留下了普遍的怨恨。大部分研究伊本・赫勒敦的學者都同意，伊本・赫勒敦受到過蘇非派的影響。伊南相信，伊本・赫勒敦有很強的蘇非派傾向❸。根據麥克唐納的觀點，伊本・赫勒敦是一個安薩里的信徒❸，而正是安薩里使蘇非主義成了伊斯蘭敎中被人廣泛接受的敎義。就宗敎問題而言，伊本・赫勒敦可以說是一個

---

❸　EI（同上），第Ⅲ卷，p. 114, "Mahdi（麥海迪）", D. B. Macdonald 撰。

❸　Enan, 1969 年（伊南，《伊本・赫勒敦：他的生平和著作》），pp. 23-24.

❸　Macdonald, 1909 年（麥克唐納，《伊斯蘭敎裏的宗敎態度和宗敎生活》），p. 131.

蘇非派。當他寫到真主，寫到人們應該怎樣過宗教生活時，他是
一個虔誠的信徒，全心全意的神祕主義者。但是，當他研究社會
問題時，他既不同於蘇非派，也不同於其他任何宗教團體。

　　伊本・赫勒敦相信，社會和自然一樣是遵循一種辯證發展過
程的。但是，他似乎覺得蘇非派的辯證法過於唯心主義或理想主
義，與社會的實際發展過程不相吻合。他採用了蘇非派的辯證
法，但是消除了它的唯心主義色彩，把它置於新的唯物主義的基
礎上❸。根據伊本・赫勒敦的觀點，社會辯證發展背後的主要動
力是羣體凝聚力。在伊本・赫勒敦的理論中，羣體凝聚力所起的
作用，就像蘇非派的理論中真主的意志所起的作用。這並不意味
著伊本・赫勒敦否定真主的意志。事實上，他作為一個真正的穆
斯林，堅定地相信真主的意志；但是，真主通常並不做與他自己
所創造的規律相矛盾的事❸。特別在社會現象方面，當真主要做
什麼事情時，他總是根據社會的規律來做這些事情。先知們雖然
有資格實施超越因果律的神迹，但是也得依靠羣體凝聚力或他們
的羣體的保護，來實現社會領域裏的改革。麥海迪也並不例外
❸。任何想要改革人類社會的人，都必須遵循其必然的規律。對
麥海迪來說，光有神的指點是不夠的；他還應該有很強的部落的
或社會的力量（羣體凝聚力）來支持他的神聖的使命。

---

❸　Baali, 1981 年（《從社會的角度看伊本・赫勒敦和伊斯蘭思想
　　方式》），p. 49.

❸　伊本・赫勒敦類似十八世紀英國的自然神論者，相信上帝在創造
　　了這個世界之後，就讓這個世界按照它自身的規律去運轉，不再
　　加以干涉。

❸　Ibn Khaldun, *Muqaddimah*（伊本・赫勒敦，《緒論》，貝
　　魯特版），pp. 159, 327-328.

　　一般認爲伊本·赫勒敦是伊斯蘭歷史上敢於直率地否定麥海迪信仰的第一位作者。他特別反對所謂的法帖梅麥海迪，卽阿里和法帖梅的後裔。他似乎對於整個阿里派有某種很深的、無意識的輕視。他認爲阿里派在將來不可能產生任何麥海迪，因爲當麥海迪出現時，他們沒有很強的羣體凝聚力來支持他❸。伊本·赫勒敦對他以前出現過的所有麥海迪，只讚美其中的一個——成功地在北非建立了穆瓦希德王朝的穆罕默德·伊本·突麥爾特（約1078-約1130年）。根據伊本·赫勒敦的理論，一個好的麥海迪是把增長的羣體凝聚力引向其自然結果的人，是幫助社會辯證進程實現其循環運動的人。社會並不需要改革者；它能夠自行糾正其謬誤。社會需要幫助它進行自發矯正的人，但是不需要用理想主義或不切實際的思想來擾亂它的人。

　　對伊本·赫勒敦來說，惡只是善的副產品❹。他就此取消了權力與正義的絕對對立。確實，伊本·赫勒敦承認，權力可能導致掌權者做出某些不公正的行爲來，但是，這只是履行權力的良好結果的不可避免的副產品。根據他的理論，社會沒有上層階級是不可能的。他認爲一羣人生活在一起而沒有規章制度就會成爲互相殘殺的野獸，而不是互相合作的社會生物。換言之，爲了建立正義就必須要有權力。兩者之間的衝突是比較次要的，只是爲了維持便利的社會生活所付出的很小的代價。

　　伊本·赫勒敦明顯地顯示出一種上層階級的傾向。上層階級自然而然地相信，在如此厚待他們的社會中，沒有什麼事情從本

---

❸　Ibn Khaldun, *Muqaddimah*（同上），pp. 327-328.

❹　Ibn Khaldun, *Muqaddimah*（同上），p. 390.

質上來說是罪惡的[41]。通常來說，正是下層階級才相信社會是充滿不公正的，權力是罪惡的。歷史上通常有兩種對立的意識形態，卽兩種世界觀；每一種都從自己這方面來看待社會狀況，而忽視了另一方面。上層階級傾向於把他們自己看成社會秩序的保衞者，上帝在人間的代理人；而下層階級則相信，如果上層階級少進行一點不公正的干預和剝削，這個社會要好得多。伊本‧赫勒敦的觀點基本上是上層階級，即特權階級的觀點。他並不認爲權力與正義之間存在一種根本性的衝突，他也從這種觀點來看待羣體凝聚力。有些研究伊本‧赫勒敦的學者，認爲他關於羣體凝聚力的理論是一種對權力的盲目崇拜。事實上，伊本‧赫勒敦並不盲目崇拜權力。羣體凝聚力主要是一種游牧民族的特點，伊本‧赫勒敦正是在其游牧民族的背景上來研究它的。擁有很強的羣體凝聚力的游牧民族的長老，通常是一個優秀的領袖。在他身上權力與正義一般是合二爲一的。因此，根據伊本‧赫勒敦的觀點，羣體凝聚力並非僅僅只是一種社會權力。很強的羣體凝聚力本身也標誌著領袖的優秀品質。他認爲，當我們觀察擁有羣體凝聚力，統治廣大地區和衆多民族的領袖時，我們會發現，他們總是熱中於善行和美德，比如慷慨、寬大爲懷、寬容弱點、好客、扶弱濟貧、敗而不餒、信守義務、樂善好施、尊重敎律、禮賢下士、尊老敬師、從善如流、傾聽下情，等等[42]。在伊本‧赫勒敦看來，權力與正義之間並無天生的衝突：羣體凝聚力成功地把兩者結合在一起了。但是，伊本‧赫勒敦把統治者分成兩類：領袖和主宰者，當他看到某個統治者身上權力與正義合二爲一時，他

---

[41]　Yinger, 1946,（《權力鬪爭中的宗敎》），p. 26.

[42]　R（《緒論》英譯本），第 I 卷，pp. 292-293.

多半把這個統治者看做領袖而不是主宰者。事實上，當主宰者專橫跋扈時，羣體凝聚力是沒有容身之地的。伊本‧赫勒敦在其《緒論》中清楚地說明，在一個王朝的歷史上，一旦主宰者取代了領袖，羣體凝聚力就會逐漸失去其活力和結合力，最後消失。

在游牧文化中，通常總是由領袖而不是由主宰者進行統治。根據伊本‧赫勒敦的理論，只要部落保持游牧狀態，權力與正義就可以結合在一起，但是，他強調指出，世界上沒有任何社會，不管是游牧社會還是文明社會，能夠永遠頂住時間的進程而不發生變化。游牧民族常常被城市的奢侈所誘惑和吸引。酋長傾向於在自己周圍集合越來越強的羣體凝聚力，然後進攻某些鄰近國家，在那兒建立王朝。在伊本‧赫勒敦看來，只要游牧民族與城市居民有某種接觸，這種變化就是不可避免的。新王朝一旦建立起來，權力與正義的結合就開始鬆弛了。奢侈的生活開始在兩者之間打進楔子。酋長從前只是一個部落領袖，對其追隨者的興論很敏感，現在成了國王，過著一種奢侈的生活，很難讓他的全體部落成員與他共享這種奢侈的生活。從前的追隨者會對這個國王產生嫉妒和敵意。國王甚至可能盡力壓制自己的部落成員在勝利之後自然產生的驕傲和虛榮❸。國王爲了保護他自己免遭從前的追隨者的威脅，可能建立一支雇傭軍。這支新的軍隊不像從前的那支以羣體凝聚力爲基礎的軍隊那樣強大。雇傭軍的出現是王朝開始走向衰弱的一個跡象。雇傭軍靠金錢來支撐，而不是以羣體凝聚力爲基礎；錢付得越多，雇傭兵暫時的勁頭越大。國王後來可能不得不徵收重稅以對付國家的異常巨大的開支。但是，重稅

---

❸ Ibn Khaldun, *Muqaddimah*（伊本‧赫勒敦，《緒論》，貝魯特版），第2部分，第10和17章。

將使臣民貧困，使工商業萎縮。到此地步，這個王朝就山窮水盡了。經濟困難總是與政治危機互相交織在一起[44]。新王朝遲早會建立起來，開始一圈新的輪廻。因此，社會的辯證發展規律總是在發揮作用。它確保社會的非正義現象不可能永遠持續下去。

對伊本・赫勒敦來說，就像普通個人的生命歷程必定要經過童年、少年、青年、中年和老年等幾個階段一樣，一個國家的生命歷程也必定要經過若干不可避免的階段[45]。一個王朝有其自己的產生，青年時代，老年時代，以及死亡。一個普通的王朝通常延續四代[46]。第一代是王朝的建立者，主要因爲他公正，品格高尙，具有領導才能，所以能夠建立王朝。但是，他的兒子往往只模仿他父親的某些優秀品格；伊本・赫勒敦認爲一個模仿者很難與開創者相提並論。第三個國王往往模仿得更差了。第四個國王通常是這個世系的最後一個。他享有很高的地位，無知地把這種地位歸之於自己的血統。他從小就習慣於看到周圍的人盲目地崇拜他、毫不猶豫地服從他的種種奇想。他並不懂得他的權威是他的祖先靠強大的羣體凝聚力和優秀的品格建立起來的，他變得不再關心優秀統治者所必須具備的素質。他的統治變成了主宰，而不再是領導。這標誌著他的王朝已經開始走向衰亡[47]。壞的統治者遲早會被好的統治者所取代，於是又重新開始一輪新的循環[48]。

就這樣，伊本・赫勒敦對蘇非派的精神辯證法進行了一番改

---

[44]　Ibn Khaldun, *Muqaddimah* (同上)，第2部分，pp.38-43.

[45]　Ibn Khaldun, *Muqaddimah* (同上)，第2部分，pp.293-294.

[46]　Ibn Khaldun, *Muqaddimah* (同上)，第2部分，第15章。

[47]　Ibn Khaldun, *Muqaddimah* (同上)，pp. 140-141.

[48]　Ibn Khaldun, *Muqaddimah* (同上)，p. 298.

造，以適應自己世俗的思想方式。因此，並不需要一個由眞主指引的麥海廸來重新統一權力與正義。伊本·赫勒敦讚成那些順應社會辯證法的統治者，而不讚成那些對抗社會辯證法的統治者。他不喜歡智力過人的統治者。察見淵魚者不祥。過分聰明的統治者可能把事情看得過於透徹，或者根據事物發展的邏輯後果來作出預見，然後把他自己的深奧的結論強加給他的臣民，而他的臣民並不能理解這些結論。因此，一個好的統治者應該是一個中等智力的人，能夠理解他的臣民，也能夠被他的臣民所理解❹。

第三節　宗教與理性

自從有文字記載的歷史開始以來，人類就不斷地覺察到宗教信仰與自由推理之間的矛盾。人們常常說，虔誠地獻身於某一種宗教信條的人很難，甚至不可能同時又是一個自由思想家，或理性主義者。

宗教與理性之間是不是確實有一種自然的矛盾？答案要看人們所指的是哪一種宗教。人們至少可以把宗教劃分爲兩大範疇：一種是在神聖社會中繁榮發展的宗教，另一種是在世俗社會中才能找到的宗教。世俗社會中的宗教還可以劃分爲兩種類型：一種是教會型，另一種是教派型❺。

---

❹　Ibn Khaldun, *Muqaddimah* (同上)，p. 189.
❺　Benn, 1962 年 (《十九世紀英國理性主義史》)，第 I 卷，p. viii, 4, 6. ERE (《宗教與倫理學百科全書》)，第 10 卷，p. 580, "Rationalism (理性主義)"，H. Wodehouse 撰。

神聖社會裏的原始民族的宗教與世俗社會裏的文明民族的宗教之間有很大的差別。在神聖社會中，從某種意義上來說，宗教與社會是合二爲一的。在世俗社會中，宗教往往塗上某種階級的意識形態的色彩，反映階級之間的衝突。階級意識通常是隨着世俗社會的興起而出現的。尼采給宗教下的定義是：奴隸的反叛。在世俗社會中建立起來的許多世界性宗教的初期歷史證明尼采的定義是有道理的❺❶。世俗社會中的宗教，起初常常爲下層階級或被壓迫階級提供一套新的價值體系，向壓迫者占主宰地位的價值體系提出抗議，進行鬥爭。

在神聖社會中，宗教反映了一種社會的團結一致。在這種範疇的宗教中，理性是沒有容身之地的。當宗教與社會合二爲一時，自由地運用推理，或一種理性主義的傾向可能危及社會團結，造成嚴重的後果，導致社會解體。神聖社會的成員，常常把別人對宗教信仰的懷疑看作是對這個社會羣體的背叛。在神聖社會中，宗教的社會功能就是產生、加強和保持社會團結❺❷。因此宗教與理性是對立的。在神聖社會中，宗教不是一種以個人好惡或精神意願爲基礎的私人事務。歷史告訴我們，游牧部落，不管是阿拉伯人、柏柏爾人、突厥人，還是日爾曼人，都是作爲一個羣體，而不是作爲分散的個人來接受一種新宗教的。

在世俗社會中，統治者和上層階級傾向於採用一種世俗的思維方式，採用相對的 —— 暫時的 —— 實利的邏輯。另一方面，下

---

❺❶　Baali, 1981 年（《從社會的角度看伊本・赫勒敦和伊斯蘭思想方式》），p. 62.

❺❷　參閱 Gre, 1943 年（《社會和意識形態：知識社會學研究》），p. 1.

❺❸　Durkheim, 1965 年（塗爾幹，《宗教生活的基本形式》）。

層階級因爲在現實世界中地位低下，作爲一種補償，總是嚮往一
個理想的、烏托邦的世界。任何一種在世俗社會中興起的宗教都
不可避免地陷入一種兩難境地。宗教爲了發展和成長，不得不陷
入各種各樣的世俗糾紛，不可能長時期保持其理想主義的方向。
宗教面臨兩種相反的選擇：追求宗教理想和世俗利益。宗教爲了
在社會的各個階級中發展和傳播，不得不作出妥協。如果它拒絕
作出妥協，就會冒犯某些最強大的社會羣體。在世俗世界中，一
種宗教不管它原先的理想主義取向是多麼強烈，它不可能長時期
不作出妥協。因此宗教遲早會變成一種制度化的教會，其目的是
在保持現狀的基礎上維繫社會，而不是改善壓迫者和被壓迫者之
間的社會關係。教會的主要興趣變成了不擇手段地擴大教會本身
的影響和勢力。正如馬克斯·韋伯指出的，宗教羣體像其他任何
世俗羣體一樣進入了權力鬥爭的舞臺❺。

　　爲了抗議宗教的這種世俗化傾向，從下層階級中興起的教派，
作爲一種新的理想的力量，使教會的兩難處境變得更嚴重了。宗
教史顯示出一種很強的辯證循環的傾向。每一種新的宗教起先以
崇高的理想爲方向，後來逐步世俗化和制度化，失去了它原先的
理想主義。起而向教會提出抗議，維護舊理想的教派到時候本身
也會逐步世俗化。上層階級通常是宗教世俗化的主要根源，而下
層階級是新宗教或教派興起的源泉。

　　宗教與理性的矛盾既不是天生的，也不是絕對的。往往只有
制度化的教會以及支持它的上層階級才反對理性，要求其追隨者
盲目地服從教會的秩序。他們不喜歡哲學探究或刨根問底，認爲

---

❺　Yinger, 1946 年（《權力鬥爭中的宗教》），p. 230.

這會動搖他們的地位。

　　事實上，理想與理性是携手並進的。每一種追求某些理想的新的社會運動，總是傾向於理性主義。上層階級總是不如下層階級那樣傾向於理性和理想。上層階級只有以相對的——暫時的——實利的方式來思考，才能保持其地位或促進其世俗利益。根據伊本‧赫勒敦的看法，理想主義的邏輯只會阻礙而不會推動上層階級的世俗活動[55]。與此相反，下層階級只有依靠邏輯和理性，才能與通常得到教會支持的上層階級鬪爭。教會懼怕理性主義，就是因爲理性主義常常成爲異端手中的有力武器。

　　理性並不敵視一切形式的宗教。理性常常與制度化的教會處於敵對狀態。而反叛的被統治階級，通常依靠自由推理來建立教派或新的宗教；自由推理往往與異端携手並進。

　　穆罕默德並不是在一個典型的游牧社會中崛起的。在一個神聖社會中，是不可能出現先知的。穆罕默德是在激烈世俗化的麥加城崛起的。當時麥加已經成爲一個商業和高利貸的中心。上層階級和下層階級之間的鴻溝已經出現。麥加的下層階級的悲慘和貧困，使穆罕默德大爲震驚。穆罕默德在麥加的期間，就像希伯來的先知們一樣，熱烈地鼓吹游牧民族關於公正、平等和同胞之愛的觀念。爲了吸引人們皈依他的新宗教，他經常依靠理性的推理。他攻擊傳統的思想方式，嘲笑祖宗之制不可違的古訓。從穆罕默德所屬的文化的角度來研究他，我們可以認爲他的思想方法是相當理性主義的。《古蘭經》中有許多段落鼓勵人們思考和運

---

[55]　Ibn Khaldun, *Muqaddimah*（伊本‧赫勒敦，《緒論》，貝魯特版），p. 543.

用眞主所賦予人類的推理能力❺❻。穆罕默德曾經宣稱，宗教就是
理性，沒有理性的人也沒有宗教。他還說過，人除非完善自己的
推理能力，否則就不可能完善自己的宗教。穆罕默德特別看不起
那些盲目耽溺於禮拜儀式，而不知其所以然的虔誠的人。他不喜
歡對宗教規則採取教條主義或盲目信仰的態度，鼓勵他的追隨者
運用他們的推理能力來解決宗教問題。如果他們這樣做了，卽使
他們的決定是錯誤的，他們也會得到褒獎；如果他們的決定是對
的，他們就會得到雙倍的褒獎❺❼。

　　儘管穆罕默德有比較強烈的理性主義傾向，他在自己的傳教
事業的最初十三年，未能影響游牧的阿拉伯人的心靈。後來，伊
斯蘭教爲其信徒帶來了世俗性的勝利，於是，阿拉比亞的所有部
落都派代表到穆罕默德這裏來宣稱他們接受伊斯蘭教。這確實是
一個集體改宗的出色的例證。穆罕默德由於世俗事業的勝利，在
某種程度上稍微改變了一點他的理性主義的語調。他讓游牧民族
相信，他能克敵制勝就是他眞理在手的可靠標誌。在麥加的時
代，把權力與正義等同起來的觀點被認爲是不合理性的，因爲穆
罕默德只代表正義，權力是掌握在麥加的上層階級手中的。在穆
罕默德遷往麥地那以後，這種觀點就相當符合理性了，因爲穆罕
默德旣代表正義，又掌握權力。

　　伊斯蘭教一個突出的特點是它不允許出現專業的祭司階層。
伊斯蘭教今天有學問淵博的博士、教師、傳道者，但是它沒有職

---

❺❻　Koran（《古蘭經》），第76章，第3節；第90章，第9節，第
　　10節；第3章，第189節。
❺❼　EI（《伊斯蘭百科全書》），第Ⅱ卷，p. 448, "Idjtihad（以智
　　提哈德）", D. B. Macdonald 撰。

業性的僧侶❸。每一個穆斯林都可以作他自己的牧師。穆罕默德
對正式的僧侶階層的敵意可以歸諸他對盲目的傳統主義的敵意。
他認爲，宗教儀式並不是以其本身爲目的而加以履行的責任，宗
教儀式是服從與信仰眞主的活生生的象徵。他反覆強調，祈禱
和其他儀式意味着提醒虔誠的信徒負有道德和社會責任。《古蘭
經》指出，祈禱就是爲了防止邪念與惡行。穆罕默德說過，一小
時的善行勝過六十年的禮拜。他比較讚成下層階級的意識形態，
伊斯蘭教傾向於採取教派形式而反對教會形式，卽傾向於下層階
級而反對上層階級。穆罕默德有許多言論說明他比較傾向於窮
人，比如他說過，窮人要比富人早五百年進天堂。在穆罕默德開
始傳教事業的麥加，貧富之間的差距是很巨大的❸。穆罕默德是
從領導被壓迫者反對壓迫者開始其事業的。此外，穆罕默德儘管
出身貴族，在年輕時代是很貧困的，以至於不得不做一個牧羊人
來謀生。爲了阻止伊斯蘭教發展成一個制度化的教會，穆罕默德
提出了一條特別的教義，稱之爲揚善懲惡。穆罕默德告訴他的追
隨者，一旦出現不公正的現象，就要進行抗議，這是一種宗教責
任。據說他曾經說過，當我的追隨者開始懼怕向罪惡行爲提出抗
議時，這標誌着他們已經接近世界末日了。在伊斯蘭教的歷史
上，揚善懲惡這條教義發揮了很大的作用。它確實阻止了伊斯
蘭教發展成一個制度化的教會。一旦人們開始忽視穆罕默德的理
想，許多穆斯林就會起而抗議。當然不是所有的穆斯林都以同樣
的方式解釋和接受這條教義的。一個極端是哈列哲派，他們公開

---

❸ Wells, 1932 年（威爾斯，《歷史大綱》），p. 611.

❸ EI（《伊斯蘭百科全書》），第Ⅲ卷，p. 440, "Mecca（麥加）",
H. Lammens 撰。

依靠寶劍來保衛伊斯蘭敎的理想。另一個極端是穆爾只埃派，他們不對善惡作出直接的判斷。在這兩個極端之間，有一些激烈程度不同的中間派別，他們相信，爲了對不公正現象進行抗議，抗議者必須集合足夠的力量來支持自己的危險的使命。

但是，伊斯蘭敎還有另一條敎義——僉議（ijmā'，伊只馬耳）。根據這條敎義，只要正統的穆斯林對某一問題形成了一致意見，就照這意見辦，不必管它是不是在邏輯上與穆罕默德原來的原則相矛盾。通過這種方式，伊斯蘭敎偏離了它原先的叛逆精神和道德判斷，逐漸發展成一種維持現狀的，帶有敎會色彩的宗敎。通過另一條敎義——和平地抗議或曰腹誹，穆斯林開始容忍政治和社會舞臺上發生的各種事情。伊斯蘭敎成了一種羣體的宗敎，不再是一種階級的宗敎。上層穆斯林要求他們的追隨者服從現存的政治統治，迴避危險思想。他們認爲理性是反對啓示和神的敎導的。

阿拔斯王朝的建立與伊斯蘭思想發展史上兩個很重要的事件聯繫在一起：第一件是伊斯蘭敎敎會色彩的發展，第二件是對亞里士多德邏輯的翻譯和介紹。

阿拔斯哈里發鼓勵伊斯蘭敎向正式敎會的方向發展。他們爲了顯示自己與伍麥葉王朝的哈里發完全不同，把聖訓學者和宗敎領袖引入朝廷，待若上賓，聽其說敎。正統的穆斯林把這種變化看做伊斯蘭敎的眞正的復興。其實，穆罕默德的伊斯蘭敎與阿拔斯王朝的伊斯蘭敎是大相逕庭的。阿拔斯哈里發的責任不是嚴格實行穆罕默德的敎義，只是履行必要的宗敎儀式而已，接着就轉過身去，像其他任何世俗君主一樣進行他的日常活動了。

在阿拔斯王朝統治期間，亞里士多德的邏輯學著作被翻譯成阿拉伯文，導入了穆斯林社會的學術界。這種邏輯的同一律、矛盾律和排中律強調非此即彼。善就是善，惡就是惡，美就是美，醜就是醜，眞就是眞，僞就是僞。一個人要麼是好人，要麼是壞人。根據這種邏輯很難研究不好不壞、亦好亦壞的人物和事情，很難研究兩個極端之間的種種極其複雜的現象。但是，這種邏輯在任何羣體手裏都可以成爲非常有力的武器用來證明自己絕對正確，對手一無是處。

兩個歷史事件爲引進亞里士多德邏輯鋪平了道路：第一件，是伊斯蘭敎的理性主義敎派——穆爾太齊賴派的興起，第二件是阿拔斯哈里發帝國的建立。亞里士多德邏輯很合穆爾太齊賴派和阿拔斯運動的口味，他們運用非此即彼的邏輯絕對否定伍麥葉王朝，絕對肯定伊斯蘭敎原本的敎義，把伍麥葉王朝的現實與穆罕默德的理想對立起來，展示兩者之間的鴻溝是多麼巨大。

阿拔斯運動奪取政權之後，就轉而鼓勵伊斯蘭敎向敎會方向發展。阿拔斯人也鼓勵伊斯蘭各門學科，特別是聖訓學和歷史學的發展。結果，聖訓學家和歷史學家開始把伍麥葉王朝描寫得一團漆黑，把穆罕默德和正統哈里發描寫成一片光明，兩相對照❻⓿。他們開始把阿拔斯與伍麥葉的對立看做善與惡的對立，眞主與魔鬼的對立。

當亞里士多德哲學剛傳入穆斯林世界時，它幾乎被當做天賜的《古蘭經》的補充❻❶。《古蘭經》和亞里士多德哲學的這種和

---

❻⓿　EI（同上），第 Ⅳ 卷，p. 999, "Umaiyad（伍麥葉），"G. L. Della Vida 撰。

❻❶　O'Leary, 1939 年（《阿拉伯思想及其在歷史上的地位》），p. 123.

諧，　應該歸諸於阿拔斯運動的宣傳家們成功地把兩者結合在一起，作爲批判伍麥葉王朝的武器。但是，這只是暫時的和諧。亞里士多德哲學與《古蘭經》之間，卽理性主義與敎會色彩越來越濃的伊斯蘭敎之間的衝突是不可避免的。站在敎會色彩濃厚的伊斯蘭敎一邊的是正統派領導，站在理性主義一邊的是穆爾太齊賴派。正統派認爲，如果把亞里士多德邏輯敎給大衆，只會引起混亂，動搖信仰。因此，不應該讓大衆接觸亞里士多德邏輯，他們應該絕對服從眞主的意旨。穆爾太齊賴派則認爲，人首先應該服從理性，卽使完全沒有啓示，人也可能認識眞主和辨別善惡[62]。正統派與穆爾太齊賴派之間的理論衝突日益激烈，並且進入了政治舞臺。極端傾向理性主義的麥蒙登上哈里發的寶座時，這種衝突白熱化了。麥蒙改宗穆爾太齊賴派，公布了一個敕令，宣稱《古蘭經》是受造之物，卽人所寫成的著作，與正統派的主張針鋒相對，正統派認爲，《古蘭經》在其實際形式方面及其阿拉伯語方面，是與天上的原本完全相同的翻版。麥蒙要求所有的法官和宗敎領袖都要受到審查。許多反對《古蘭經》受造之說者遭到迫害。穆爾太齊賴派作爲自由推理和理性主義的擁護者，竟然發展到借助暴力強迫其對手接受自己的信仰。但是，他們越是把自己的邏輯信條強加於人，越是遭到激烈的抵抗。最後，正統派還是贏得了勝利。哈里發穆臺瓦基勒（847-861 年在位）統治期間，輪到穆爾太齊賴派遭到審查、迫害和壓迫。

　　在穆爾太齊賴派消失之後，信奉邏輯學的敎義並沒有從伊斯蘭社會中完全消失。一個重視邏輯著作的新敎派出現了。這就是

---

[62]　Nicholson, 1930 年（《阿拉伯文學史》），p. 368.

內學派。但是，內學派承認把邏輯教給大衆是危險的，在這一點上，他們實際上是與正統派一致的。內學派認爲不可能強迫大衆像菁英那樣進行思考。菁英是與亞里士多德邏輯主宰的絕無謬誤的世界直接聯繫在一起的，因此只有他們才能理解宗教的眞理。內學派發動血腥的戰爭反對阿拔斯哈里發。因爲他們認爲這些哈里發並非菁英，像普通人一樣對終極眞理一無所知，穆斯林沒有必要在宗教事務方面服從他們。內學派認爲，必須教導大衆服從宗教菁英，讓這些菁英把他引向終極的、絕對的至善。正統派比反對穆爾太齊賴派還要嚴厲地反對內學派。穆爾太齊賴派只是被指責爲異端，內學派卻被指責爲無宗敎信仰者。正統派譴責內學派的目的是毀滅整個伊斯蘭敎，用某種無神論或唯物主義取而代之。

安薩里（1058-1111 年）被稱爲伊斯蘭敎正統派的終極的權威[63]。他是內學派的最強有力的論敵之一。他對他們的教義的批判是嚴厲而令人信服的，不過他接受了他們把人劃分爲菁英和大衆的觀點。他有一本著作專門論述怎樣防止無知的大衆陷入神學的瞑想。他把蘇非派的領袖置於宗敎菁英之列。安薩里本人就是一個蘇非派；事實上，正是他才使正統的穆斯林承認蘇非派並非異端。結果，他沉重打擊了亞里士多德邏輯在伊斯蘭敎中的地位。理性失去了至高無上的權威地位；它不再是認識眞理的唯一方式。安薩里推崇人類的直覺。根據他的觀點，在宗教領域裏直覺高於理性，正如在日常生活中理性高於感性一樣。他大大削弱了人類運用自己的理性去認識終極眞理的信念。

---

[63]　Hitti, 1970 年（《阿拉伯通史》），p. 431.

安薩里之後，伊斯蘭世界裏哲學發展的重心似乎從東部轉向西部，卽西班牙和北非了⑥。西部的哲學家們特別關心菁英與大衆的關係問題。伊本·巴哲（卽拉丁語的阿維巴斯，1138年卒）認爲，哲學家應該生活在一個抽象的純粹的世界裏，一個由邏輯指引的觀念化的世界裏，與大衆的、平庸的、追求享樂的世界隔絕開來。繼他之後，成爲西部哲學大師的伊本·圖斐利（1185年卒）對大衆比較寬厚。他認爲，儘管哲學家有不同的價值取向，他們應該對大衆給於適當的注意：他們可以對大衆的幼稚的生活方式進行一些思考，以便統治他們，並把他們導向至善。最著名的西部哲學家伊本·魯世德(拉丁語的阿維羅伊，1126-1198年)則不僅對大衆的生活方式表示出寬容的態度，而且努力彌合大衆與哲學家之間的懸隔。他同意他的前輩們的意見，承認哲學和邏輯是發現終極幸福的唯一的道路。但是，因爲大衆無法理解和遵循邏輯學的敎導，哲學家必須屈尊俯就，努力用他們能夠理解的方式去敎育他們。但是，哲學家不應該向大衆揭示他的哲學學說。對大衆來說唯一的靈丹妙藥是宗敎。因此絕不能把宗敎與哲學混淆起來。根據伊本·魯世德的觀點，那些企圖把兩者結合起來的神學家是完全錯誤的。

在伊本·魯世德之後，希臘哲學並未從伊斯蘭敎中完全消失，它分成了兩個部分：一個部分是亞里士多德邏輯，它在正統神學家和社會思想家中仍然受到青睞；另一個部分是形而上學和心理學的思想，它在蘇非主義中盛行不衰⑥。

⑥ O'Leary, 1939 年（《 阿拉伯思想及其在歷史上的地位 》），p. 295.

⑥ O'Leary, 1939年（同上），pp. 167-168.

正統神學家即敎義學家，廣泛地運用亞里士多德邏輯學。敎義學是一種哲學性的神學，運用的方法是哲學性的，但是主要材料來自啓示，很類似中世紀基督敎的經院神學⑥。神學家們的哲學材料是《古蘭經》和先知聖訓中現成的，他們只要把邏輯學的三段論法應用上去就行了。另一方面，蘇非派則運用哲學玄想，不大注意邏輯和推理。他們太依靠直覺和神的感召，而嘲笑推理。蘇非哲學的一個有趣的例子是伊本・阿拉比 (1165-1240年) ⑥。他的有名著作《麥加的啓示》和《智慧的珠寶》是在直覺或啓示的影響下寫成的。他相信，或假裝相信，《麥加的啓示》的每一個字都是眞主通過超自然的方法啓示給他的。

伊本・赫勒敦就是在這種文化氛圍中誕生的。強調直覺的蘇非派，擅長邏輯的法官和敎義學家，他自己的極其世俗的事業和感性的社會經驗都影響了他的寫作。在他心目中，眞理是三維的：信仰、理性和感性缺一不可。就眞理的感性方面而論，在伊斯蘭文化中很難找到一個作家像伊本・赫勒敦這樣認眞注意和廣泛運用實際的社會資料⑱。同時他並不小看直覺的作用。他常常忠告他的讀者，在他們尋求新思想時，不要僅僅依靠形式邏輯，要讓眞主向他們的心靈啓示眞理。他宣稱，他的整個理論是他退隱在一個游牧部落裏時，由眞主向他啓示的，沒有借助於亞里士多德的敎導，或波斯聖賢的智慧。他爲了寫作《殷鑒》，讀了各種各樣歷史學家的著作，直覺突然蘇醒，驅使他去建立一門新學

---

⑥ O'Leary, 1939 年 (同上), p. 211.

⑥ Nicholson, 1930 年 (《阿拉伯文學史》), p. 400.

⑱ Enan, 1969年 (伊南, 《伊本・赫勒敦: 他的生平和著作》), p. 110.

科。這與伊本・阿拉比寫作《麥加的啓示》的情況頗爲相似。

　　有些現代學者傾向於認爲伊本・赫勒敦的理論是天才的表現，僅僅是這位偉大作家的心靈的產物。但是，事實上他的社會和文化遺產是必須加以考慮的。在很大程度上伊本・赫勒敦是伊斯蘭文化的哲學和智力發展的產物。問題在於伊本・赫勒敦是從哪兒找到他的著名的社會理論的起點的？根據有些作者的意見，伊本・赫勒敦是安薩里派；根據另一些作者的意見，他是魯世德派。這看來很奇怪，因爲安薩里和伊本・魯世德在哲學傾向上是針鋒相對的。伊本・魯世德是伊斯蘭文化中亞里士多德的最熱心的研究者和讚美者，而安薩里是他的最激烈的論敵[69]。爲了否定安薩里的著作《哲學家的矛盾》，伊本・魯世德特地寫了《矛盾的矛盾》。

　　伊本・赫勒敦從安薩里那兒接受了對亞里士多德邏輯的批判，而與此同時從伊本・魯世德那兒接受了關心大衆的態度。他把這兩種思想結合起來，發展出他自己的理論。伊本・赫勒敦相信，正如安薩里所指出的那樣，亞里士多德的邏輯對宗敎和世俗事務都沒有什麼用，同時，正如伊本・魯世德所指出的那樣，大衆的生活方式值得哲學家給以注意，因此，一個學者爲了了解實際生活，完全有權利去尋找一種全新的邏輯。伊本・赫勒敦本人就是這種全新的邏輯的創建者。

　　這就是伊本・赫勒敦的理論的起點。他在寫作《緒論》時，發展出一種切合實際的邏輯來取代舊的不切實際的邏輯。非此卽彼的舊邏輯使伊本・赫勒敦以前的歷史學家難以擺脫偏見，往往

---

[69]　Boer, 1967 年（《伊斯蘭哲學史》），pp. 188-189, 154.

絕對否定伍麥葉王朝，絕對肯定阿拔斯王朝。伊本·赫勒敦個人
對伍麥葉王朝抱有好感，他不讚成這些歷史學家。爲了更透徹地
批判這些歷史學家的觀點，他必須創建一種全新的邏輯體系。在
伊本·赫勒敦以前，伊斯蘭教的各種學派和教派鬥爭了好幾個世
紀，仍然莫衷一是。他們都用亞里士多德邏輯推論出來的論據來
武裝自己。但是，被形式邏輯所證明的東西也可以被形式邏輯所
推翻。爲了解決這些爭論，應該把舊邏輯抛開，運用一種更有效
的新工具。伊本·赫勒敦以前的某些穆斯林思想家可能已經感到
需要一種新工具。北非的一些學者懷疑運用舊邏輯能否有效地把
握絕對眞理。伊本·赫勒敦並不太注意形而上學或宗教意義上的
眞理，可以讓先知們和受神啓示的人去關心這種眞理。他只關心
可以用科學的工具去發現的歷史性的眞理。伊本·赫勒敦創建了
一時性的 —— 相對性的 —— 實利性的邏輯來代替亞里士多德的永
恒性的 —— 絕對性的 —— 精神性的邏輯；他不再用非此卽彼、非
對卽錯的觀點去看待伊斯蘭教的互相衝突的派別，他認爲每一個
派別在其自己的領域內都有正確的一面 **⑳** 。

　　伊本·赫勒敦把他創建的新學科稱爲人類社會學科或文化學
科。他希望運用他的新學科去幫助史學寫作，就像舊邏輯幫助哲
學和神學寫作一樣。他在《緒論》的最後部分，討論各門學科的
發展和歷史時指出，每門學科的創建者都確定了關於辯論或解決
爭端的規則。他自己創建的這門新學科當然也必須確定這樣的規
則。

　　伊斯蘭文明以發展出衆多的學科而著稱。在伊斯蘭教的早期

---

⑳ Ibn Khaldun, *Muqaddimah* （伊本·赫勒敦，《緒論》，貝
魯特版），p. 215.

歷史上，特別在波斯人改宗伊斯蘭教以後，建立新學科蔚然成風。在伊本・赫勒敦的時代，此風已衰。主要原因是游牧文化在北非占優勢，而且人們普遍相信，時代已經太晚了，不可能創建新學科了。結果，評論家和注釋家多如過江之鯽，而獨闢蹊徑的作者卻像鳳毛麟角，難得一見。伊本・赫勒敦不滿於同時代人的這種保守傾向。他堅稱後代作者的思想完全可以和前輩作者一樣富於獨創性，可以像他們一樣寫出動人的作品來。伊本・赫勒敦寫作《緒論》的最後部分，可能就是為了說明，各種學科隨著時代而進步，後代發展各種學科的大師可以與早先創建各種學科的大師一樣獨樹一幟。

　　伊斯蘭文化一般要求嚴肅的思想家研究理想世界的永恒理念，但是伊本・赫勒敦沒有這樣做，他沉浸在對實際社會活動和日常生活方式的研究之中。他那個時代的思想家們相信，芸芸眾生的日常生活方式應該徹底加以改革，或者用古代先知們的生活方式來取而代之。對這些思想家來說，善與惡是黑白分明的兩極對立；日常生活方式是罪惡的，他們的理想之夢和烏托邦構想是至善的。在伊本・赫勒敦的觀念中，沒有這樣黑白分明的兩分法。善與惡是同一個現實的兩個方面而已。至善必定有一點小惡作為副產品❼。伊本・勒赫敦的邏輯是辯證的，而不是非此即彼的一分為二。他認為人類社會的實際享樂是必然的，這些享樂根據一種模式而發生，他熱切地努力去發現這種模式。

　　穆爾太齊賴派認為，人可以靠自己的能力來分辨善惡，不能把無知作為犯錯誤的藉口，而正統派認為，人不可能只靠自己的

---

❼　Ibn Khaldun, *Muqaddimah* (同上), p. 390.

心靈來看清眞理。穆爾太齊賴派相信，人的心靈是能夠看清眞理的；人的引導者就是他自己；每個人都可以作他自己的先知。人可以通過邏輯的三段論法，發現眞主及其聖誡的內容。眞主的命令就是至善，因此，人只要通過認識邏輯上的至善，就能夠知道眞主的命令。正統派陣營的幾位思想家反對這種極其理性主義的信條。正統派認爲，在道德領域裏，必須由先知來引導人類。至善是眞主決定的，沒有什麼東西天生是至善的。人不可能只靠他自己來分辨善惡，因此，任何沒有機會聆聽先知敎導的人，不會因爲他的錯誤信仰或行爲而受到眞主的懲罰。伊本‧赫勒敦看來接受了這條正統派的信條，把它與相對性 —— 一時性 —— 實利性的邏輯結合在一起。人們由於無知而做的事是不受懲罰的，因此，如果一個社會沒有得到過伊斯蘭敎的敎導，穆斯林學者們就沒有權利譴責它的習俗。

任何時代和任何地方的人民大衆，總是根據他們繼承下來的、看成天經地義的習慣方式和信念來思考和行動的。他們對邏輯學家和哲學家宣講的理想的生活方式一無所知。此外，卽使他們得到敎誨，他們也可能無法理解這些理想的方式。伊本‧赫勒敦相信，人類是環境的產物，是受習慣與風俗制約的[72]。

伊本‧赫勒敦接受了僉議這條敎義，並且根據邏輯將其加以發展了。一般認爲正統穆斯林僉議是一種保守的體制。凡是前輩穆斯林一致同意的決定卽被認爲有效。正統法官借助於僉議，引入和認可了許多實際上與伊斯蘭敎精神相矛盾的習俗[73]。伊本‧

[72]　Ibn Khaldun, *Muqaddimah*（同上），p. 182, 433, 125, 159.
[73]　EI（《伊斯蘭百科全書》），第Ⅱ卷，p. 448, "Idjma（伊只馬耳）", D. B. Madonald 撰。

赫勒敦可能發現，僉議的原理不僅可以運用在已經發生的事情上，而且可以運用在正在發生和將會發生的事情上。如果一個學者有能力預測社會中將會發生的事情，他就有權利遵循社會的未來的趨勢。在世俗事務方面遵循相對的——一時的——實利的邏輯並非不道德。只有當人出世修行後，才能運用絕對的——永恒的——精神的邏輯。

伊本‧赫勒敦把書生與實幹家，即舊邏輯的遵奉者與新邏輯的遵奉者清楚地區別開來。他強調舊邏輯減少了人們在現實生活中成功的機會，邏輯學家和書生在政治領域中總是不大順利的。舊邏輯傾向於處理與實際事務不同的抽象概念。實幹家通常並不注意這些抽象的、想像出來的概念；他們總是想知道人類社會中實際發生的事情，並且去適應它。舊邏輯並不是思維的可靠方式，因為它傾向於抽象和遠離現實世界⑭。

根據伊本‧赫勒敦的觀點，甚至在宗教領域裏，舊邏輯也不是一種可靠的或有效的認識工具。這兒我們可以清楚地看到安薩里對他的影響。他認為在宗教方面，眞主的啟示，或人的直覺要比邏輯更重要。先知的認識能力不同於普通人的認識能力，就像普通人的認識能力不同於動物的認識能力一樣。普通人應該服從先知。這並不意味著普通人的心靈是完全錯誤的。普通人的心靈在其自己的限度之內是正確的。但是，海水不可斗量，人們不應該野心勃勃地去試圖自行決定神的眞實性、先知、末日審判之類的問題⑮。另一方面，因為普通人一般不能理解邏輯的抽象概

---

⑭ Ibn Khaldun, *Muqaddimah* (伊本‧赫勒敦，《緒論》，貝魯特版), pp. 542-543, 516, 543.

⑮ Ibn Khaldun, *Muqaddimah* (同上), pp. 535, 536, 459-460.

念，所以強迫他們放棄習慣的生活方式，接受邏輯推論出來的生活方式是徒勞無功的。邏輯學家與其堅持要民眾追隨他們，不如走出象牙之塔，到民眾當中去。這兒我們又可以看到伊本・魯世德的理論對伊本・赫勒敦的影響。

伊本・赫勒敦直率地譴責那些企圖矯正社會而招惹麻煩的人，他們在某種理想主義思想的影響下，常常擾亂社會。他們總是曇花一現，因爲他們違背了羣體凝聚力的規則。這些時常惹麻煩的人，通常把他們的運動的基礎放在穆罕默德關於揚善懲惡的教義上，伊本・赫勒敦在討論這條教義時，認爲應該考慮誰有能力實行這條教義。如果一個人沒有能力，也即沒有羣體凝聚力支持他去公開地揚善懲惡，那麼，他就應該限於在自己的心裏這麼做。他應該不管好壞，服從統治。伊本・赫勒敦自己就是這麼做的。

根據伊本・赫勒敦的觀點，一個好的統治者或哈里發的基本素質，是了解和熟悉各種羣體凝聚力的擁有者，尊重他們的地位。羣體凝聚力相當於現代意義上的興論[76]。一個酋長所享有的尊重應該與他所擁有的羣體凝聚力成正比，也即與他的忠實追隨者的數量成正比。一個統治者應該根據每個臣民的實力加以區別對待。

伊本・赫勒敦相信，人是社會手中被動的工具，幾乎不能影響社會發展過程中的任何重要變化。人應該順應而不是違抗社會發展的必然進程。有力人物有時候可能不夠公正，但是，這不足以抵消強大統治所帶來的社會利益。沒有這些有力人物，不公

---

[76]　Ibn Khaldun, *Muqaddimah* （同上），p. 193, 143.

正現象會變得更爲普遍⑰。這種觀念與伊本‧赫勒敦的現實主義的邏輯是一致的，現實主義的邏輯認爲善與惡是同一個現實的不可分割的兩個方面。

對於宗教討論本身，伊本‧赫勒敦沒有給予太多的注意。從散見於其著作中的片段論述來看，根據伊本‧赫勒敦高度現實主義的邏輯，他必定主張一種教會類型的宗教。他批評辯證神學家，卽教義學家，因爲他們試圖以某些哲學前提作爲宗教信仰的基礎，用邏輯的三段論法來捍衛宗教信仰。根據伊本‧赫勒敦的觀點，宗教是純粹心靈的活動，與理智沒有關係。人們只要服從宗教體制就行了，不必在理想的價值體系上再添加什麼理論的附屬物⑱。

伊本‧赫勒敦把伊斯蘭教與其他宗教很清楚地區別開來。伊斯蘭教所進行的聖戰要求其信徒向異教徒宣戰，征服他們，使他們改宗。因此伊斯蘭教建立了哈里發制度，通過這種制度來從事戰爭和處理政治事務。聖戰分成兩種類型：一種是反對異教徒的，另一種是統治者對付反叛者和搗亂者的⑲。統治者怎樣對待其臣民和宗教社會內部怎樣維持階級關係，並非宗教的事兒。他可能希望宗教形成一種統一和鞏固羣體的力量，以對付外部世界。他曾經以讚美的口氣提到過，伊斯蘭艦隊能夠沉重打擊和嚴重破壞地中海沿岸的非穆斯林地區⑳。從這種地方來看，他與伊斯蘭教宗教領袖的態度沒有什麼不同。他是強烈傾向於教會類型

⑰　Ibn Khaldun, *Muqaddimah* (同上), pp. 390-391.
⑱　Ibn Khaldun, *Muqaddimah* (同上), p. 460.
⑲　Ibn Khaldun, *Muqaddimah* (同上), pp. 230-231, 271.
⑳　Ibn Khaldun, *Muqaddimah* (同上), p. 253, 256.

的宗敎的。

　　如果我們用穆罕默德原先的敎導的標準來確定宗敎的內涵，那麼，可以認爲伊本・赫勒敦並不是一個虔誠的敎徒。穆罕默德認爲宗敎應該包容生活的一切方面，伊本・赫勒敦顯然並不是這樣來看待宗敎的。對他來說，宗敎與人們的世俗活動是兩碼事。因此，他在自己的著作（包括自傳）中，可以一方面聲稱自己是虔誠的敎徒，另一方面坦率地敍述自己在政治活動中數易其主的做法。他覺得兩者之間並沒有什麼矛盾。

　　伊本・赫勒敦相信，當虔誠的人們出世修行時，應該奉行《古蘭經》的敎導；但是，當他們入世從政時，就不得不遵循現實邏輯。亞里士多德邏輯往往與宗敎相衝突，而現實邏輯不僅不反對宗敎，還是宗敎的補充，與宗敎相輔相成❸。伊本・赫勒敦的這種觀點頗爲類似某些中國士大夫出世則奉行佛敎，入世則遵循儒學，甚至施展王霸之術的處世態度。

　　今天，社會科學家們認爲在亞里士多德的理想性的邏輯和伊本・赫勒敦的現實性的邏輯中，都包含著眞理的因素。撇開歷史上宗敎的盛衰榮枯不談，我們可以看到宗敎始終保持著一個核心。文明人幾乎不可能拋棄對於一個更完美的世界的渴望。但是，他也不可能完全超脫這個現實的，不完美的世界的複雜網絡。理想的完美與現實的缺陷永遠互相衝突；爲了保持有秩序的社會生活，人們必須時時處處尊重現實，與此同時，只要現實還不夠完美，理想就不會消失，理想是對現實的不可或缺的補充。

❸　Baali, 1981年（《從社會的角度看伊本・赫勒敦和伊斯蘭思想方式》），pp. 84-85.

無數志士仁人懷抱的崇高理想或許永遠不可能在地球上實現，但是，人類正是從這些理想中，汲取無窮的勇氣去直面人生，去殊死抗爭，去爭取一個更光明的未來，使現實世界更接近理想。

第四節　伊斯蘭教與游牧生活

在伊斯蘭教精神與阿拉伯人的游牧生活之間，並不存在根本性的衝突。所有在世俗社會中興起的宗教，都傾向於從神聖社會的理想那兒汲取自己的基本原理。在世俗化影響下，社會生活的解體是出現偉大先知的主要原因之一。世界上所有的偉大宗教，包括伊斯蘭教，都強調神聖社會那種不分貧富，不分貴賤的平等精神。

但是，伊斯蘭教精神確實與阿拉伯人的游牧生活發生過一些衝突。阿拉伯人的游牧社會，在部落範圍內一直是高度統合的，部落成員相互之間抱着一種手足情義，一種合作與忠誠的精神。在自己的部落內部，阿拉伯人生來就是民主主義者[82]。但是，當他遇到其他部落時，他就成了自我部落中心主義者。他認爲自己的部落是世界上最好、最高貴的部落。這就是伊斯蘭教與阿拉伯游牧生活的某些衝突的主要根源。在游牧人的眼睛裏，一個人必須忠於他的部落同胞，而不是忠於其他人。但是，根據穆罕默德的觀點，伊斯蘭教範圍內所有的部落都是平等的。穆罕默德一舉將效忠的對象從部落轉變爲宗教。他鼓吹所有的人都是亞當的後裔，而亞當是眞主用塵土造出來的，因此，最好的人是最虔誠的

---

[82]　Hitti, 1970 年（《阿拉伯通史》），p. 28.

人。

信仰的表白、禮拜、施捨、齋戒和朝覲，這伊斯蘭教的五大綱領的最初目的，很可能是爲了戰勝游牧民族的部落精神，非穆斯林的觀察者常常對五大綱領的嚴格吃驚，覺得它們消耗了穆斯林們那麼多的時間，妨害他們從事更多的世俗活動。事實上，在伊斯蘭教的初期階段恐怕不得不這樣做。只有使穆斯林們在祈禱時匍匐在地，頭觸塵土，一年中有整整一個月每天從黎明齋戒到日落，以及諸如此類的活動，才能使他們學會對自己的同胞謙卑，對眞主衷心服從。

從某種角度來講，伊斯蘭教是一種號召全世界各族人民參加的普及性宗教[83]，但是，從另一個角度來講，伊斯蘭教的大部分的理想、價值、綱領和信念，是建立在阿拉伯人的基礎上的，是爲了滿足阿拉伯人的某些需要而設計的。

穆罕默德本人是一個阿拉伯人，游牧文化的價值和思想方式對他的傳教活動有很深的影響。雖然穆罕默德最憎恨的素質就是對部落的極端忠誠，但是，畢竟正是游牧部落的神聖社會爲他提供了伊斯蘭教的大部分道德標準。事實上，據說穆罕默德說過，人就像礦物一樣，在接受伊斯蘭教以前是優秀的人們，信奉伊斯蘭教以後也同樣是優秀的[84]。他也說過，看看伊斯蘭教來到以前，你們所奉行的那些善行義舉，把它們運用於伊斯蘭教；給你的客人以安全，對孤兒要慷慨仁慈，對你的鄰居要和善友好[85]。

---

[83]　*Koran*（《古蘭經》），第 68 章，第 51 節，第 52 節；第 21 章，第 107 節。

[84]　Ibn Khaldun, *Muqaddimah*（伊本‧赫勒敦，《緒論》，貝魯特版），p. 134.

[85]　Koran（《古蘭經》），第 4 章，第 40 節。

據說哈帖木（約在公元 605 年卒）的女兒曾經作爲俘虜被帶到先知面前，她對先知說，她的父親總是釋放俘虜，保護親近者，慷慨好客，請饑餓的人飽餐，安慰痛苦的人，仗義疏財，從未拒絕過有所請求的人。先知回答她，眞正的信徒就應該這樣。先知對追隨者們說，因爲她的父親行爲高貴，就讓她獲得自由吧❽。

　　穆斯林敎義學家把伊斯蘭敎的基本原理分成三類：信仰、宗敎義務和善行。穆罕默德確定信仰與義務是爲了削弱阿拉伯人的部落精神，而以善行爲原則是爲了保持和加強他們的道德觀念。

　　阿拉伯人似乎很難用比較博大的伊斯蘭敎精神取代古老的狹隘的部落精神，儘管先知堅持譴責部落精神，阿拉伯人繼續有意無意地受其影響。可能因爲某些文化傳統和習俗不那麼容易被新的信仰所克服。但是，當阿拉伯人的部落精神（羣體凝聚力）與宗敎的某些方面協調一致時，他們會變得極其虔誠。在伊斯蘭敎發展的早期階段，他們利用自己的羣體凝聚力對付阿拉比亞以外的異敎徒時，對伊斯蘭敎顯示出驚人的熱情、誠心和獻身精神。確實，有些阿拉伯人參加戰爭，僅僅是爲了利用戰爭去獲得戰利品和進行搶掠，但是，大多數是爲了宗敎信仰，爲了聖戰而犧牲自己的生命的。

　　在伊斯蘭敎發展的早期階段，儘管穆罕默德對阿拉伯人的部落精神加以譴責，總的來說，伊斯蘭敎與阿拉伯人的價值觀念還是比較一致的。直到阿拉伯人所征服的文明民族接受了伊斯蘭敎，並對伊斯蘭敎加以改造，以適應他們的社會和心理需要以後，伊斯蘭敎與阿拉伯人的價值觀念的衝突才尖銳起來。

---

❽　Nicholson, 1930 年（《阿拉伯文學史》），pp. 86-87.

　　爲了擴大伊斯蘭教的影響範圍，穆罕默德努力壓制游牧民族的狹隘的部落精神，用宗教精神取而代之，他猛烈攻擊游牧民族對世系的自豪，宣揚只有對信仰的熱誠才是榮譽的唯一尺度。但是，要游牧民族迅速放棄他們有史以來所習慣的部落精神是相當困難的。先知死後不久，有些部落就背棄了新生的伊斯蘭教國家，部落精神是這種叛亂的主要原因之一。第二任正統哈里發歐麥爾對阿拉伯人的本性有很強的洞察力。他在鎭壓了這些叛亂之後，體會到必須把阿拉伯人的注意力引向某些積極的活動，引向一種新的忠誠，否則他們的舊的部落精神還會繼續惹是生非，歐麥爾用一場有組織的對外戰爭來取代阿拉伯部落之間的內戰。他把整個阿拉比亞變成了一個大兵營。他說過，阿拉比亞的游牧人以原料供給伊斯蘭敎[87]。他甚至主張阿拉伯人保持其傳統的對於世系的自豪[88]。事實上，爲了軍事目的，歐麥爾根據部落結構把阿拉比亞的游牧民族組織成軍隊，從而使游牧精神（羣體凝聚力）與伊斯蘭教精神一致起來。游牧民族的羣體凝聚力並沒有被完全取消，它只是穿上了一件新的臨時的外衣。歐麥爾死後，征服戰爭告一段落，在第三任正統哈里發奧斯曼統治期間，各個部落的羣體凝聚力東山再起，在伊斯蘭教世界的政治舞臺上大顯身手。

　　在歐麥爾統治期間，用來對異教徒進行戰爭的各個部落的羣體凝聚力，在奧斯曼統治期間又舊病復發，成爲各個部落互相鬭爭的根源和力量。奧斯曼家族是古萊氏部落的主要家族，奧斯曼的親戚占據了政府的大部分肥缺。這自然引起了其他部落的注意

---

[87]　Hitti, 1970 年（《阿拉伯通史》），p. 29.

[88]　Ibn Khaldun, *Muqaddimah*（伊本・赫勒敦，《緒論》，貝魯特版），p. 130, 126.

和嫉妒，覺得這種情況不能容忍。當然，這就成了舊的部落精神死灰復燃的溫床。反對奧斯曼的第一次叛亂發生在伊拉克。奧斯曼的勁敵號召人們前往麥地那，尋機復仇。奧斯曼召集帝國各地的總督和政客，與他們商討動亂的根源和有關對策，與會者之一直截了當地建議哈里發發動新的對外戰爭，把各個部落好戰的精力引向外部世界。但是，沒有來得及付諸實現。

叛亂者包圍了奧斯曼的住宅，並闖進去把他殺了。奧斯曼的親戚並不把這件謀殺案當做政治事件，而是把它當做家族事務。他們拒絕宣誓效忠阿里，因為阿里以不為奧斯曼復仇為條件才登上哈里發的寶座。阿里與奧斯曼的血族穆阿威葉之間的歷史性衝突就此開始了。

許多歷史學家相信，阿里在與穆阿威葉的戰爭失敗的一個主要原因，是他沒有注意部落精神（羣體凝聚力）。他根據伊斯蘭教原先的精神平等對待所有的人。他並不偏袒阿拉伯人而歧視非阿拉伯人，他並不籠絡各個部落的領袖和酋長，強大的古萊氏部落不喜歡阿里，阿里也不喜歡它，儘管阿里屬於這個部落的一個主要家族。阿里可以說是反對古萊氏部落精神的宗教力量的領袖。另一方面，穆阿威葉卻把部落精神作為其政策的基礎。他在把國家歲入的積餘分配給全國的穆斯林時，既不像阿里一樣平均分配，也不像歐麥爾一樣根據宗教方面的功績，而是根據羣體凝聚力的原則。因此，強大的部落在穆阿威葉的預算中就可以享有比較大的份額。

在阿里與穆阿威葉的這場鬥爭中，早期的十葉派，即阿里的追隨者，大部分來自南阿拉比亞[89]。當時人們把阿里與穆阿威葉

---

[89]　EI（《伊斯蘭百科全書》），第Ⅳ卷，p. 353,"Shia(十葉派)"，R. Strothmann 撰。

在綏芬平原上的決戰看做是南阿拉伯人（又稱也門人）與古萊氏人的戰爭。爲什麼也門人特別忠於阿里的事業？一個主要原因是也門人有很長的定居生活的歷史，並不注重部落精神。因此他們比較願意接受忽視部落精神的阿里的統治。許多也門人相信權力不一定與正義完全一致，只要阿里的事業是正義的，即使他戰敗了，去世了，他們還是堅持十葉派的事業。

　　有些北方部落也曾經站在阿里這一邊；但是，他們一看到阿里失敗的最初迹象就離他而去，形成了哈列哲派。哈列哲派既反對阿里，也反對穆阿威葉。他們反對阿里，是因爲他在戰爭中失敗了，反對穆阿威葉，是因爲他偏袒古萊氏部落。他們顯示出游牧民族的根深蒂固的本性。他們相信，只有當阿里勝利的時候，他才是正義的，他的失敗說明眞主拋棄了他。阿里譴責這種把權力與正義等同起來的觀點。但是，阿拉比亞的游牧民族很難理解阿里的理論。游牧民族堅信世界上永遠正義的羣體就是他們自己的那個部落。他們對自己部落的無限忠誠總是與一個不可動搖的信念聯繫在一起的：神是永遠站在他們這一邊的。哈列哲派是這種態度的典型例子。他們以對伊斯蘭教的極端虔誠和獻身精神而著稱，與此同時，他們毫不猶豫地殺死自己的敵人及其妻子兒女，搶走其財產❿。這方面，哈列哲派與伊斯蘭教以前的游牧民族沒有什麼很大不同。唯一的區別在於：以前的游牧民族有很多神（每個部落都有自己的神），而哈列哲派只有一個神，他們相信，這個神會支持他們反對一切敵人。儘管他們對眞主極其虔誠，他們無法理解伊斯蘭教的平等原則。他們反對古萊氏的部落精

---

❿　Nicholson, 1930 年（《阿拉伯文學史》），p. 211.

神，與此同時，他們堅持自己的部落精神。他們對自己的世系極其自豪，對非阿拉伯的穆斯林非常蔑視。在伍麥葉王朝建立後，哈列哲派從自己的發源地 —— 伊拉克逐漸撤向沙漠地區。在那兒他們比較容易保持游牧民族的宗教價值觀念。

　　伍麥葉王朝爲了避免各個部落的羣體凝聚力互相衝突，釀成內戰，重新發動對外戰爭。在其統治期間，取得了一系列對外征服的勝利。阿拉伯軍隊在東方挺進到中國的邊境上，在西方侵入了法蘭西。作爲阿拉伯人與衆多民族接觸的結果，兩種精神開始發展起來：一種精神是把北方的阿拉伯人與南方的阿拉伯人對立起來。北方的阿拉比亞人有一種根深蒂固的種族優越感，他們跟南方的阿拉比亞人從來沒有融合過。隨著時間的推移，北方的阿拉比亞人成爲一個政治派別的核心，也門人成爲另一個政治派別的核心。這種分化是導致伍麥葉王朝崩潰的原因之一❾。另一種精神是把所有的阿拉伯人與非阿拉伯人對立起來。伍麥葉王朝始終代表阿拉伯人反對非阿拉伯人。阿拉伯人開始變成一個貴族階級，看不起他們的非阿拉伯人的臣民。這是伍麥葉王朝崩潰的另一個主要原因。

　　伍麥葉王朝滅亡之後，非阿拉伯人的改宗者開始對伊斯蘭教進行改造；伊斯蘭教開始排除游牧生活的價值觀念。在阿拔斯哈里發統治期間，聖訓學開始發展起來，聖訓學家收集和寫定穆罕默德的聖訓。他們並不評論每條聖訓的內容是否合理或合乎邏輯。但是，他們可以決定聖訓的傳述者是否可靠，從而決定這些傳述者所傳述的聖訓是否可信。結果，他們實際上把不符合自己觀念

---

❾　Hitti, 1970 年（《阿拉伯通史》），pp. 280-288.

的傳述者及其傳述的聖訓排除掉了。

　　文明的價值觀念就這樣影響了伊斯蘭敎的性質。我們可以發現，那個時代伊斯蘭敎的某些方面已經與游牧生活的基本傾向相牴觸了。游牧民族對於學問抱着一種很深的蔑視，而伊斯蘭敎對各種科學知識相當尊重。不過，在先知心目中，知識很可能是指道德或行爲的宗敎準則。而聖訓學家在農耕文明的影響下，認爲知識就是各種學問。游牧民族對於依靠各種職業爲生的專業人員和販夫走卒是很蔑視的，因爲這些人是軟弱的，從屬於別人的。游牧民族以戰爭和刼掠爲生。就像伊本・赫勒敦所說的，他們寧肯靠自己的矛尖謀生❷。穆斯林聖訓學家相信，穆罕默德熱情地鼓勵農業和手工業。但是，有一條聖訓講到農業是卑賤的。聖訓學家爲此而困惑，他們不懂得，穆罕默德並沒有完全擺脫游牧民族的價值標準。

　　阿拉伯人，不管是游牧的還是定居的，不管他們對職業及其有關問題抱什麼觀點，都非常珍視個人的尊嚴，他們幾乎反對任何形式的權威。這就是爲什麼在穆罕默德以前，阿拉伯人不能統一起來，組成一個國家。穆罕默德通過建立一神敎才把他們統一起來。穆罕默德深知阿拉伯人唯恐任何權威損害他們的個人尊嚴，總是避免造成他個人在發號施令的印象，而要阿拉伯人服從眞主的命令，這實際上是一種使他自己的權威非個人化的技巧。他要求自己的追隨者服從、謙卑，以德報怨。

　　但是，當阿拉伯人發動對外戰爭時，進退兩難的境地就出現了。很難使阿拉伯人旣溫良恭謙讓又嗜殺成性。這種兩難境地使

---

❷　Ibn Khaldun, *Muqaddimah*（伊本・赫勒敦，《緒論》，貝魯特版），p. 149.

一些虔誠的穆斯林發生了尖銳的內心衝突，他們退出政治生活，專心致志於宗敎活動，相信伊斯蘭敎不應該再涉及政治或軍事事務。但是，歐麥爾掌握領導權以後，把伊斯蘭敎引上了戰爭和征服的道路。他探取了幾項措施，把伊斯蘭敎引向對外擴張而不是和平傳敎。在歐麥爾以前，叫穆斯林去做禮拜的呼喚中，有一個句子提醒他們，禮拜是最好的宗敎活動。歐麥爾下令把這個句子刪掉了。這可能是因爲他認爲這個句子會使穆斯林趨向和平，偏離尙武精神。他禁止阿拉伯人從事農業，甚至禁止他們住在城市裏，或與市民混在一起。這是與先知的命令相矛盾的，但是歐麥爾爲了保持阿拉伯人古老的好勇狠鬥的精神，不得不這樣做。他按照部落結構組織伊斯蘭軍隊。他還警告他們不要接受外人的風俗習慣。他把擁有羣體凝聚力的人任命爲政府和軍隊的官員。許多官職都由伍麥葉家族的成員來充當，而穆罕默德和阿里所屬的哈希姆家族則被排除在外。這種區別對待，可能並非由於歐麥爾對阿里有個人成見，而是因爲歐麥爾要利用阿拉伯人的部落和尙武精神來加強伊斯蘭敎的勝利，而伍麥葉家族是很傾向於阿拉伯人的游牧生活的價值觀念的。結果，伊斯蘭敎變成了一種征服和建立帝國的宗敎，而不是服從、獻身、謙卑的虔誠信徒的宗敎，聖戰成了整個伊斯蘭社會使眞主的言辭響徹全世界的義不容辭的責任。只是隨着歷史的發展，伊斯蘭敎才逐漸受到農業文明的影響，逐漸軟化，失去了它的尙武精神，聖戰的責任失去了它的實際價值，只是作爲一個名詞保存在宗敎詞彙中。

　　伊本・赫勒敦是一個阿拉伯人，而且是阿拉伯人的一些優秀品質的讚美者，他反對一些正統作者把阿拉伯人一筆抹殺的態度。

在伊本・赫勒敦以前，有幾位作者試圖肯定阿拉伯人的部落精神，但是失敗了。可能因爲他們所用的邏輯是與他們的論敵一樣的，早期的幾位著名歷史學家和聖訓學家有意識或無意識地反對阿拉伯人的游牧生活方式。根據舊邏輯，要否定他們的思想，意味着得把他們看成說謊者或不可信賴的人，伊本・赫勒敦不採用這種論證方式，他所運用的是一種全新的理論。

首先，伊本・赫勒敦認爲，說謊可能是無意識的；一個誠實的人可能說謊而並不意識到自己在說謊，有時候說謊是自然而然的。偏見、黨同伐異、盲從、輕信、刻舟求劍，膠柱鼓瑟、報喜不報憂、指鹿爲馬等等原因，都會使人們的言論與實際情況不符❸。因此，否定游牧生活的歷史學家不一定有意說謊，但是，他們的言論仍然可能與實際情況不相符合。

然後，伊本・赫勒敦討論了歷史學家所處理的記載或傳聞的性質。他把宗教性的記載與關於實際事件的記載區別開來❹。一個研究宗教性記載的人，可能並不需要知道社會規律或文明的骨架的性質，因爲神的啓示是宗教性記載的唯一的來源。但是，一個研究歷史的人就必須知道社會規律。伊本・赫勒敦嚴厲批評那些用同樣方式研究世俗記載和宗教資料的正統歷史學家。根據他的觀點，世俗事件是置於社會規律的支配之下的。關於社會規律的知識是一種有效的工具，歷史學家可以用這種工具來區別正確的記載和錯誤的記載，區別眞理和謬誤。正統歷史學家不懂得這個道理，因此常常犯極其可笑的錯誤。有些史學家正是因爲沒有根據歷史規律全面分析游牧民族的優劣長短和利弊功罪，所以對他

---

❸ Ibn Khaldun, *Muqaddimah* (同上), pp. 35-36.
❹ Ibn Khaldun, *Muqaddimah* (同上), p. 37.

們採取一筆抹殺的態度。

在確定了這條評判標準之後，伊本・赫勒敦爲歷史學家們精練地概述了社會規律。他從一個新穎的角度出發，對游牧民族的千秋功罪作出了自己的獨特的評價。

伊本・赫勒敦從社會控制的觀點把人類社會分成兩種類型：農牧文化和城市文化。在農牧文化裏，血緣關係占主導地位，人們受他們自己的自發的價值觀念所控制。在游牧民族中，部落精神，卽羣體凝聚力，增強了羣體的價值觀念。起到了社會控制的作用。在城市文化裏，暴力，比如警察，作爲社會控制的一種形式是必不可少的。

通過這種分類，伊本・赫勒敦把游牧民族的，尤其是阿拉伯人的羣體凝聚力（部落精神）放在一個很有利的地位上。在伊本・赫勒敦以前，還沒有一個作者能夠爲部落精神辯護或顯示它的長處。

使一個羣體的成員團結起來共同對外的精神，也使他們堅定地認同於這個羣體的價值觀念。在伊本・赫勒敦的理論中，強烈的部落精神和高尙的道德是緊密結合在一起的。游牧民族道德高尙，要比文明民族更接近宗教精神，在文明社會中流行的罪惡和醜行很少見之於游牧社會。他把文明社會中人欲橫流和爾虞我詐的情況，歸之於運用暴力作爲社會控制的手段。事實上，伊本・赫勒敦在他的著作中常常讚美游牧文明的優點和批評文明社會的缺點：

一、游牧民族比文明民族更善於戰鬪和征服其他民族。人類天生傾向於指揮別人。一個卑躬屈膝的人不是完美的人，俯首帖耳說明缺少大丈夫氣槪。在這方面，游牧民族要比文明人優勝

⑨。

　　二、伊本・赫勒敦也注意到，使用暴力作爲一種社會控制的工具，使人變得陽奉陰違和瞞上欺下。爲了逃避政府的壓迫，文明人傾向於把自己的本性隱蔽起來。而游牧民族則不喜歡藏頭露尾；他無所畏懼，一個儒夫是不可能在沙漠中生存下去的。

　　三、伊本・赫勒敦也注意到，文明常常與追求奢侈的傾向聯繫在一起。奢侈導致說謊、賭博、偷竊、通姦、僞證、高利貸等等惡行。當一個人爲了滿足奢侈生活的種種欲望而急需金錢時，他就可能不得不用非法手段去搞錢。隨着時間的推移，文明社會將變得人欲橫流。

　　四、文明社會中工商業的存在，必然使從事這些行業的人爲富不仁和招搖撞騙，這種性格是不合人性的。

　　五、游牧民族能夠相當容易地使自己適應宗教誡律和苦行生活。他們平常就衣着樸素，房屋簡陋，食品粗糙。這當然意味着他們將不那麼迷戀世俗生活⑨。

　　但是，伊本・赫勒敦並沒有毫無保留地讚美游牧文化。事實上，他完全知道游牧民族中存在着某些壞的品性。他與其他研究游牧文化的學者不同的地方，在於他把這些壞品性看做好品性不可避免的副產品。伊本・赫勒敦並不像正統作家那樣根據排中律來處理社會現象。他並不用非此即彼的兩分法把社會現象區分成絕對好的和絕對壞的；他認爲社會現象從好到壞有無數連續不斷的中間狀態。他就用這種觀點來看待游牧文化的整個模式和游牧民族的性格特徵。

⑨　Ibn Khaldun, *Muqaddimah* （同上），pp. 148-150.
⑨　Ibn Khaldun, *Muqaddimah* （同上），pp. 411-412.

　　伊本・赫勒敦認爲，因爲游牧民族比文明人更爲勇敢、強壯、善於戰鬥，所以他們也更傲慢自大，更不願服從文明生活的秩序。游牧民族好勇鬥狠，是最嚴重的搗亂者。游牧民族能夠比較容易地用寶劍建立一個帝國，但是，他們桀驁不馴，總是遲遲不願服從帝國的管轄❼。

　　根據伊本・赫勒敦的觀點，他那個時代的阿拉伯人是世界上最富於游牧性的民族，他強調說明他們也是最難統治的民族。他們只要一待在一起，就會相互妒嫉、競爭、吵架和毆鬥。他們一看到自己的領袖的弱點，就立卽起而與他爭權奪利。他們唯一的紐帶是其強大的羣體凝聚力，伊本・赫勒敦認爲這種凝聚力是人類的自然傾向。如果一個人的家族或氏族的某一個成員遭到了外人的侮辱，這個人自然會感到那就是對他的侮辱❽。

　　伊本・赫勒敦也說過，阿拉伯人如果沒有宗教的話，就不可能建立一個帝國，或管理一個帝國。反過來，宗教不與羣體凝聚力相結合也是沒有什麼效果的。一種宗教如果沒有善於戰鬥和征服的追隨者，是不會成功的。眞正的宗教必須是勝利的宗教。宗教與游牧民族的羣體凝聚力之間，並沒有什麼不可克服的衝突。

　　伊本・赫勒敦面臨的一個難題是先知作過一些譴責游牧特性的聖訓。他必須對這些聖訓作出重新解釋。

　　一、穆罕默德曾經敦促他的追隨者離開沙漠，接受城市生活。伊本・赫勒敦指出，這是先知在希志來以後，敦促信徒到麥地那來與他會合，動員他們反對不信教者時所作的暫時的指令，在勝利以後就沒有意義了，並不是永久性的命令。

　　❼　Ibn Khaldun, *Muqaddimah* (同上), p. 151.
　　❽　Ibn Khaldun, *Muqaddimah* (同上), pp. 128-129.

二、先知譴責過游牧民族的部落精神（羣體凝聚力）。伊本・赫勒敦相信，這種譴責不是反對一切羣體凝聚力的，而是針對伊斯蘭敎興起以前用來發動部落戰爭和搶劫的羣體凝聚力的。羣體凝聚力可以是好的，也可以是壞的，取決於利用它的目的。如果爲了好的目的利用它，比如，支持宗敎或聲張正義，那它就是好的，如果爲了壞的目的利用它，比如，維護私利或支持非正義的事業，那它就是壞的●。

三、先知也譴責游牧民族對世系的自豪。在伊本・赫勒敦的心目中，對世系的自豪是人類的自然傾向。它也是部落精神的基礎。他爲了支持自己的解釋，引證了歐麥爾敦促阿拉伯保持其世系的言論●。

伊本・赫勒敦也研究了形成游牧生活和城市生活的經濟因素。他用物質方面的原因來解釋科學和技術的產生和發展。科技通常在定居社會裏比較發達，這並不是因爲定居民族比游牧民族聰明，而是因爲科技是定居生活的必然產物，是供求關係發展的結果。在定居社會裏，勞動分工發達，生產效率很高，結果產生了許多剩餘，於是被用來滿足奢侈方面的需要。游牧民族則要花巨大的努力才能滿足自己的基本需要，他們只求溫飽，無暇顧及奢侈。無論從宗敎的觀點來看，還是從世俗的觀點來看，奢侈的生活是對人有害的。而且市民開銷大，這就迫使他拼命工作,不擇手段地去搞錢。最後會導致道德淪喪，甚至社會解體。當游牧民族定居化的時候，也會出現類似的情況；他們開始依靠城牆和雇

● Ibn Khaldun, *Muqaddimah* （同上），p. 203.
● Ibn Khaldun, *Muqaddimah* （同上），p. 130.

傭軍來保護自己，　結果失去了原先的羣體凝聚力、　勇猛和榮譽感。他們可能會成爲科學家、建築師或能工巧匠，但是新的技巧和知識並不能補償他們的大丈夫氣槪的削弱❿。伊本‧赫勒敦指出，除了少數例外，伊斯蘭教的學者都是非阿拉伯人，但這並非因爲阿拉伯人天資愚笨。在穆罕默德時代，阿拉伯人沒有科學技術，是因爲無此需要。而在賴世德的時代，阿拉伯人把研究《古蘭經》、聖訓和有關學科的事兒留給波斯人以及混血兒去做了。

　　某些研究伊本‧赫勒敦的現代學者傾向於根據現代價値體系去解釋他的理論。因此，他們批評他對阿拉伯人橫加指責，把阿拉比亞的游牧民族（貝杜因人）稱爲野蠻、破壞成性、文盲、敵視科學技術的人。他們沒有去研究一下，他實際上是怎樣去理解這些消極因素的。他們的共同失誤在於他們都根據亞里士多德邏輯的非此卽彼的兩分法去評價伊本‧赫勒敦的理論。他們忽視了一個事實 —— 對伊本‧赫勒敦來說，沒有什麼東西是絕對好的，或絕對壞的。根據他的理論，每一樣好的事物必然伴隨着壞的副產品。他毫不容情地批判了游牧的阿拉伯人對定居文明的破壞，同時，他也肯定了他們的羣體凝聚力及其在建立強大王朝中的作用。

　　有的學者認爲伊本‧赫勒敦是柏柏爾人，由於阿拉伯人征服了柏柏爾人而仇恨阿拉伯人。他們認爲赫勒敦家族自稱屬於阿拉伯人的世系不可靠。實際上，伊本‧赫勒敦是阿拉伯人的後裔。不過，伊本赫勒敦的眞正的世系不一定影響他對阿拉伯人的態度。重要的在於，他相信自己是一個阿拉伯人，有意識或無意識地以

---

❿　Ibn Khaldun, *Muqaddimah*（同上），p. 373-374.

自己是一個阿拉伯人而自豪。

伊本·赫敦勒的家族出自哈達拉毛人[102]，而並非眞正的南阿拉伯人（也門人）。哈達拉毛人遠比也門人更接近游牧生活，對定居文明的貢獻要比也門人小得多。而且，哈達拉毛人一開始就支持穆阿威葉的事業，而也門人則支持阿里的事業。哈達拉毛人支持穆阿威葉可能是因爲他像他們一樣比較傾向於游牧民族的價值觀念，赫勒敦家族的首領瓦伊勒與穆阿威葉私交很好，曾去會見過穆阿威葉，備受禮遇[103]。瓦伊勒幫助穆阿威葉殺死了忠於阿里的虔誠的也門人希志爾。正統的穆斯林將此作爲攻擊穆阿威葉和伍麥葉王朝的一條罪狀。但是伊本·赫勒敦認爲希志爾背叛穆阿威葉的合法統治，理應受此懲罰[104]。

在伍麥葉王朝統治期間，伊本·赫勒敦的祖先參加了對西班牙的征服，赫勒敦家族從此在西班牙定居下來。在阿拔斯王朝時代，西班牙的伍麥葉王朝當然仍然認爲自己是先知的合法的繼承者，而阿拉伯人的後裔備受尊重。當西班牙的伊斯蘭教政權遭到基督教勢力的威脅時，伊本·赫勒敦的祖先離開西班牙，來到突尼斯。突尼斯是伊斯蘭教正統派的重要中心，而且深受幾十年以前阿拉伯游牧部落入侵之苦，因此突尼斯人抱着否定伍麥葉王朝、阿拉伯人和游牧民族的態度。伊本·赫勒敦的祖先生活在這樣的環境裏是不會很舒服的，他們一定經歷過強烈的內心衝突。在西班牙時，這個家族傾向於政治和實際活動。他們是入世的、活躍的、雄心勃勃的。當他們遷往突尼斯以後，虔誠的、神祕主

---

[102]　Ibn Khaldun, *Muqaddimah* （同上），p. 3.

[103]　B（《殷鑑》1867 年版），第Ⅶ卷，p. 380.

[104]　B（同上），第Ⅲ卷，p. 12, 380.

義的傾向開始影響他們。他們常常突然退出政治舞臺，虔誠地獻身於宗敎生活。

伊本‧赫勒敦在寫作著名的《緒論》以前的四十年生活，可以大致分成兩個部分： 一個部分是學習和研究宗敎知識， 另一個部分是投身於政治和外交活動。這兩個部分的對比是非常明顯的。在第一部分的生活中， 他在虔誠的父親的影響下是篤信宗敎的； 在第二部分的生活中， 他在世俗社會的影響下抱着追名逐利的態度。後來， 他退出政治生涯， 生活在游牧部落中間， 試圖找到一條萬全之策解決這種兩難處境。他可能感到急迫需要去尋求一種理論， 解釋種種矛盾。他把注意力集中在伍麥葉王朝與阿拔斯王朝、阿拉伯主義與伊斯蘭敎、游牧文化與定居文化之間的矛盾上。誰對誰錯， 他很難斷然作出絕對的判斷。事實上， 伊本‧赫勒敦可以被認爲是一個邊際人 —— 處於兩種不同文化之間而又不屬於其中任何一種的人❿。他身處定居文明與游牧文化的邊際上， 他與飽學之士以及部落首領的關係是相當複雜的。

伊本‧赫勒敦是在一個深受游牧民族入侵之害的城市裏長大的； 但是後來他又有機會與游牧部落發生親密的交往， 他大吃一驚， 發現他們是非常好的人， 熱情好客， 慷慨大方， 助人爲樂。他可能不得不探索另一種評價善惡的標準來解決這種矛盾。

伊本‧赫勒敦在四十四歲時決定放棄政治， 到一個阿拉伯人的游牧部落 —— 奧拉德 —— 阿里夫家族中隱居一陣。他在伊本‧賽拉麥城堡度過了四年寫作生活。他完全避開了文明社會的騷動和干擾，從而能夠深思默想，尋求擺脫兩難處境的出路。換言之，

---

❿ Stonequist, 1961 年（《邊際人》）, p.xv.

他打算運用直覺的洞察力去發現眞理。事實上，伊本‧赫勒敦確實經歷了某種他自己覺得神祕的直覺。在此期間，無數新思想在他心中洶湧澎湃，連他自己都覺得吃驚。他覺得自己的靈魂突然被先知的光輝照亮了。

伊本‧赫勒敦一生經歷了邊際人通常經歷過的三個階段：(一)他還沒有意識到文化衝突，還沒有內心衝突的階段。大致相當於他的童年時代，他還處於神聖社會的絕對價值標準的影響之下。(二)第二階段是他經歷不同價值標準衝突的階段。這構成了危機，他通常的習慣與態度在某種程度上變得支離破碎了。他必須重新發現他的自我。(三)第三階段是他對危機的回應，他所進行的調整。他可能進行成功的調整，從而重新獲得安寧，擺脫邊際狀態。但是，邊際人也可能無法解決自己的兩難處境。困難猶如泰山壓頂，他不能成功地調整自己，一直處於心理紊亂的狀態中。

從某種意義上說，伊本‧赫勒敦成功地進行了調整，找到了解脫之道。如果他沒有找到這個平靜的，給人以靈感的隱居之地，他很可能陷入心理紊亂狀態。他在退隱之前，似乎已經面臨精神崩潰的邊緣。退隱是他生活中的一個轉折點。在這之前，他主要是一個投身政治和行動的人。在此之後，他成了一個十足的學者。通過寫作《緒論》，他自己覺得很滿意地解決了壓倒一切的大問題。他一舉解決了他個人生活中的實際的兩難處境，同時也解決了他的社會的理論上的兩難處境。

一般來說，邊際人傾向於用兩種方式來解決問題：或是接受兩種衝突的文化體系中的某一種，或是覓得一種中庸之道。一個創造性的思想家通常不喜歡第一種方式；他對兩種文化的弱點的洞察力驅使他發展出一種他自己的體系，兼取兩者之長，而揚棄兩者之短。伊本・赫勒敦尋求的就是中庸之道。他發現游牧文化與定居文明都有各自的不足之處。因此他努力兼取兩者之長，創造一套新的價值體系。他指出任何一種人類的品性走了極端就該受到譴責。至善之道是中庸之道；比如慷慨是吝嗇與浪費之間的中庸之道，勇敢是怯儒與魯莽之間的中庸之道⑩。

　　伊本・赫勒敦可以被認為是游牧文化與伊斯蘭教的調和者。前面已經說明，在正統哈里發歐麥爾時代，伊斯蘭教和游牧文化是比較統一的。歐麥爾死後，兩者開始顯示出分裂和矛盾的迹象。後來，在穆阿威葉手上，它們又或多或少重新統一起來了。伊本・赫勒敦對歐麥爾和穆阿威葉的肯定說明他傾向於把游牧文化和伊斯蘭教按照他們的方式調和起來。伊本・赫勒敦對穆瓦希德王朝的麥海廸的態度也說明了這一點。伊本・赫勒敦是伊斯蘭教千福年希望和麥海廸主義的嚴厲的批評者。他所肯定的唯一的麥海廸是穆瓦希德王朝的伊本・突麥爾特。因為只有這個麥海廸成功地用類似歐麥爾和穆阿威葉的方式將伊斯蘭教和游牧文化結合起來了⑩。

　　伊本・赫勒敦的哲學可以被稱為順應潮流的哲學。人們應該順應而不是抗拒社會潮流。社會發展是辯證的，從好變壞，然後再從壞變好，完成一個循環。在游牧社會裏權力與正義是統一的。只是當游牧部落互相鬥爭，導致敵意和毀滅時，兩者才分裂開來。只有通過宗教，互相敵視的部落才能聯合起來，建立仁慈

---

⑩　Ibn Khaldun, *Muqaddimah*（伊本・赫勒敦，《緒論》，貝魯特版），p. 189.

⑩　Hitti, 1970 年（《阿拉伯通史》），pp. 546-548.

的政治 —— 宗敎體系。在這個體系中，權力與正義在一種大得多的規模上重新結合在一起。它兼有游牧文化與定居文明之長，而揚棄兩者之短。當然，它不是永恒的，社會生活的發展不會讓它永久延續下去。但是，如果它消失了，它或遲或早會重新出現。

當伊本・赫勒敦結束他的隱居生活，以新的精神面貌出現時，他可能期待着會出現這樣一個仁政。在他心目中，他從前爲之服務的君主不再值得他去效勞了。他們只是社會衰落階段的代表。伊本・赫勒敦去會見帖木兒的原因之一可能是他想去看一看，這個著名的出自游牧民族的世界征服者，是否符合自己的社會理論所樹立的標準。他在親眼目睹了游牧的韃靼人殘忍地搶劫和屠殺手無寸鐵的大馬士革居民後，肯定認爲帖木兒不像歐麥爾或伊本・突麥爾特。帖木兒是一個純粹的游牧民族的領袖，而不是一個眞正的宗敎信徒。

儘管伊本・赫勒敦沒有在他的現實生活中找到一個把游牧文化與伊斯蘭敎結合起來的麥海廸，但是，他用順應潮流的哲學爲自己的個人問題和整個伊斯蘭文化的兩難處境提供了一種解答。根據這種解答，邊際人應該順應社會進程，觀察它辯證發展過程，而不應該徒勞無功地去干擾它。邊際人因爲處於兩種文化之間，比較容易成爲統治羣體及其文化的敏銳的批評者。因爲他能夠把一個局中人對內幕的洞察和一個局外人的批判態度結合起來。他的分析不一定是客觀的，他往往有太多的感情因素使他不容易採取冷靜客觀的態度。但是他很善於注意主導文化的內在矛盾和矯揉造作。主導文化的道德要求與其實際成效之間的鴻溝逃不過他的眼睛 ⑩。伊本・赫勒敦可以說就是這樣的邊際人，他

---

⑩ Stonequist, 1961 年（《邊際人》），p. 155.

有力地批判了主導文化的價值體系，抨擊了正統衞道士的矯揉造作。

　　另一方面，伊本・赫勒敦運用他的一時性 —— 相對性 —— 實利性的邏輯對游牧文化作出了自己獨特的評價。游牧民族是野蠻的，但是這並非因爲他們受罪惡精神的驅使，或受眞主的詛咒，而是因爲社會發展的進程使其如此。人是他的社會環境的產物。游牧民族是沙漠裏特有的生活方式的產物，他們不可能以另外一種面目出現。 在沙漠裏游牧的部落普遍尚武。 他們必然好勇狠鬪，要不然的話，他們就會被自然汰淘了⑩。

---

⑩　Balli, 1981年（《從社會的角度看伊本・赫勒敦和伊斯蘭思想方式》），p. 121.

第六章　重新發現伊本・赫勒敦

第一節　研究與評價

伊本・赫勒敦於1406年去世。在他去世後的第四百年，1806年，戴・薩西印行了他的著作的一些片段，並附以法文翻譯❶。從 1406 年到1806年這四個世紀當中，歐洲對這位最偉大的阿拉伯歷史學家幾乎一無所知，只有土耳其學者保持着對他的最重要的著作——《緒論》的知識。《緒論》的最後部分是研究伊斯蘭教諸學科的，土耳其編纂百科全書的一些作者曾經把它作爲資料加以運用。十八世紀，皮里宰德赫將《緒論》翻譯成了土耳其文❷。在土耳其，《緒論》的阿拉伯文原文和土耳其文譯本都得到廣泛的閱讀。在某種程度上，土耳其學者也相當熟悉《殷鑒》。

伊本・赫勒敦著作的某些內容，比如他爲格拉納達的奈斯爾王朝的穆罕默德五世 (1354-59;1362-91) 寫的邏輯學敎本，《殷鑒》中研究艾哈麥爾人的部分等等，在十五世紀時仍然爲西班牙學者所了解。但是，隨着基督敎勢力將摩爾人逐出西班牙，那兒

---

❶ Silvestre de Sacy, A. I., 載於 *Chrestomathie Arabe,* Paris, 1806, II, 401-573.

❷ Piri Zadeh, M., *'Unwān as-Siyar, Tarjuman Muqaddamat Ibn Khaldūn*, 1859 年在開羅與阿拉伯文原文一起刊行，1860 年在君士但丁堡分爲三卷單獨刊行。

關於伊本·赫勒敦的知識也就中斷了。

1636年刊行了伊本·阿拉伯沙的阿拉伯文的《帖木兒傳》，1658 年刊行了此書的法文譯本， 1767-72 年刊行了拉丁文譯本❸。這至少使有些歐洲學者注意到有關伊本·赫勒敦會見帖木兒的描寫。 埃伯洛特最先在其《東方文庫》中提到伊本·赫勒敦(1697年)❹，他提到了巴黎的關於字母的魔力的 1015 號抄本。他在自己的著作中常常利用哈只·赫勒法 (1658年卒) 的《書名釋疑》。1804年，哈默在其百科全書式的著作中從哈只·赫勒法的《書名釋疑》中轉引了一段伊本·赫勒敦對音樂的論述❺。雖然哈默當時住在君士坦丁堡，但是他並不知道這個城市中保存着伊本·赫勒敦著作的抄本。上述這些片段的敍述還完全不足以使人設想伊本·赫勒敦是一個偉大的歷史學家，是社會現象的最深刻的觀察者之一。19世紀以前歐洲對伊本·赫勒敦的了解還是非常零碎的，並且有許多謬誤。

1806年戴·薩西刊行的伊本·赫勒敦著作的片段，也沒有揭示這位阿拉伯作者的出眾之處。次年，羅西在其著作中根據巴黎 750 號和 1015 號抄本，以及萊登 1768 號抄本對伊本·赫勒敦

---

❸ *Ahmedis Arabsiadae, vitae et rerum gestarum Timuri, qui vulto Tamerlanes dicitur, historia,* 1636. 法文翻譯: Vattier, Pierre, *L 'Histoire du Grand Tamerlan, traduite de l'Arabe,* 1658. 拉丁文翻譯: Manger, Samuel H., *Ahmedis Arabsiadis vitae et rerum gestarum Timuri historia,* 1767-72.

❹ Herbelot de Moulainville, B. *Bibliothéque Orientale,* Paris, 1697, II, P. 418.

❺ Hammer, J. von, *Encyclopedische Uebersicht der Wissenschaften des Orients,* Leipzig, 1804, pp. 278-279.

作了比較正確的敍述❻。1810年, 戴‧薩西刊行並翻譯了《緒論》中關於尋找寶物和強國建立雄偉建築物的片段❼。1812年, 哈默由於對《緒論》產生了非常深的印象, 以致於把伊本‧赫勒敦稱爲阿拉伯的孟德斯鳩❽。1816-1818 年, 他刊行了《緒論》的幾個片段❾。戴‧薩西在其《古今傳記大全》(1818 年) 中對《緒論》作了更貼切的描述❿。1820年, 蘭西刊行了巴黎1015號抄本的意大利文譯本⓫。1822年, 哈默在《亞洲雜誌》上介紹了《緒論》的前五章⓬, 1924 年, 加森‧戴‧塔西介紹了第六章⓭。

<hr>

❻ Rossi, G. B. de, *Dizionario storico degli autori arabi piúcelebri et delle principali loro opere*, Parma, 1807, pp. 56-57.

❼ Silvestre de Sacy, A. I., *Relation de l'Egypte par Abdallatif*, Paris, 1810, pp. 509-524, 558-564.

❽ Hammer-Purgstall, J. von, *Ueber den Verfall des Islams nach den ersten drei Jahrhunderten der Hidschra*, Vienna, 1812.

❾ Hammer, J. von, *Fundgruben des Orients*, Vienna, 1816 ff., v: 389, vi: 301-307, 362-364.

❿ Silvestre de Sacy, A. I., "Ibn Khaldoun", 載於 *Biographie universelle ancienne et moderne*, xxi, Paris, 1818, p. 154.

⓫ Lanci, Michelangelo, *Articulo di Aben Caliduno sull' antica e veria arte di scrivere appresso gli Arabi*, Roma, 1820.

⓬ Hammer, J. von, "Notice sur l'Introduction à la connaissance de l'histoire, célèbre ouvrage arabe d'Ibn Khaldoun", 載於 *Journal asiatique (JA)*, 1 ser., i(1822), pp. 267-278.

⓭ Garcin de Tassy, "Supplement à la notice de M. Hammer sur l'Introduction à la connaissance de l'histoire, célèbre ouvrage arabe d'Ibn Khaldoun", 載於 *JA*, 1 ser., iv (1824), pp. 158-161.

1824、1825 和 1827 年，科凱貝特・戴・蒙特布雷特刊行了《緒論》的一些選粹⓮。他呼籲維也納、羅馬、聖彼得堡和萊登提供伊本・赫勒敦著作抄本目錄，但是並未得到響應。舒爾茨曾經有機會前往東方，1825 和 1828 年報告了他在君士但丁堡的易卜拉欣帕夏圖書館裏發現的伊本・赫勒敦著作的抄本，1828年首次將關於柏柏爾人歷史的摘要翻譯成法文⓯。戴・薩西在1826，1829和1831年繼續刊行《緒論》的選粹⓰。

　　早期研究的另一個成果是瑞典學者亨索的《關於非洲哲學家伊本・赫勒敦的偉大歷史著作的報告》(1832年)⓱。他報告了自己在北非尋找伊本・赫勒敦著作抄本的經歷。另一位瑞典學者湯伯格 1839 年刊行了五頁伊本・赫勒敦所寫的關於柏柏爾人的歷史，此後又刊行了他關於法蘭克人遠征伊斯蘭教屬地的記載，均

⓮　Coquebert de Montbret, E. "Extraits des Prolégomènes historiques d'Ibn Khaldoun", 載於 *JA*, 1. ser., v (1824), pp. 148-156 （論馬格里布城市數量少）；vi (1825), pp. 106-113 （論城市裡說的阿拉伯語的多樣化）；x(1827), pp. 3-19 （論建築）．

⓯　*JA*, 1825, pp. 213 ff., 279 ff.; 1828, pp. 68 ff., 125 ff.

⓰　Silvestre de Sacy, A. I. *Chrésiomathie arabe, ou extraits des divers écrivains arabes*, Paris, 1826 f., i: 370-410 （論歷史）；ii: 279-306 （論貨幣）；ii: 307-336 （論阿拉伯書法）．*Anthologie grammaticale arabe*, Paris, 1928, pp.408-447 （論語言科學），472-476 （論方言），"Eben Khaldoun sur Sofisme", 載於 *Notices et Extraits*, xii (1831), pp. 294-305 （論神祕主義）．

⓱　Hemsoe, J. G. de, *Account of the Great Historical Work of the African Philosopher Ibn Khaldun*, London, 1832.

附有拉丁文翻譯❶。

　　1841年，內爾・戴・弗格斯摘錄了《殷鑒》的部分內容並加以翻譯，彙編成《艾格萊卜王朝統治下的亞非里加和穆斯林統治下的西西里的歷史》❶。這個工作不僅本身很重要，而且刺激了阿馬里和多齊的研究。阿馬里 1857 年刊行了《殷鑒》中的一些片段，並在 1881、1886 和1889年把它們翻譯成了意大利文❷。多齊在 1846 年出版的《阿巴德王朝史》中引用了伊本・赫勒敦的《殷鑒》的一些資料，在 1860 年刊行了伊本・赫勒敦關於西班牙基督敎諸王歷史的記載❷。一位住在俄國的德國學者蒂森豪森在1884年刊行了伊本・赫勒敦關於欽察加汗國歷史的記載，並

❶　Tornberg, C.J. "Primordia Dominationis Murabitorum'e libro arabico vulgo Kartas inscripta auctore Abu'l Hasan Ibn Abi Zera," 載於 *Nova Acta Societatis Scientiarum Upsaliensis,* XI, 1839, pp. 315-336. "Ibn Khalduni Narratio de expeditionibus Francorum in terras Islamismo subjectas," 載於 *Nova Acta Societatis Scientiarum Upsaliensis,* XII, 1844.

❶　Noel des Vergers, A. *Histoire de l'Afrique sous la dynastie des Aghlabites et de la Sicile sous la domination musulmane,* Paris, 1841（原文和法文翻譯）．

❷　Amari, M. *Bibliotheca arabo-sicula,* Leipzig, 1857 ff., i: 460-508; Turin-Rome, 1880 f., ii: 163-243, 710-720, 以及附錄（原文和意大利文翻譯），載於 *La Guerra del Vespro Siciliano,* 9th ed., Milan, 1886. "Altri frammenti arabi relativi alla storia d'Italia," 載於 *Atti della Reale Accademia dei Lincei* (Rome), 1889.

❷　Dozy, R. "Loci Ibn Calduni," 載於 *Historia Abbadidarum,* Vol. II, 1846. *Recherches sur l'histoire et la litterature de l'Espagne pendant le Moyen Age,* Leiden, 1860.

翻譯成俄文❷。1892 年，H.C. 凱在《也門：中世紀早期史》一
書中將伊本・赫勒敦關於也門史的記載翻譯成了英文❸。古德夫
魯瓦・德芒比內在 1898 年將伊本・赫勒敦關於艾哈麥爾人的歷
史的記載編輯出版，並翻譯成了法文❹。

　　這一時期比較引人注目的工作是：德斯朗在1844年將伊本・
赫勒敦的自傳翻譯成了法文，1847-51 年編輯出版了《殷鑒》
的最後兩卷（柏柏爾人史），並於 1852 年將其翻譯成法文❺。
1852-56 年，卡特勒梅勒編輯出版了《緒論》，這是《緒論》的
兩種基本版本之一❻。1862-68 年，德斯朗將其翻譯成法文出版
❼。有的學者認為這是迄今最好的譯本，對伊本・赫勒敦的風
格、隱喻和術語顯示出高度的敏感。《緒論》的另一種基本版本

---

❷ Tiesenhausen, V. G. "Recueil de Matériaux relatifis
à l'histoire de la Horde d'or" 載於 *Mémoires présen-*
tées à l'Académie Impériale des Sciences de st. Pét-
ersburg, i (1884), 356-394（原文和俄文翻譯）.

❸ Kay, H.C. *Yaman, Its Early Medieval History,* London,
1892.

❹ Gaudefroy-Demombynes, M. "Ibn Khaldoun, Histoire
des Benou-l-Ahmar, rois de Grenade", 載於 *JA*, 9 ser.,
xii (1898), 309-340, 407-462.

❺ Slane, W. M. de, "Autobiographie d'Ibn Khaldoun",載
於*JA*, 4 ser., iii (1844), 5-60, 187-210, 291-308, 325-353.
Tārīkh ad-duwal al-islāmīya bil-Maghrib, 2 vols.,
Algiers, 1263 ff./1847 ff. *Histoire des berbères et des*
dynasties musulmanes de l'Afrique Septentrionale, 4
vols., Paris, 1852 ff.

❻ Quatremère, E., *Les prolégomènes d'Ebn Khaldoun,*
texte arabe, 3 vols. (*Notices et Extraits,* xvi, xvii,
xviii), Paris, 1858.

❼ Slane, W. M. de, *Les Prolégomènes d'Ibn Khaldoun,*
3 vols., Paris, 1863 ff. (*Notices et Ectraits,* xix, xx, xxi)

是 1867 年胡里尼編輯出版的《殷鑒》的全本（七卷）中的第一
卷❷。

　　克雷默 1879 年在維也納發表的〈伊本・赫勒敦及其伊斯蘭
文明史〉是一篇非常有影響的論文，指出了伊本・赫勒敦在歷史
哲學方面的重大貢獻，這篇論文在 1927 年被翻譯成英文❷。

　　1893年，弗林特在其《法國、比利時和瑞士歷史哲學史》❸
中對伊本・赫勒敦作了如下的評價：

　　「……講到歷史的科學或者歷史的哲學，一個最輝煌的名
　　字為阿拉伯文獻贏得了光彩。古典世界或中世紀基督教世
　　界都沒有能夠出現一位差不多同樣輝煌的人物。伊本・赫
　　勒敦（A.D. 1332-1406 年），如果僅僅被看做一位歷史學
　　家，那麼他在阿拉伯作者當中也是出類拔萃的，但是作為
　　一位歷史理論家，在維科出現之前的三百多年中，在任何
　　年代和國家中他都是無與倫比的。柏拉圖、亞里士多德和
　　奧古斯丁都不能與他匹敵，其他所有的人根本不可同日而

---

❷　Hūrīnī, N. *Kitāb al-'Ibar*, 7 vols., Būlāq, 1284/1867.

❷　Kremer, A. von, "Ibn Chaldun und seine Culturgesc-
　　hichte der islamischen Reiche", 載於 *Sitzungsberichte
　　der Kaiserlichen*, Akademie der Wissenschaften (Vi-
　　enna), Philosophisch-historische Klasse, xciii (1879),
　　581-634; 英文翻譯: S. Khuda Bukhsh, "Ibn Khaldun and
　　his History of Islamic Civilization", 載於 *Islamic Cul-
　　ture*, i (1927), 567-607, 重印於 Kremer, *Contributions to
　　the History of Islamic Civilization*, Calcutta, 1929 ff.,
　　ii: 201-260.

❸　Flint, R. *History of the Philosophy of History in
　　France, Belgium, and Switzerland*, Edinburgh, 1893,
　　i:157-171.

語。他的創造性和睿智，他的深邃和他的廣博同樣令人驚嘆。然而，他是一位出格的人物，在歷史哲學領域裏，他與信奉同一宗教的人相比，與同時代人相比，是超凡出眾，獨一無二的，就像但丁在詩歌領域裏或羅吉·培根在科學領域裏一樣。阿拉伯歷史學家確實收集了他所能運用的資料，但是只有他一個人駕馭了這些資料……」

各種阿拉伯文學史，布羅克爾曼 1893 年用德文出版的❸，於阿爾 1902 年用法文出版的❷，皮齊 1903 年用意大利文出版的❸，尼古爾生 1907 年用英文出版的❹，都讚揚了伊本·赫勒敦的成就。博埃 1901 年用德文出版，1903 年被翻譯成英文的《伊斯蘭哲學史》也用了相當的篇幅介紹伊本·赫勒敦❺。繆爾 1883年出版的《早期哈里發國家編年史》❻，以及其他研究伊斯蘭歷史的史學家，比如繆勒❼和于阿爾❽的著作都將伊本·赫勒敦的作品當做史料來運用。歷史哲學家，比如梅爾在其著作中給伊本·赫勒敦一席之地❾。這一時期，一些百科全書中關於伊本·

---

❸ Brockelmann, C. *Geschichte der arabischen Literatue,* 1893.

❷ Huart, D. *Littérature Arabe,* Paris, 1902, pp. 345-349.

❸ Pizzi, I. *Letteratura Araba,* Milan, 1903, pp. 333-337.

❹ Nicholson, R. A. *A Literary History of the Arabs,* Cambridge, 1907, pp. 437-440.

❺ Boer, T. J. de, *History of Philosophy in Islam,* London, 1903, pp. 200-208. E. R. Jones 英譯.原本 *Geschichte der Philosophie im Islam,* Stuttgart, 1901, pp. 177-184.

❻ Muir, W. *Annals of the Early Caliphate,* 1883.

❼ Müller, A. *Islam in Morgen-und Abendland,* Berlin, 1888.

❽ Huart, C. *Histoire des Arabes,* 1912.

❾ Meyer, E. *Geschichte des Althertums,* Berlin, 1855 ff., i/1:83-84.

赫勒敦的條目使他變得比較著名了。1881 年的第九版和 1911 年
的第十一版不列顛百科全書❹，1881 年的法國大百科全書❹，
1886年的意大利百科全書❹，1915年的第二版新國際百科全書❹，
以及1918年的第一版伊斯蘭百科全書❹都描寫了伊本‧赫勒敦的
生平和著作。

從十九世紀末到二十世紀三十年代這四十年間，還出現了一
些專論，研究伊本‧赫勒敦在不同領域中的貢獻。費雷羅❹、岡
普洛維奇❹、科洛西奧❹、莫尼艾❹和 T. 侯賽因❹這些社會學

---

❹ *Encyclopaedia Britannica*, London, 9th ed., 1881, s. v.
"Ibn Khaldun" (E. H. Palmer); London, 11th ed., 1911,
(G. W. Thatcher), 以及此後各版。

❹ *Grande encyclopédie*, Paris, 1881, s. v. "Ibn Khaldoun"
(A. Guy).

❹ *Enciclopedia Italiana*, s. v. "Ibn Khaldūn", Rome-Mi-
lan, 1886 (N. Schmidt), 以及此後各版。

❹ *The New International Encyclopedia*, New York, 1915
ff., x. v. "Ibn Khaldūn" (N. Schmidt), 以及此後各版。

❹ *Encyclopedia of Islam*, 1st ed., "Supplement", s. v.
(A. Bel); 2nd ed. s. v. "Ibn Khaldūn", (M. Talbi).

❹ Ferrero, G. "Un sociologo arabo del secolo XIV", 載於
La Riforma Sociale (Turin), vii (1896), 221-235.

❹ Gumplowicz, L. "Ibn Chaldum, ein arabischer Sociologe
des XIV Jahrhunderts," 載於 *Prezglad filosoficzni*,
Warsaw, 1898.

❹ Colosio, S. "Contribution à l'étude d'Ibn Khaldoun",
載於 *Revue du monde musulman*, XXVI, 1914, pp. 308-
338.

❹ Maunier, R. "Les idées sociologiques d'un philosophe
arabe au XIVᵉ siécle", 載於 *Rev. Internationale de
Sociologie* (Paris), xxiii (1915), 142-154.

❹ Husain, T. *Etude analytique et critique de la philos-
ophie sociale d'Ibn Khaldoun*, Paris, 1917 (博士論文，
Sorbonne, 1917).

家發現伊本・赫勒敦是這門學問的先驅。里貝拉⑩、龐斯・博格內斯⑪、阿爾塔米拉⑫和伯弗⑬等學者肯定了伊本・赫勒敦對哲學、教育學、史學和科學的貢獻。

　　從 1806 年到 1930 年這一個多世紀中，西方學術界對伊本・赫勒敦的了解逐步加深，主要工作是收集他的著作的抄本，刊行選本或全本，翻譯其中的一部分，在一些雜誌和各種百科全書中對他的生平和著作給與介紹，以及初步探索他對各門學科的貢獻。

　　1930 年，士米德出版了《伊本・赫勒敦；史學家、社會學家和哲學家》，這是到那時候爲止用英文寫的最好的全面介紹伊本・赫勒敦的著作。在這本書中，士米德對1930年以前的研究概況作了綜述，並介紹了世界各地對伊本・赫勒敦著作的抄本的收藏情況。他也對伊本・赫勒敦進行了評價⑭：

　　「……說到底，伊本・赫勒敦作為一個人，在他留下的偉大著作中得到了最清楚，最有意義的揭示。他在寫作中比在

---

⑩ Ribera, J. *La enseñanza entre los Musulmanes españoles,* Zaragoza, 1893.

⑪ Pons-Boignes, F. *Ensayo bio-bibliográfico sobre los historiadores y geógrafos Arábigo-Españoles,* Madrid, 1898, pp. 360-362.

⑫ Altamira, R. "Notas sobre la doctrina histórica de Abenjaldun", 載於 *Homenaje à D. Fracisco Codera,* Zaragoza, 1904, pp. 357-374.

⑬ Bergh, S. van den, *Umriss der muhammedanischen Wissenschaften nach Ibn Khaldun,* Leiden, 1912.

⑭ Schmidt, H. A. N. *Ibn Khaldun: Historian, Sociologist, and Philosopher,* New York, 1930, pp. 45-46.

外交生涯的縱橫捭闔中表現得更加表裏如一。他對人類社
會的觀察，他以科學的精確性全面研究社會的熱切願望，
他在時代與環境允許的範圍內，去實現這種願望的忠貞不
渝，都揭示了他的品性。他是一個卓然不羣的人物，高居
於他的時代之上，我們只有用他自己解釋種種歷史現象的
合適方法才能解釋他的際遇。他所辯明的社會羣體興衰的
規律一度使他湮沒無聞；也正是這同一個規律使他的天才
得到現代人的發現和承認。人們或許會問，如果一個人沒
有追隨者，沒有形成學派，對他自己的時代或他以後的幾
代人沒有什麼重大影響，那麼這個人能成為一個先驅嗎？
一個發現新道路的人就是先驅者，哪怕這條道路必須由別
人來重新發現；一個遠遠走在同時代人前頭的人就是一個
先驅者，哪怕幾個世紀以後他才能得到承認，才出現智力
方面的繼承者。不僅那些有意識或無意識地為世界帶來迅
速的明顯進步的人是人類社會的建設性力量，而且，那些
或早或遲影響人類思想的人也是社會的建設性力量。這一
點確立了伊本・赫勒敦在歷史上的地位……」

　　1930年以來的半個多世紀，國際學術界對伊本・赫勒敦的研
究取得了驚人的進展。

　　研究伊本・赫勒敦的論文、著作，以及伊本・赫勒敦作品的
校本、譯本達到了很大的數量，以至於需要編纂書目。1947年，
薩爾頓出版了《科學史導言》，其中就包括關於伊本・赫勒敦的
參考書目❺❺。他給予伊本・赫勒敦很高的評價：

❺❺ Sarton, G. *Introduction to the History of Science*, Baltimore, 1947 f., iii/2:1769-79.

「……伊本・赫勒敦是一位史學家、社會學家、經濟學家、人類事務的深入的研究者，渴望分析人類的過去以求了解人類的現狀和未來。他不僅是中世紀最偉大的史學家，像一位巨人在一個侏儒部落中似的鶴立鷄羣，他還是第一批歷史哲學家之一，馬基雅維利、博丹、維科、孔德和寇諾特的先驅者。在中世紀的基督敎史學家當中只有一位或兩位可以與他比一比，那就是鄂圖（弗賴津的）和約翰（索爾茲伯里的），而他們與他之間的距離實在很大，要遠遠大於他與維科之間的距離。同樣值得注意的是，伊本・赫勒敦敢於深入思考我們今天所謂的歷史研究方法……」

1958年，菲舍爾發表了《伊本・赫勒敦研究精選書目》❺❻，已經包括500多種論著，是當時最詳盡的書目，要比 1930 年士米德時代多出好幾倍。1980年，阿茲梅赫出版了《現代學術中的伊本・赫勒敦：東方學研究》❺❼。這是對研究伊本・赫勒敦的文獻，包括其著作的譯本所進行的一個全面的批評性探討。此書的第四部分（pp.229-324）是一個參考書目，包括850多種論著，是到1979年為止最詳盡的書目。

在伊本・赫勒敦的著作的刊行方面，學者們繼續做了一些有益的工作。《緒論》的基本版本是卡特勒梅勒的三卷本和胡里尼

---

❺❻ Fischel, W. J. *Selected Bibliography of Ibn Khaldun*, New York, 1958. 另作爲附錄收入《緒論》的英文譯本: Rosenthal, F. *Ibn Khaldūn: The Muqaddimah: an Introduction to History*, 3 vols., Princeton, 1958, iii:485-512.

❺❼ Azmeh, A. Al-, *Ibn Khaldun in Modern Scholarship: A Study in Orientalism*, London, 1980.

的《殷鑒》七卷本中的第一卷。這兩種版本都不是眞正的科學的
校本。1956年瓦菲編輯出版的四卷本也並沒有校刊各種抄本，只
是上述兩種版本的合校本，用一種本子去補足另一種本子所缺少
的段落，另外加上了標點❺。市場上出售的大部分本子是盜印胡
里尼版的，包括常見的1900年貝魯特出版的標明元音的本子❺。

　《殷鑒》的基本版本是上面已經提到的胡里尼的七卷本。
1956年達格在貝魯特出版的七卷本就是在這個版本的基礎上加上
標點，分成段落，並且對主題、專用名詞、地名、提到或引用的
書籍，《古蘭經》的節數，以及術語做了索引❻。

　伊本・赫勒敦的自傳總是出現在《殷鑒》的最後，而且常常
與《緒論》的各種版本一起印行，坦吉在 1951 年編輯出版了一
個科學的校本，名爲《關於伊本・赫勒敦及其在東西方旅行的記
載》❻，1952年菲舍爾將其一部分翻譯成了英文：《伊本・赫勒
敦和帖木兒；他們公元 1401 年（回曆 803 年）在大馬士革的歷
史性會見》❻，舍達廸在 1980 年將其全文翻譯成了法文：《東
西方旅行記》❻。坦吉還在 1958 年編輯出版了伊本・赫勒敦論

❺　Wafi, 'A. 'A. *Muqaddimat Ibn Khaldūn,* Cairo, 1957, 4 vols.

❺　al-Matba'a al-Adabīya, *Muqaddimat al-'allāma Ibn Khaldūn,* Beirut, 1900.

❻　Dāghir, Y. A. *Tarīkh al-'allāma Ibn Khaldūn,* 7 vols., Beirut, 1956 ff.

❻　Tanjī, M. b. Tāwīt, *at-Ta'rīf bi-Ibn Khaldūn wa-rih-latuhu gharban wa-sharqan,* Cairo, 1370/1951.

❻　Fischel, W. J. *Ibn Khaldun and Tamerlane; Their Historic Meeting in Damascus, 1401 AD (803 AH),* Berkeley & Los Angeles, 1952.

❻　Cheddadi, A. *Le voyage d'occident et d'orient,* Paris, 1980.

蘇非派的論文〈對於試圖澄清問題者的指導〉❻❹。次年哈里費也在貝魯特刊行了這篇論文❻❺。1952年，魯比奧編輯出版了伊本‧赫勒敦年輕時代將拉齊的神學小冊子縮寫而成的節本：《「古今科學概論」節略》❻❻。

在伊本‧赫勒敦著作的翻譯方面，《緒論》已經被翻譯成八種語言。繼十八世紀的土耳其文譯本之後，1954年出現了第二個土耳其文譯本❻❼。繼 1863 年德斯朗的法譯本之後，1967 年出現了第二個法譯本❻❽。1958 年，出版了羅森撒爾的英譯本（三卷），附有出色的索引，並有關於書中提到的人物、著作等等的詳細注釋❻❾。這個三卷本還被節寫成一卷，作爲普及本出版❼⓪。1924年已有了烏爾多文的譯本❼①，1957年出版了波斯文譯本❼②，

❻❹ Tanjī, M. b. T. (ed.) *Shifaʾ as-sāʾil li-tahdhıb al-masaʾil,* Istanbul, 1958.

❻❺ Khalifé, I. A. (ed.) Shifāʾ as-sāʾil li-tahdhīb al-masāʾil, Beirut, 1959.

❻❻ Rubio, L. (ed.) *Lubab al-muhassal fi uṣal ad-dın,* Tetouan, 1952.

❻❼ Ugan, Z. K. *Ibni Halduni mukaddime,* 3 vols., Ankara-Istanbul, 1954 ff.

❻❽ Monteil, V. *Ibn Khaldan, Discours sur lʾhistoire universelle,* 3 vols., Paris, 1967.

❻❾ Rosenthal, F. *Ibn Khaldan: The Muqaddimah: an Introduction to History,* 3 vols., Princeton, 1958.

❼⓪ Dawood, N. J. *Ibn Khaldan, The Muqaddimah,* London, 1967;1978 年還出版了平裝本．

❼① Allāhābād, A. H. & Shams ul-Ulemāʾ, A. -R. *Ibn Khaldan's Muqaddimah,* 3 vols., Lahore, 1924 ff.

❼② Gonābādy, M. P. *Muqaddimah,* 2 vols., Tehran, 1957 ff. 修訂版, Tehran, 1966 ff.

1958 年出了葡萄牙文譯本❼❸，1961 年出了印地文譯本❼❹，1967 年出了希伯來文譯本❼❺。

　　有許多各種語言的伊本‧赫勒敦著作的選本。比較能反映全貌的阿拉伯文選本，是佩雷斯1947年在阿爾及耳出版的《伊本‧赫勒敦，「緒論」和「殷鑒」精選》❼❻。比較容易找到的阿拉伯文選本是 D. B. 麥克唐納 1905 年在萊登初版，1948 年重印的《伊本‧赫勒敦「緒論」選》，附有注釋和詞彙表❼❼。英文選本有伊薩維 1950 年在倫敦出版的《阿拉伯的一種歷史哲學》❼❽。這個英文選本 1964 年被翻譯成馬來亞文❼❾。有兩種比較好的法文選本：拉比卡和邦夏克 1965 年在巴黎出版的《伊本‧赫勒敦的理性主義》❽⓪，以及拉巴比 1968 年出版的《伊本‧赫勒敦》❽①。德文選本有席梅爾 1951 年出版的《伊本‧赫勒敦，「緒

❼❸　Khoury, J. & Birrenbach-khoury, A. *Ibn Khaldūn, Os prolegomenos ou filosofia social,* 3 vols., Sao Paulo, 1958 ff.

❼❹　Abbas, R. A. *Ibnī Khalānūna kā mukaddama,* Luchnow, 1961.

❼❺　Kopilewitz, I. *Ibn Khaldūn: Aqdamot la-historia,* Jerusalem, 1967.

❼❻　Pérès, H. *Ibn Khaldoun (1332-1406), Extraits choisis de la "Muqaddima" et du "Kitab al-'Ibar",* Algiers, 1947.

❼❼　Macdonald, D. B. *A Selection from the Prolegomena of Ibn Khaldun,* Leiden, 1905, 1948.

❼❽　Issawi, C. *An Arab Philosophy of History,* London, 1950.

❼❾　Munawwar, A. *Filsafat Ibn Khaldūn: ihtisar-ihtisar pilihan dari "Mukaddimah",* Kuala Lumpur, 1964.

❽⓪　Labica. G. & Bencheikh, J.-E. *Le Rationalisme d'Ibn Khaldoun,* Paris, 1965.

❽①　Lahbabi, A. *Ibn Khaldūn,* Paris, 1968.

論」精選》❽ 。1943年出過希伯來文選本❽，1966年出過印地文
選本❽ 。

關於伊本・赫勒敦的概括性的著作和論文相當多。比較好的
阿拉伯文的介紹是伊南 1932 年在開羅出版的《伊本・赫勒敦:
生平和著作》❽ ，此書在 1941 年被翻譯成英文❽ 。俄文的比較
好的介紹是芭齊耶娃在 1959 年博士論文的基礎上寫成的《伊本
・赫勒敦「緒論」的歷史學和社會學研究》❽ ，此書在 1978 年
被翻譯成了阿拉伯文❽ 。獨具隻眼的綜合性德文著作有艾阿德在
1930年博士論文的基礎上寫成的《伊本・赫勒敦的歷史學和社會
學》❽ ，法文著作有奈賽爾在 1966 年博士論文的基礎上寫成的
《伊本・赫勒敦的現實主義思想》❾ 。

所有上述著作幾乎都集中研究《緒論》，至今還沒有專門全

---

❽ Schimmel, A. *Ibn Chaldūn, Ausgewählte Abschnitte
aus der Muqaddima,* Tubingen, 1951.

❽ Goitein, S. D. *Ktaim me ha-Muqaddima: al hshita h-
istorit,* Jerusalem, 1943.

❽ *Ibn Khaldūn Tarikh jo falsfo,* Hyderabad, 1966.

❽ 'Inān, M.'A. *Ibn Khaldūn: Hayātuhū wa-turāthuhu
al-fikrī,* Cairo, 1932.

❽ 'Inān, M.'A. *Ibn Khaldūn: His Life and Work,* Lahore,
1941.

❽ Batsieva, S. *Istoriko-sotsiologiicheski traktat Ibn Khald-
āna "Muqaddima",* Moscow, 1965.

❽ Ibrahim, R. (tr.) *Al-'Umrān al-basharī fī-muqaddimat
Ibn Khaldūn,* Tunis-Libya, 1978.

❽ Ayād, kāmil M. *Die Geschichts-und Gese Uschaftslehre
Ibn Haldūns,* Stuttgart-Berlin, 1930.

❾ Nassar, N. *La pensée réaliste d'Ibn Khaldūn,* Paris,
1967.

面研究《殷鑒》的著作。西弗斯在 1967 年博士論文基礎上寫成
的《哈里發帝國，王權及其衰亡：伊本・赫勒敦的政治理論》試
圖確定《殷鑒》進行歷史研究的主要單位㊉。菲舍爾 1967 年在
伯克來——洛杉磯出版的《伊本・赫勒敦在埃及》分析了伊本・
赫勒敦研究非伊斯蘭民族歷史的史料㊏。阿兹梅赫 1982 年在倫
敦出版，1990年重印的《伊本・赫勒敦，重新加以解釋》把《緒
論》和《殷鑒》放在一起進行討論，對通常被忽視的《殷鑒》的
結構給予了應有的注意㊎。

　　有些學者認爲《緒論》提出了一種歷史哲學，繼克雷默1879
年的著名論文之後，邦巴西1946年在意大利比薩發表了〈伊本・
赫勒敦的歷史學說〉㊐，塔爾比1973年在突尼斯出版了《伊本・
赫勒敦與歷史》㊑。

　　伊本・赫勒敦和他的文化之間存在著一種什麼樣的關係？東
方學家當中有兩種不同的觀點：一種認爲他是與阿拉伯——伊斯
蘭文化中的理性的一面聯繫在一起的，他是一位哲學家，這種觀
點的代表是麥海廸在 1957 年博士論文的基礎上寫的《伊本・赫

㊉　Sivers, P. von, Khalifat, *Königtum und Verfall. Die Politische Theorie Ibn Khaldūns,* Munich, 1968.

㊏　Fischel, W. J. *Ibn Khaldūn in Egypt,* Berdeley-Los Angeles, 1967.

㊎　Al-Azmeh, A. *Ibn Khaldūn, An Essay in Reinterpretation,* London, 1982, 1990.

㊐　Bombaci, A. "La dottrina stoiografica di Ibn Haldūn", 載於 *Annali della Scuola Normale Superiore di Pisa,* xv/3-4 (1946), 159-185.

㊑　Talbi, M. *Ibn Khaldūn et l'histoire,* Tunis, 1973.

勒敦的歷史哲學。 文化科學的哲學基礎的研究 》❾❻ 。另一種觀
點認爲伊本・赫勒敦是與信仰的一面聯繫在一起的，他是一位法
學家，這種觀點的代表是吉布在倫敦大學東方與非洲研究學院學
報上發表的〈伊本・赫勒敦政治理論的伊斯蘭背景〉，此文在
1964 年被翻譯成阿拉伯文❾❼。這兩種觀點都有許多追隨者。 比
如，霍吉森 1974 年在芝加哥出版的《伊斯蘭教的奇蹟》認爲伊
本・赫勒敦是安達盧西亞（穆斯林西班牙）哲學學派的最後代表
❾❽。

關於伊本・赫勒敦與哲學的關係，有一篇文章值得注意: 芭
齊耶娃 1969 年發表的〈阿維羅伊 —— 伊本・赫勒敦的「雙重眞
理」的研究〉❾❾。拉赫薩西1979年在《馬格里布評論》上發表的
〈伊本・赫勒敦與科學分類〉從阿拉伯 —— 伊斯蘭文化中哲學和
其他學科的關係的角度研究了伊本・赫勒敦的貢獻⓿⓿。

❾❻ Mahdi, M. *Ibn Khaldūn's Philosophy of History. A Study in the Philosophic Foundations of the Science of Culture*, London, 1957.

❾❼ Gibb, H. A. R. "The Islamic Background of Ibn Khaldūn's Political Theory", 載於 *Bulletin of the School of Oriental and African Studies*, vii (1933-1935), 23-31; 重印於作者的 *Studies in the Civilization of Islam*, London, 1962, pp. 166-175; 阿拉伯文翻譯: I. 'Abbās et al., *Dirāsāt fī haḍārat al-Islām*, Beirut, 1964, pp. 219-232.

❾❽ Hodgson, M. G. S. *The Venture of Islam*, Chicago, 1974, ii: 478-484.

❾❾ Batsieva, S. "Uchenie o 'dvoistvennoi istine' Averroesa-Ibn Khalduna", 載於 *Palestinskii Sbornik*, xix/82 (1969), 149-158 (附有德文概要), 阿拉伯文翻譯: R. Ibrāhīm (tr.), *Nazarīyāt Ibn Khaldūn*, Tunis, 1974, pp. 57-83.

⓿⓿ Lakhssassi, A. "Ibn Khaldūn and the Classification of Sciences", 載於 *The Maghreb Review*, iv/1 (1979), pp. 21-25.

　　關於伊本・赫勒敦和蘇非派思想的關係，可以參閱敍利厄1947年在《伊斯蘭文化》上發表的〈伊本・赫勒敦和伊斯蘭神祕主義〉 ⑩，芭齊耶娃 1968 年發表的〈對於試圖澄清問題者的指導：伊本・赫勒敦關於蘇非派的論文〉 ⑱，以及麥海迪 1975 年發表的〈作為伊斯蘭文化變化軸心的書籍和大師〉 ⑯。關於伊本・赫勒敦的宗教思想可以參閱薩德 1973 年在馬德里出版的《伊本・赫勒敦的宗教思想》 ⑭。拉比卡 1968 年在阿爾及耳出版的《伊本・赫勒敦的政治學和宗教學》 ⑯也使人獲益非淺。

　　社會學家們始終對伊本・赫勒敦很感興趣。布圖爾在1930年博士論文的基礎上寫的《伊本・赫勒敦，他的社會哲學》 ⑯對伊本・赫勒敦的著作進行了具體分析，以概括出他的社會學理論。另一本代表性著作是莫尼艾 1930 年在巴黎出版的《北非的社會

⑩　Syrier, M. "Ibn Khaldun and Islamic Mysticism", 載於 *Islamic Culture,* 21 (1947), pp. 264 ff.

⑫　Batsieva, S. "Shifā' as-sā'il: traktat Ibn Halduna o sufizm", 載於 *Sbornik v tshest J. P. Petrushevskogo,* Moscow, 1968, pp. 40 ff. 阿拉伯文翻譯: R. Ibrāhīm (tr.), *Nazarīyāt Ibn Khaldūn,* Tunis, 1974, pp. 95 ff.

⑬　Mahdi, M. "The Book and the Master as Poles of Cultural Change in Islam", 載於 S. Vyonis (ed.) *Islam and Cultural Change in the Middle Ages,* Wiesbaden, 1975, pp. 3-15.

⑭　Saade, I. *El pensamiento religioso de Ibn Jaldūn,* Madrid, 1973.

⑮　Labica, G. *Politique et religion chez Ibn Khaldun,* Algiers, n. d. (1968)

⑯　Bouthoul, G. *Ibn Khaldoun, sa philosophie sociale,* Paris, 1930. 阿拉伯文翻譯: 'A. Zu'aitir, Cairo, 1955; 另一種阿拉伯文翻譯: A. 'Abdūn, Cairo, 1964; 西班牙文翻譯: V. Lattore, Caracas, 1960.

學集成》❼。比較新出的重要著作有巴利和瓦廸 1981 年在波士頓出版的《從社會的角度看伊本‧赫勒敦和伊斯蘭思想方式》❽和巴利 1988 年在奧爾班尼出版的《社會、國家和都市生活：伊本‧赫勒敦的社會學思想》❾。

關於伊本‧赫勒敦的經濟思想的比較重要的專著，有馬赫馬薩尼以博士論文爲基礎寫成的《 伊本 ‧ 赫勒敦的經濟學思想 》❿。這方面比較重要的論文有J.斯賓格勒在《 社會和歷史比較研究》上發表的〈伊斯蘭經濟思想：伊本‧赫勒敦〉⓫。

拉科斯特 1966 年在巴黎出版的《伊本‧赫勒敦，歷史學的誕生和第三世界的過去》將伊本‧赫勒敦對當時的馬格里布的觀察看做是一種中世紀北非的社會學和政治經濟學，此書在 1971 年被翻譯成西班牙文，1977 年翻譯成阿拉伯文，1984 年翻譯成英文，影響相當大⓬。拉科斯特在這本書裏對伊本‧赫勒敦作了

---

❼ Maunier, R. *Mélanges de sociologie nord-Africaine*, Paris, 1930.

❽ Baali, F. and Wardi, A. *Ibn Khaldun and Islamic Thought-styles: a Social Perspective*, Boston, 1981.

❾ Baali F. *Society, State, and Urbanism: Ibn Khaldun's Sociological Thought*, Albany, 1988.

❿ Mahmassani, S. *Les idées économiques d'Ibn Khaldoun*, Lyon, 1932.

⓫ Spengler, J. "Economic Thought in Islam: Ibn Khaldūn", 載於 *Comparative Studies in Society and History*, 6 (1963-4), pp. 268 ff.

⓬ Lacoste, Y. *Ibn Khaldoun, Naissande de l'histoire passée du tiers-monde*, Paris, 1966; 西班牙文翻譯: R. Mazo (tr.), *El macimiento del tercer mundo: Ibn Jaldun*, Barcelona, 1971; 阿拉伯文翻譯: M. Sulaimān (tr.), *Al-'Allama Ibn Khaldūn*, Beirut, 1977; 英文翻譯: Macey, D. (tr.), *Ibn Khaldun, The Birth of History and The Past of the Third World*, London, 1984.

如下的評價⑬：

「……伊本‧赫勒敦的著作標誌著歷史科學的誕生，而且
很可能是必須稱之為『阿拉伯奇蹟』的文化成就的最輝煌
的產物。伊本‧赫勒敦是在歷史上的中世紀阿拉伯文明的
中心已經衰弱的時代進行寫作的。他沒有真正的後繼者，
他的著作被遺忘了好幾個世紀。以我而言，我相信，如果
要使伊本‧赫勒敦的思想更加為人所熟知，使他的思想成
為現代思想的一個不可分割的組成部分，我們僅僅恢復他
作為歷史科學的創建者之一的正確地位是不夠的。我們現
在正在親眼目睹許多重大的、史無前例的事件：綜觀整個
世界，人類正面臨着自己以前從來沒有經歷過的巨大的、
悲劇性的問題。因此，推測過去的實況，本身並非目的。
這是一個有關當代利益，具有現實重要性的問題。只有
當一部過去的著作能夠引起當代人的共鳴時，只有當它能
夠加深我們對於二十世紀後半葉人類所面臨的問題的理解
時，它的內容才能夠溶入活生生的思想運動（引導我們對
自己生活的時代作出某種政治性的理解）。」

「探索伊本‧赫勒敦的思想並不意味著沉溺在中世紀的東
方文化中，迷戀一個奇異國度的遙遠的過去，或自鳴得意
地陷入一場似乎充滿學究氣的論戰之中。這種探索並不意
味著置現代世界於不顧。相反，這是一種手段，可以加深

⑬ Lacoste, Y. *Ibn Khaldun: The Birth of History and The Past of the Third World*, London, 1984, 前言 pp. 1-2.

我們對最嚴重的當代問題的根本原因的分析。正如我們將
要看到的，伊本‧赫勒敦在分析中世紀北非的經濟，社會
和政治狀況時，提出了一系列根本性的歷史問題。他的著
作像一盞明燈照亮了當代不發達國家的歷史上的一個非常
重要的階段。他描寫了那些非常複雜的社會和政治結構，
這些結構的發展決定了一個漫長的歷史進程，它們的影響
直到今天仍然可以感覺得到。這些結構與同樣具有決定性
的外部原因結合在一起，導致了十九世紀的殖民統治，而
殖民主義又導致了今天的不發達狀況……」

我們將在下一節裏討論伊本‧赫勒敦著作的現代意義。

第二節　伊本‧赫勒敦思想的現代意義

二十世紀的人們通過研究伊本‧赫勒敦這位十四世紀的作家
的思想能夠得到一些什麼效益呢？

有些思想家相信，研究過去的理論是沒有什麼用的；集中精
力去理解最新的理論更有用，因為它們已經包含了過去的理論的
有效成分，是過去的各個創造性心靈的終極產品。這個觀點在自
然科學領域裏可能是正確的，因為在純科學方面，最新的理論或
多或少是以前的理論經過篩選後的終極產品。但是，在社會科學
領域裏，比較新的理論不一定更好或更有效，不一定涵蓋或超越
舊的理論。傾向於用看待自然科學理論的眼光來看待社會科學理
論的人忽視了兩者之間的巨大區別。社會理論通常是一位作者對
他所處的時代和地方的具體問題作出回應的結果。換言之，社會

理論是其文化大環境的一部分，是深受文化背景制約的。

　　膚淺的學者傾向於藐視過去的理論，主要是因爲他們忽視了通過歷史的視角去研究這些理論，而試圖通過他們自己的文化的視角去看待它們。結果，他們往往認爲這些理論很幼稚，甚至很可笑。一個學者只有通過某種舊理論賴以產生的文化背景去研究這種理論，才能理解用其他方式無法理解的社會現象的某些方面。一種社會現象具有幾個側面。一個受社會環境制約的觀察者只能直接看到它的一個側面，即朝向他所屬的羣體的那個側面。因此，爲了從所有的側面來觀察一種社會現象，就必須通過不同社會羣體的眼光來審視它。通過把各種觀點放在一起，進行比較分析，確定每一個視角的廣度和深度，才能在客觀性方面達到一種新的水平⑭。

　　這可以部分地說明爲什麼社會科學家要比自然科學家對理論史的研究更感興趣。社會科學家通過研究過去的各種各樣的理論可以發展自己對當代理論的洞察力。此外，通過觀察一個古代思想家怎樣努力解決他那個時代的問題，檢驗他的理論的長處和短處，一個社會科學家可以獲得一種有力的鞭策去進行類似的努力，解決當代的問題。在這種努力方面，當代社會科學家可能比以前的思想家更成功，因爲他能夠從更多的角度去檢驗社會現象。他在世界觀方面可能更少受到一個社會的束縛，因爲他不僅可以從自己的視角去觀察，而且可以通過以前的思想家的視角去

---

⑭　Mannheim, 1936 年（《意識形態與烏托邦》），p. 266-267. Becker and Dahlke, 1942 年（＜馬克斯・謝勒的知識社會學＞，載於《哲學和現象學研究》，第 2 期，1942 年 3 月），p. 314.

觀察種種社會現象。創造性的思維或綜合性的思維是較少受到社會束縛的知識分子階層的特有的稟賦，他們能夠發現各種各樣的正確觀點或相對性的真理，把它們綜合起來形成一種新的理論[115]。可以說，一個理論家所受的社會束縛越是少，他對一種社會現象的見解就越是深刻。

一個社會思想家是否可能完全不受社會束縛呢？絕對不受束縛是極其困難的，甚至是不可能的。人類的心靈通常受到三種範疇的制約：個人的態度，社會地位，以及文化價值體系。首先，一個人的思想受到文化價值體系的制約，這種制約是他從小受社會環境薰陶的結果。這些價值標準隱藏在他的心靈深處的無意識之中。每個人總是用內心深處的這些標準來衡量一切，並且總是認為這些標準是放之四海而皆準的普遍真理。當他在其他文化中看到某些價值觀偏離他在自己的文化中習以為常的價值標準時，他會大吃一驚，有時甚至會義憤填膺。他會認為那些偏離他的標準的價值觀是誤入歧途，違背自然，甚至是罪惡。其次，一個人的心靈還受到社會地位的影響。敵對的階級通常具有相反的價值體系。對一個階級有利的東西不一定對另一個階級有好處[116]。比如，上層階級總是把革命或類似的社會現象看做是誤入歧途，是應該用死刑來加以懲罰的罪惡，因為它危害社會穩定，擾亂秩序，對上層階級來說，穩定是神聖不可侵犯的。相反，下層階級可能把革命看做值得祝福的現象，或是恢復古老的社會正義的神聖的行動。最後，人的心靈還受他自己的個人態度和感情的影響。一個人即使能擺脫他個人態度的束縛，他仍然受第二個範

---

⑮　Barnes et, 1940 年(《當代社會理論》), p. 84.

⑯　Gre, 1943 年 (《社會和意識形態: 知識社會學研究》), p. 2.

疇，即他的階級的態度的限制。哪怕他能超越第二個範疇，他還是受第三個範疇，即他的文化的制約，這種制約幾乎是無意識的，無從超越的。因此，絕對的客觀是非常困難的。但是社會思想家不應該面對這種困難就失去了勇氣，不去努力做到盡可能地超越社會束縛。社會思想家至少在其一生中的一小段時間裏是可以做到相當客觀的[⑰]。

　　但是，並不是所有的人都具有同等的能力做到非常客觀。有一種特殊類型的人比較容易超越社會束縛——邊際人。有些作者習慣於貶抑邊際人。按照他們的觀點，邊際人是道德和社會紊亂的載體。然而，有的作者認為，比較起來，邊際人是更文明的人[⑱]。他們是更有個性的人，更不受狹隘的地方意識束縛的人。使一個邊際人成為惹是生非者，使他成為社會和道德紊亂的化身的那些素質也可能使他成為一個具有創造性的人，一個自由思想家。某種文化裏的外來者，因為並不扎根於這種文化的態度和偏頗傾向之中，所以他能夠置身局外，比較客觀，把深入觀察與保持距離結合起來，把關切與冷靜結合起來[⑲]。現代文明正面臨著邊際人迅速增多的問題。隨著大城市的發展，很可能邊際人在將來會成為普遍的人格類型，而不是例外的人格類型。

　　居留美國的許多中國大陸學者、學生都會體味到這種邊際人的景況。他們會經歷終生生活在中國文化中的同胞們所體味不到的內心衝突。中國文化和美國文化都是大文化。任何人都很難用亞里士多德的非此即彼的邏輯來概括兩大文化的特點。你說中國

---

⑰ Wiese, 1974 年（《系統社會學》），p. 7.
⑱ Stonequist, 1961 年（《邊際人》），p. xviii.
⑲ Park and Burgess, 1920年（《社會學導論》），p. 324-325.

人崇尚中庸之道，但是有些中國人也相當容易走極端。你說美國人以個人為中心，但是他們當中許多人也不惜為國捐軀。你說中國是文明古國，講究禮節，但是在中國大城市裏發生的爭吵恐怕要比美國大城市裏多得多。你說美國生活富裕，文化發達，科技先進，但是他們公立小學的數學教育要比中國城市小學差勁。各個中國人所受的文化薰陶大不一樣。有的人比較欣賞西方的價值體系，有的人還保留著社會主義思想的影響，有的人對中國古典文化有一定的修養，有的人不管對儒、佛、道，還是對傑佛遜、馬克思，都不屑一顧，信奉極端個人主義。但是，不管中國文化本身是多麼光怪陸離，中國人作為個人來看是多麼五花八門，中國人作為一個羣體仍然有其自身的特點。當他們一旦置身於美國文化環境之中時，他們在中國大陸形成的個性多半會受到嚴峻挑戰。他們當中有的人會無法調整自己以適應新的文化環境，極其個別的人甚至會作出槍殺同學師長，然後自殺的極端舉動，從根本上違背中國文化價值體系，也違背美國文化價值體系。他們當中有許多人為了進行調整，求得自己人格的重新統一，會斷然地在兩大文化體系中擇一而從——多半是選擇美國文化體系。他們會極力使自己認同於新的文化。但是，他們當中也會有一些人嘗試一下伊本·赫勒敦式的道路。他們會盡力兼取兩種文化之長，形成自己的理論體系，通過這種理論探索，不僅尋找自己人生價值的所在，而且為中國文化探尋新的發展方向。他們與國內的同事或研究中國問題的外國人相比，有許多有利之處。他們遠離中國，擺脫了國內的許多束縛和糾葛，所謂旁觀者清，可以比國內的同事們更冷靜一些，更超脫一些，少注意一些細枝末節，多注意一些宏觀全局。同時，他們畢竟是從小在中國長大的，他們的

父母、親戚、朋友大多還在國內，他們對中國有一種外人所難以
具備的關切和獻身精神。另一方面，他們生活在美國文化環境之
中，對美國的長處和短處要比從未出過國門的同事們有更多的感
性知識。他們有更好的機會來權衡哪些東西是眞正的美國的偉大
之處，是中國值得學習，並且能夠學習的。中國在學習的過程中
可能需要哪些調整，才能與中國的長處結合起來。取長補短是一
個平凡的字眼，沒有什麼驚人之處，沒有什麼轟動效應，在許多
人看來不夠痛快淋漓。但是，要眞正做到卓有成效地取別國之長
補中國之短，是一件非常艱苦細致的工作，需要很多人埋頭苦
幹。伊本‧赫勒敦只是用他的理論對伊斯蘭社會進行了深刻的描
繪，闡述了這個社會變化的一些規律，由於時代的侷限性，他沒
有，也不可能爲自己的文化指出擺脫輪廻，超越怪圈的途徑。當
代中國知識分子則不僅要準確地對自己的社會作出描繪，而且要
盡快地探索出一條發展的途徑。而居留美國的中國大陸知識分子
應該，而且有條件作出自己的特殊的貢獻。

　　我們再回到伊本‧赫勒敦身上來。以伊本‧赫勒敦而言，他
是一個特殊意義上的邊際人。他的命運注定他得生活在神聖社會
和世俗社會的邊際上，或者用他自己的術語來說，在農牧社會和
城市社會的邊際上。伊本‧赫勒敦所涉及的一般的文化衝突與其
他邊際人沒有什麼特別的不同，但是，他所經歷的這種社會狀態
是二十世紀的西方思想家很少有機會經歷的。因此，我們可以在
伊本‧赫勒敦的著作中發現一種特殊的視角，一種在古代或現代
其他社會思想家的著作中很難發現的視角。

　　伊本‧赫勒敦所論述的游牧部落是神聖社會的一種類型。不
可否認，游牧部落在社會生活的許多方面與其他神聖社會很類

似；但是，游牧部落有一種值得研究的特點：不斷地從一個地方遷移到另一個地方而不失去社會的整體性或削弱道德價值體系。這種社會內聚性可能得歸諸於游牧部落是作爲一個整體，一個單位，帶著自己的文化特點和很強的社會凝聚力集體遷移的。當一個羣體從一個地方遷移到另一個地方時，它所面臨的自然環境和社會環境沒有什麼大的變化。游牧民族能夠很好地適應這種變化⑳。正如伊本・赫勒敦所指出的，他們能夠獲得生活的最基本的需要也就知足了㉑。客觀條件不允許游牧民族追求物質方面的滿足，作爲一種補償，他們強烈地追求非物質方面的滿足，比如，榮譽、地位和讚揚。游牧民族追求榮譽的強烈欲望，可能是加強他們的部落凝聚力的一個因素。一個游牧民族的成員總是嚴守他的羣體的社會價值觀念，渴望成爲受人尊敬的一員。

伊本・赫勒敦觀察到游牧文化與定居文化的一種鮮明的對照：游牧民族渴望非物質方面的滿足，而定居民族追求物質方面的享受，或者，用伊本・赫勒敦的術語來說，農牧社會有很強的羣體凝聚力，城市社會則缺乏這種凝聚力。這種鮮明對照常常成爲一種特殊的社會現象的根源。儘管游牧民族渴望非物質方面的滿足，但是，在他們征服一個定居民族以後，或者與一個定居民族密切接觸時，他們也忍不住要滿足一下生活的物質享受；而物質享受則會危及他們的社會價值觀念和羣體凝聚力本身。一開始游牧民族看不出享受一點兒文明生活的奢侈有什麼危害；他們不可能預見遙遠的未來的最終結果。最後，正如伊本・赫勒敦所指

---

⑳ Baali, 1966年（《南伊拉克人民與土地的關係》），p. 6.

㉑ Ibn Khaldun, *Muqaddimah*（伊本・赫勒敦，《緒論》，貝魯特版），pp. 400-401.

出的，他們對奢侈生活的嘗試發展成一種根深蒂固的習慣，他們的羣體凝聚力也就被道德上的放縱取而代之了。

伊本・赫勒敦強調，游牧民族的強大的羣體凝聚力使他們能夠去征服鄰近沙漠的城市。因爲城市居民缺乏羣體凝聚力和堅定的道德規範，他們比較容易屈服於征服者，向征服者提供種種奢侈的享受。結果，征服者逐漸沉溺於奢侈生活之中而不能自拔，並不意識到這種奢侈生活的腐蝕作用。這樣，他們就慢慢衰弱下去，被具有強大羣體凝聚力的新的游牧民族取而代之。而新的游牧民族又會重蹈覆轍。

伊本・赫勒敦比許多現代理論更有說服力地爲我們提供了關於伊斯蘭文化裏社會變化的解釋。當然，他的理論反映了他那個社會的狀況；但是要理解今天就必須理解過去。儘管他的分析不可能無條件地應用到現代文明上來，但是它對於理解現代社會產生的背景是很有用的。

中國史學界曾經對於中國封建社會的長期延續問題進行過廣泛的討論。由於封建社會這個術語本身就引起了很多分歧，我們不妨在這兒採用一個比較不容易引起爭議的術語 —— 農業社會。農業社會是歐亞大陸上的諸外流河流域以及綠洲都經歷過的一種社會形態，它既區別於游牧社會，也區別於工業社會。縱觀歐亞大陸的歷史，我們可以肯定，農業社會的長期延續不是中國一個國家的特點，至少伊本・赫勒敦所研究的伊斯蘭教諸國的農業社會也是長期延續的。如果把中國農業社會與伊斯蘭教諸國的農業社會加以比較的話，我們可以發現兩者有許多共同之處。把包括中國和伊斯蘭教諸國的亞細亞農業社會與西歐農業社會進行比較的話，我們可以發現兩者之間有許多差別。最引人注目的地方在於中國和伊斯蘭教諸國深受游牧民族的影響，甚至可以說，亞細亞的歷史是農業民族與游牧民族共同創造的。而西歐受游牧民族的影響小得多。因此，伊本·赫勒敦的理論對於我們理解中國農業社會的長期延續問題有很大的借鑒意義。

中國和伊斯蘭教諸國一樣，農業社會的生產力都曾經發展到很高的水平，完全可能高於西歐的水平，儘管我們不可能獲得全面精確的統計資料來確切地證明這一點。僅僅生產力水平的發展並不足以使一個農業社會發展爲工業社會。中國像伊斯蘭教諸國一樣，每當物質文明比較發達、城市繁榮、工商業興旺時，統治民族就逐漸沉溺於奢侈生活之中，羣體凝聚力削弱，大一統的帝國出現危機，逐漸瓦解，各地出現一些封建性的小政權。其實，西歐的情況也是如此。西歐與亞細亞社會的不同之處在於西歐社會沿著這個方向繼續發展下去了。在西歐，查里曼（768-814 年爲法蘭克王）建立的帝國本身延續的時間很短，在其瓦解以後，就再也沒有出現過統一的大帝國。各個封建政權猶如一盤散沙，新興的市民階層得以在各種縫隙裏成長壯大起來。這些封建政權甚至連常備軍也沒有，發展到一定階段的市民階層即足以向它們提出挑戰。由於資產階級奪取了政權，才爲工業革命創造了條件。

反過來，我們觀察一下亞細亞社會，就會發現它不可能沿著這個方向發展下去。每當一個大帝國解體時，歐亞大草原上的新的具有強大羣體凝聚力的游牧民族或半游牧民族就會乘虛而入，重新建立強大的帝國。中國歷史上的北魏、遼、金、元、清等政權都是如此。漢族作爲一個農耕民族，發展出高度的城市文明，總的來說，北宋以降，其羣體凝聚力已很難與北方的游牧和半游

牧民族相抗衡。因此儘管漢族人口要比異族多得多，它還是幾次
三番地被游牧民族所征服。不過，中國還有一個與伊斯蘭敎諸國
不同的特點。漢族的農民，特別是窮鄉僻壤的農民仍然保持著相
當強的羣體凝聚力，他們還能夠在元末的農民大起義中逐走羣體
凝聚力削弱的蒙古人，重新建立漢族自己的大帝國。不管是游牧
民族，還是漢族農民起義建立的大帝國，在嚴重破壞之後，往往
能結束割據局面，帶來新的和平和繁榮，造成城市和工商業的再
度發展。但是，這種大帝國猶如磐石般地壓在整個社會頭上，市
民階層猶如巨石下的小草，難以得到舒展，根本不可能向它提出
挑戰。兩者的力量相比實在太懸殊了。因此，在歐人東來之前就
沒有可能發生資產階級革命，更不用說發生工業革命了。亞洲在
歐人東來之前的三個大帝國：中國的滿清帝國、印度的莫臥爾帝
國和土耳其奧斯曼帝國都是游牧或半游牧民族建立的，都與原來
的農業文化比較好地結合在一起，都在有過一段盛世之後逐漸走
向衰弱。如果沒有歐人東來，我們可以推測，伊本‧赫勒敦所描
述的那種循環還會在亞細亞的大地上周而復始。

　　歐洲文化對亞洲的衝擊打斷了亞洲歷史的這種循環。三個大
帝國所遇到的命運大不相同。土耳其奧斯曼帝國分裂成今天的土
耳其和阿拉伯諸國。印度在長期置於英國的統治之下以後，贏得
了獨立，成了今天世界上人口最爲衆多的民主國家。中國則另有
自己的發展道路。它沒有像土耳其一樣四分五裂。它也沒有像印
度一樣處於一個歐洲強國的統治之下，深受歐洲文化的影響。它
始終保持著自己的獨立。中國農民，特別是窮鄉僻壤的農民又一
次顯示出自己驚人的力量，不僅頂住了日本的侵略，而且重新建
立了一個中央集權的大國。這個大國儘管在文化大革命期間可以

用狂熱的精神來強制人們過一種清貧的，近於苦修的生活，但是它的領導階層將注意力轉向經濟，轉向物質生產力，轉向追求更高的生活水平則是不可避免的歷史進程。在這個歷史進程中，羣體凝聚力的削弱也是同樣不可避免的。但是，二十世紀已經完全不同於中世紀。當然不可能出現眞正的封建勢力，也不會再有游牧民族或貧苦農民來重新建立大帝國。這種歷史的循環不會重演了。但是，肩荷著歷史重負的中國怎樣揭開歷史的新頁？這正是需要這一代中國知識分子去回答的問題。

年　表

1232—1492年

西班牙格拉納達的奈斯爾王朝。

1250—1517年

埃及的麥木魯克王朝。

1331—48年

摩洛哥馬林王朝國王艾卜勒·哈桑在位。

1332年5月27日

伊本·赫勒敦生於哈夫息王朝的首都突尼斯城。

1336年4月8日

帖木兒帝國的創建者帖木兒生於中亞河外地。

1347年

馬林國王艾卜勒·哈桑一度征服突尼斯。

1348年

突尼斯流行黑死病。伊本·赫勒敦的父母染疾去世。

1348—58年

馬林王朝國王艾卜·伊南在位。

1350—69年

西班牙卡斯提爾和萊昂王國國王殘酷的彼德羅一世在位。

1352年

伊本·赫勒敦出任突尼斯哈夫息王朝的簽署官，不久即離開突尼斯。

1353年夏

會見馬林國王艾卜·伊南。

1353年冬

前往布吉。

1354年初

前往馬林王國首都法斯。

1354—59年和1362—91年

西班牙格拉納達奈斯爾王朝國王穆罕默德五世在位。

1355年底

伊本·赫勒敦出任馬林王朝國王艾卜·伊南的秘書。

1357年2月10日—1358年11月27日

被囚禁於法斯。

1359年7月—1361年秋

馬林王朝國王艾卜·賽里木在位，伊本·赫勒敦任國務卿。

1362年12月26日

伊本·赫勒敦抵達西班牙格拉納達，打算在此定居。

1364年

出使西班牙的卡斯提爾和萊昂王國，在塞維利亞會見殘酷的彼德羅。

1364年8月

哈夫息王子艾卜·阿卜杜拉控制布吉，邀請伊本·赫勒敦擔任首相。

1365年3月

伊本·赫勒敦抵達布吉，出任艾卜·阿卜杜拉的首相。

1366年5月

艾卜・阿卜杜拉陣亡。哈夫息王子艾卜勒・阿拔斯占領布吉。不久，伊本・赫勒敦離開布吉，前往比斯克拉居住。

1366—72年

馬林王朝國王阿卜杜勒・阿齊茲在位。

1368年

伊本・赫勒敦謝絕齊雅尼王朝國王艾卜・哈木請他出任首相的邀請，但爲他聯絡阿拉伯人的達瓦威達部落。

1370年

阿卜杜勒・阿齊茲攻克齊雅尼王國首都特萊姆森，艾卜・哈木出逃。伊本・赫勒敦企圖逃往西班牙，未遂，被阿卜杜勒・阿齊茲所俘，旋獲釋，前往歐拜德隱居。

1370年8月4日

伊本・赫勒敦前往比斯克拉，爲阿卜杜勒・阿齊茲聯絡達瓦威達部落。

1372年9日

伊本・赫勒敦應阿卜杜勒・阿齊茲之召前往法斯，途經特萊姆森，阿卜杜勒・阿齊茲突然去世，艾卜・哈木復辟，派兵追殺伊本・赫勒敦。伊本・赫勒敦僥倖得以逃脫。

1372年11月底

伊本・赫勒敦抵達法斯，居住下來。

1374年9月

伊本・赫勒敦抵達西班牙格拉納達，打算在此隱居。

1375年初

伊本・赫勒敦被穆罕默德五世遣返齊雅尼王國，幸而獲得艾卜・哈木的寬恕，得以前往歐拜德隱居。

1375年3月5日

　　伊本・赫勒敦的家族前往歐拜德與他團聚。

1375年

　　伊本・赫勒敦奉艾卜・哈木之命去聯絡達瓦威達部落，乘機退隱於伊本・賽拉麥城堡，開始撰寫《殷鑒》。

1377年11月

　　完成《緒論》。

1378年冬

　　前往突尼斯查閱資料，繼續著述。

1382年10月24日

　　伊本・赫勒敦離開突尼斯前往埃及。

1382年11月26日

　　埃及麥木魯克王朝貝爾孤格登基爲蘇丹。

1382年12月8日

　　伊本・赫勒敦抵達埃及亞歷山大港。

1383月1月6日

　　伊本・赫勒敦遷居開羅。

　　前往愛資哈爾大學任教。

　　通過阿爾通布加・祝拜尼的介紹，初次會見了蘇丹貝爾孤格。

1384年3月19日

　　被任命爲開羅蓋姆希葉學院的教師。

　　被任命爲開羅扎希里葉學院的講師。

1384年8月11日

伊本‧赫勒敦首次被任命爲開羅馬立克派大法官。

其家屬在突尼斯至埃及的海上旅途中遇難。

1385年1月17日

被免去首次大法官之職。

1387年9月29日

前往麥加朝聖。

1388年5月

從麥加回來。

1389年1月

被任命爲薩加特米什學院的敎師。

1389年4月

被任命爲拜伯爾斯學院院長。

埃及阿勒頗總督雅勒布加‧納綏爾叛亂反對貝爾孤格。

貝爾孤格退位。

伊本‧赫勒敦被免去拜伯爾斯學院院長之職。

1390年2月2日

貝爾孤格復辟。

1399年5月22日

伊本‧赫勒敦第二次被任命爲開羅馬立克派大法官。

1399年6月20日

蘇丹貝爾孤格去世。蘇丹法賴吉卽位。

1400年3月

臺納姆叛亂反對法賴吉。

伊本‧赫勒敦第一次隨法賴吉出訪大馬士革。

1400年5月

伊本・赫勒敦訪問耶路撒冷，伯利恒和希伯容。

1400年9月3日

伊本・赫勒敦第二次被免去大法官之職。

1400年10月30日

帖木兒攻克阿勒頗。

1400年11月19日

法賴吉準備遠征對抗帖木兒，葉什伯克敦促伊本・赫勒敦隨法賴吉遠征大馬士革。

1400年11月28日

伊本・赫勒敦隨法賴吉赴大馬士革。

1400年12月20日

帖木兒離巴勒貝克，向大馬士革進發。

1400年12月23日

法賴吉率軍入大馬士革城。

1400年12月24日

伊本・赫勒敦暫寓阿廸勒學院。

1400年12月25日

法賴吉的軍隊與帖木兒的軍隊初次交鋒。

1400年12月29日

帖木兒進抵大馬士革城下。

1401年1月3—4日

帖木兒准許大馬士革人求和。

1401年1月6日

有報告說開羅正在醞釀反對法賴吉的陰謀。

1401年1月7日

蘇丹法賴吉，葉什伯克及其他艾米爾返回開羅。

伊本・赫勒敦留在大馬士革。

帖木兒再次招降。

大馬士革大法官伊本・穆夫利赫初次往見帖木兒，接受投降條件。

1401年1月10日

伊本・赫勒敦被准許縋城而下，往見帖木兒。

1401年2月4日

大馬士革城正式投降。

1401年2月25日

大馬士革中心城堡投降。

伊本・赫勒敦等在帖木兒面前討論阿拔斯哈里發問題。

1401年2月26日

伊本・赫勒敦與帖木兒最後的會見。

1401年2月27日

伊本・赫勒敦離開帖木兒，出發回開羅。

1401年3月17日

伊本・赫勒敦抵開羅。

1401年3月19日

帖木兒及其軍隊離開大馬士革。

伊本・赫勒敦收到帖木兒付給他的買他的騾子的錢。

1401年4月

伊本・赫勒敦第三次被任命為開羅的馬立克派大法官。

1401年8月

伊本・赫勒敦寫信向馬格里布的君主報告帖木兒的情況。

1402年3月

第三次被免去大法官之職。

1402年7月4日

伊本·赫勒敦第四次被任命為開羅馬立克派大法官。

1402年7月28日

帖木兒在安卡拉擊敗奧斯曼蘇丹巴葉濟德一世。

1403年9月23日

伊本·赫勒敦第四次被免去大法官之職。

1405年2月11日

伊本·赫勒敦第五次被任命為開羅馬立克派大法官。

1405年2月18日

帖木兒死。

1405年5月27日

伊本·赫勒敦第五次被免去大法官之職。

1406年2月

伊本·赫勒敦第六次被任命為開羅馬立克派大法官。

1406年5月17日

伊本·赫勒敦在開羅去世。

參考書目

Arabi ibn-, Muhyi-al-Dīn, 穆哈義丁‧伊本—阿拉比
　(1165-1240 年)

Futūhāt

al-Futūhāt al-Makkiyah (（《麥加的啓示》), 4 vols.,
　Cairo, 1293.

Fusūs

Fusūs al-Hikam (《智慧的珠寶》), Prague, 1252.

Aristotle, 亞里士多德 (384-322 B.C.)

Mantiq

Mantiq aristū (《工具》), ed. 'Aba al-Rahman Bad-
　awī, 5 vols., Cairo, 1948-.

Metaphysics

Metaphysics (《形而上學》), Jonathan Barnes (ed),
　The Complete Works of Aristotle, The Revised
　Oxford Translation, 2 vols., 1984.

Nicomachean Ethics

Nicomachean Ethics (《尼科廐秋斯的倫理學》), Jona-
    than Barnes (ed), The Complete Works of Aris-
    totle, The Revised Oxford Translation, 2 vols.,
    1984.

Ayalon, David
1964
"Ibn Khaldūn's view of the Mamelukes"(in Hebrew)
    (〈伊本・赫勒敦對麥木魯克王朝的看法〉), in *L. A.
    Mayer's Memorial Volume*(《L. A.麥爾紀念文集》),
    Jerusalem, 1964, pp. 142-144 (English summary,
    p. 175).

Azmeh, Aziz Al-,
1981
Ibn Khaldūn in Modern Scholarship (《現代學術研究
    中的伊本・赫勒敦》), London, 1981.
1990
Ibn Khaldūn: an essay in reinterpretation (《伊本・
    赫勒敦新解》), London & New York, 1990.

B見 Ibn Khaldūn (B)

Baali, Fuad

1966

Relation of the People to the Land in Southern Iraq
（《南伊拉克人民與土地的關係》）, Grinesville: Uni-
versity of Florida Press, 1966.

1988

*Society, State, and Urbanism: Ibn Khalūn's Sociolog-
ical Thought*（《社會，國家，和城市文化: 伊本・赫勒
敦的社會學思想》）, Albany: State University of
New York Press, 1988.

Baali, Fuad and Ali Wardi
1981

*Ibn Khaldūn and Islamic Thought-Styles: A Social
Perspective*（《從社會的角度看伊本・赫勒敦和伊斯蘭
思想方式》）, Boston, Mass.: G. K. Hall and Co.,
1981.

Bakri, Abu 'Ubayd al-, 艾卜・歐拜德・白克里(1094年卒)
Masālik

*al-Masālik wa-l-mamālik (Description de l'Afrique
Septentrionale)*（《列國道路志》）, ed. de Slane,
2nd., Alger, 1911.

Barnes, H. E., Becker, H. and Becker, F. B., eds.
1940

Contemporary Social Theory (《當代社會理論》),
New York: Appleton-Century, 1940.

BB 見 Ibn Khaldūn (BB)

BD 見 Ibn khaldūn (BD)

Becker, H.
1950
"Sacred and Secular Societies Considered with
Reference to Folk-State ang Similar Classifica-
tions" (〈神聖社會與世俗社會，兼及民衆—國家和類似
的分類理論〉), *Social Forese* (《社會力量》), Vol.
28 (May, 1950).

Becker, H. and Dahlke, H. O.
1942
"Max Scheller's Sociology of Knowledge," (〈馬克
斯·謝勒的知識社會學〉) *Philosophy and Phenomeno-
logical Research* (《哲學和現象學研究》) 2 (March
1942).

Benn, A. W.
1962
History of English Rationalism in the Nineteenth

Century（《十九世紀英國理性主義史》），New York: Russell and Russell, 1962.

Bible《聖經》

The Holy Bible, New International Version, Colorado, 1984.

Bīrūnī, al-, 比魯尼 (973-1050 年)

Āthar

al-Āthār al-baqiyah（《古代遺迹》），ed, Ed. Sachau, Leipzig, 1878; tr. Sachau, London, 1879.

Hind

Ta'rīkh al-hind (*Alberuni's India*)（《印度考》），ed. Ed. Sachau, London. 1887; tr. Sachau, London, 1888.

Blunt, Anne and Wilfrid S.

1903

The Seven Golden Odos of Pagan Arabia（《異教阿拉比亞的七篇絕妙詩篇》，即《懸詩集》），*London, 1903*.

Boer, T. J. de.

1967

The History of Philosophy in Islam（《伊斯蘭哲學史》），New York: Dover Publications, 1967.

Browne, E. G.

1921

Arabian Medicine（《阿拉伯醫藥》），Cambridge, 1921.

1969

A Literary History of Persia（《波斯文學史》），
　　Cambridge: University Press, 1969.

Bukhāri, al-, Muhammad ibn-Ismā'il, 布哈拉人穆罕默
　　德・伊本・易司馬義・布哈里（810–870 年）
Sahīh
Al-Jami' al-Sahīh（《聖訓實錄》），8 vols., Bulaq, 1296.

Cairns, G. E.

1962

Philosophies of History（《歷史哲學》），New York,
　　1962.

Case, S. J.

1923

The Millennial Hope（《千福年希望》），Chicago, 1923.

CEH

*The Cambridge Economic History of Europe from
　　the Decline of the Roman Empire*（《羅馬帝國滅亡
　　以來的歐洲經濟史》），eds. J. H. Clapham and

Eileen Power, Cambridge, 1941--.

Chambliss, R.

1954

Social Thought from Hummurabi to Comte （《從漢
謨拉比到孔德的社會思想》），New York, 1954.

CMH

The Cambridge Medival History （《劍橋中世紀史》），
eds. H. M. Gwatkin et al. 8 vols., Cambridge,
1924-1936.

Dāwūd, abu-, Sulayman b. al-Ash'ath, 艾卜・達五德
（888 年卒）

Sunan

Sunan （《聖訓集》），Cairo, 1310/1888-1889.

Durkheim, Emile 塗爾幹

1933

The Division of Labor in Society （《社會中的勞動分
工》），trans. by Greorge Simpson, New York, The
Free Press, 1933.

1965

Elementary Forms of Religious Life （《宗教生活的
基本形式》），trans. by J. W. Swain, London, 1965.

EI

Encyclopedia of Islam（《伊斯蘭百科全書》）, Leidem and London, 1913-1934.

EI（S）

Encyclopedia of Islam, Supplement（《伊斯蘭百科全書增補》）, Leiden, 1938.

EI2

Encyclopedia of Islam（《新版伊斯蘭百科全書》）, new ed, Leiden-London, 1960 ff.

Elmacini, G.
1625
Historia Saracenica（《薩拉森史》）, Lugden, 1625.

Enan, M. 伊南
1969
Ibn Khaldūn: His Life and Work（《伊本‧赫勒敦: 他的生平和著作》）, Lahore: Ashraf Press, 1969.

ERE

Encyclopedia of Religion and Ethics（《宗敎與倫理學百科全書》）, ed. J. Jastings, 12 vols.; New York, 1908-1922.

Fārābi, al-, 法拉比（公元950年卒）

Madīna

Al-Madīna al-Fāḍilah（《優越城居民意見書》）, Cairo,
1905.

Fidā', abu-al-, 艾卜勒・菲達（1273-1332 年）

Mukhtaṣar

Mukhtaṣar Ta'rīkh al-Bashar　（《世界史撮要》）,　4
vols., Constantiople, 1286.

Fischel, 見 Ibn Khaldūn (Fischel).

Fischel, W. J.

1956

'Ibn Khaldūn: On the Bible, Judaism, and Jews'
（〈伊本・赫勒敦: 論聖經，猶太敎 , 和猶太人〉）, in
Ignace Goldziher Memorial Volume（《伊格那斯・
戈德齊赫紀念文集》）, ed. A. Schreiber and J. Som-
ogyi, pt. 2, Jerusalem, 1956.

1967

Ibn Khaldūn in Egypt（《伊本・赫勒敦在埃及》）,
Berkeley-Los Angeles, 1967.

Ghazāli, al-, 安薩里（1058-1111 年）

Ihyā'

Ihyā' 'ulūm al-dīn（《聖學復甦》）, 15 vols, Cairo,

1356/〔1937〕-1357/〔1938〕.

Tahāfut

Tahāfut al-falāsifa（《哲學家的矛盾》）, ed. M. Bou-
yges, Beirut, 1927.

Iqtisād

al-Iqtisād fi al-I'tiqād（《信仰的節制》）, Cairo, 1327.

Gibb, H. A. R.

1933-1935

"The Islamic Background of Ibn Khaldūn's Politi-
cal Theory"（〈伊本・赫勒敦政治理論的伊斯蘭背景〉）,
*Bulletin of the School of Oriental and African
Studies*（《東方與非洲研究學院學報》）, VII (1933-
1935), pp. 23-31.

Gre, G. de.

1943

*Society and Ideology: An Inquiry into the Sociology
of Knowledge*（《社會和意識形態：　知識社會學研
究》）, New York: Columbia University Bookstore,
1943.

Hanbal, Ahmad b. 艾哈邁德・伊本・罕百勒 (855 年卒)

Musnad

Musnad（《穆斯奈德聖訓集》）, 6 vols., Cairo, 1313.

Hegal, Georg Wihelm Friedrich, 黑格爾 (1770–1831
　年)
1956
Philosophy of History（《歷史哲學》）, tr. J. Sibree,
　New York, 1956.

Hitti, Philip K. 希提
1970
History of the Arabs（《阿拉伯通史》）, 10th ed.
　London & New York, 1970.
1979
《阿拉伯通史》, 希提著, 馬堅譯, 北京, 商務印書館,
　1979.

Hourani, A.
1976
"History"（〈歷史〉）, in *The Study of the Middle
　East*（《中東研究》）, ed. L. Binder, New York &
　London, 1976.

Hudud al-'Alam
Hudud al-'Alam (*The Regions of the World*)（《世
　界境域志》）, ed. & tr. by V. F. Minosky, London,
　1937.

I 見 Ibn Khaldūn (I)

Ibn al-Athir, 伊本・艾西爾 (1160-1234 年)
Kāmil
al-Kamil fi al-ta'rikh (《歷史大全》), ed. C. J.
Tornberg, 14 vols., Lugduni Batavorum and Upsaliae,
1851-1876.

Ibn al-Khatīb, Lisān-al-Dīn 列薩努丁・伊本・赫帖卜
(1313-1274 年)
Ihāta
al-Ihāta fī akhbār gharnāta (《格拉納達志》), ed. M.
A. Inan, 2 vols., Cairo, 1955 ff.

Ibn Bājjah 伊本・巴哲 (1138 年卒)
Tadbīr
Tadbīr al-mutawahhid (El régimen del solitario)
(《獨居者養生法》), ed. M. Asin Palacios, Madrid,
1946.

Ibn Battūtah, 伊本・白圖泰 (1304-1377 年)
Tuhfat
Tuhfat al-Nuzzār fi Gharā'ib al-'Amsār wa-Ajā'ib
al-Asfār (《遊記》), ed. and tr. C. Defremery and

B. R. Sanguinetti, 3rd impression, Paris, 1879-1893.

Ibn Hazm 伊本・哈兹木 (994-1064 年)

Fasl

Kitāb al-faṣl fī al-milal wa-l-ahwā' wa-l-nihal (《關於教派與異端的批判》), 5vols., Cairo, 1317.

Ibn Khaldūn, 'Abd-ar-Rahman 阿卜杜勒・賴哈曼・伊本・赫勒敦 (1332-1406 年)

B

Kitāb al-'Ibar wa-Dīwān al-Mubtada' w-al-Khabar fī Ayyām al-'Arab w-al-'Ajam w-al-Barbar (《阿拉伯人，波斯人，柏柏爾人歷史的殷鑒和原委》), ed. Nasr al-Hūrīnī, 7 vols., Bulaq, 1284/〔1867〕.

BB

Muqaddimal al-'allāma Ibn Khaldūn, Beirut, 1900.〔重印 B 的《緒論》〕

BD

Tārīkh al-'allāma Ibn Khaldūn, ed. Y. A. Dāghir, 7 vols., Beirut, 1956 ff.〔標點重印 B〕

Fischel

Ibn Khaldūn and Tamerlane; Their Historic Meeting in Damascus, 1401 AD (803 AH), tr. by W. J.

Fischel, Berkeley & Los Angeles, 1952.〔伊本・赫勒敦自傳的部分內容的英譯本〕

Histoire

Ibn Khaldoun: Histoire des Berbères et des dynasties musulmanes de l'Afrique septentrionale, tr. Baron De Slane, 4 vols., Algiers, 1852–1856. 〔《殷鑒》第六，第七卷的法譯本〕

L

Lubāb al-muhassal fī usūl ad-dīn（《「古今科學概論」節略》）, ed. L. Rubio, Tetouan, 1952.

Muqaddimah

Al-Muqaddimah（《緒論》）,Beirut: Dar al-Kashshaf, n. d.

Q

Les Prolegomènes d'Ebn Khaldoun（《緒論》）, ed. E. Quatrèmere, 5 vols., Paris, 1858.

R

The Muqaddimah: *An Introduction to History,* trans. by Franz Rosenthal, Princeton, 1958. 〔《緒論》的英譯本〕

S

Shifā' as-sā'il li-tahdhīb al-masā'il（《對於試圖澄清問題者的指導》）, ed. M. Tanjī, Istanbul, 1958.

Slane

Les Prolégomènes d'Ibn Khaldoun, tr. Baron De Slane in *Notices et Extraits des Manuscripts de la Bibliotheque Imperiale,* vols. XIX, XX, XXI, Paris, 1862-1968. Reproduction photomecanique, 3 vols., Paris, 1934-1938.〔《緒論》的法譯本〕

Slane, 1847-1851

Ibn Khaldoun: *Histoire des Berbères et des dynasties musulmanes de l'Afrique septentrionale, teste arabe,* ed. De Slane, 2 vols., Algiers, 1847-1851.〔《殷鑒》的第六，第七卷〕

T

At-Ta'rīf bi-lbn Khaldūn wa rihlatuhu gharban wa sharqan (《伊本・赫勒敦自傳》), ed. M. Tanji, Cairo, 1951.

Ibn Rushd, 伊本・魯世德(拉丁語寫成 Averroes〔阿維羅伊〕) (1126-1198 年)

Jāmi'

Kitāb jāmi' mā ba'd al-tabī'a (《梗概》), ed. C. Rodriguez, Madrid, 1919.

Tahāfut

Tahāfut al-tahāfut (《矛盾的矛盾》), ed. M. Bouyges, Beirut, 1930.

Tafsīr

Tafsīr mā ba'd al-tabī'a (《注釋》), ed. M. Bouyges, 3 vols., Beirut, 1938-48.

Talkhīs
.

Talkhīs Kitāb al-nafs (《摘要》), ed. A. el-Ahwani,
Cairo, 1950.

Ibn Sīnā, 伊本・西那(拉丁語寫成 Avicenna〔阿維森那〕)
(980–1037 年)

Shifā'

al-Shifā' (《治療論》). MS Leidon, No. 1445.

Qānūn

Al-Qānūn fit-tibb (《醫典》), 3 vols., Cairo, 1294/
1877.

Urjuza

Al-Urjūza fī al-tibb (《醫學詩》), ed. H. Jahiers and
Noureddine, Paris, 1956.

Idrīsi, al-, 易德里西 (1166 年卒)

Nuzhat

Kitāb nuzhat al-mushtāq fī ikhtirāq al-āfāq (《雲游
者的娛樂》), eds. M. Amari and D. Schiaparelli,
Roma, 1883.

Issawi, C.

1950

An Arab Philosophy of History. Selections from the Prolegomena of Ibn Khaldun of Tunis (1332-1406)（《阿拉伯歷史哲學： 突尼斯的伊本 ・ 赫勒 敦 (1332-1406 年) 的「緒論」選粹》）, London, 1950.

JA
Journal Asiatique（《亞洲報》）

Jackson, A. V. Williams
1932
Researches in Manichaeism（《摩尼教研究》）, New York, 1932.

Jones, William
1799
Works（《全集》）, London, 1799.

Juwayni, al-, 朱威尼 (1257 年卒)
Ta'rīkh
The History of the World Conqueror by 'Ala-ad-Din 'Ata Malik Juwayni（《世界征服者史》）, tr. by J. A. Boyle, 2 vols., London, 1958.

Kāfījī, al-, 喀菲支 (1474 卒)
Mukhtasar

al-Mukhtaṣar fi 'ilm al-ta'rikh（《歷史編纂學簡論》），
　　ed. F. Rosenthal, in *A History of Muslim Historio-
　　graphy*（《穆斯林史學史》）， Leiden, 1952, pp. 486-
　　501.

Kindī, al-, Ya'qūb ibn-Isḥaq, 葉耳孤蔔・伊本・易司哈
　　格・艾勒・肯迪（801-873 年）
Rasā'il
Rasā'il al-Kindī al-falsafiyya（《肯迪哲學著作選》），
　　ed. M. 'A. Abū Rīda, Cairo, 1950.

Kraus, Paul
1943
Jābir Ibn Ḥayyān（《查比爾・伊本・哈彥》）, vol. 1,
　　Cairo, 1943.

L 見 Ibn Khaldūn（L）

Lovejoy, A.
1956
The Great Chain of Being（《生存大系論》）, Cam-
　　bridge, Mass., 1956.

Macdonald, D. B. 麥克唐納
1909

The Religious Attitude and Life in Islam (《伊斯蘭教裏的宗教態度和宗教生活》), Chicago, Ill.: University of Chicago Press, 1909.

Mahdi, Muhsin
1957
Ibn Khaldūn's Philosophy of History: A study in the Philosophic Foundation of the Science of Culture (《伊本・赫勒敦的歷史哲學：文化科學的哲學基礎的研究》), London, 1957.

Mālik, b. Anas, 馬立克・伊本・艾奈斯 (715-795 年)
Muwaṭṭa'
al-Muwaṭṭa (《聖訓易讀》), Deli, 1302.

Mamour, P. H.
1934
Polemics on the Origin of the Fatimi Caliphs (《關於法帖梅王朝哈里發起源的爭論》), London, 1934.

Mannheim, Karl
1936
Ideology and Utopia (《意識形態與烏托邦》), New York, 1936.

Mas'ūid, al, 麥斯歐迪 (956 年卒)

Murūj

Murūj al-dhahab wa-ma'ādin al-jawhar (《黃金草原與珠璣寶藏》), ed. C. Barbier de Meynard and Pavet de Courteille under the title *Les prairies d'or*, 9 vols., Paris, 1861 ff.

Tanbīh

Kitab al-Tanbīh wal-Ishrāf (《提醒與監督》), ed. M. J. de Goeje (*Bibliotheca Geographorum Arabicorum,* vol. 8), Leiden, 1894.

Meinecke, F.

1972

Historism (《歷史主義》), tr. J. E. Anderson, London, 1972.

Miskawayhi, 米斯凱韋 (1030 年卒)

Tajārib

Tajārib al-umam (《諸國歷程》), Leiden and London, 1909–1917.

1921

The Experiences of the Nations (《諸國歷程》), tr. D. S. Margoliouth, 2 vols., Oxford, 1921.

Muslim ibn al-Hajjāj, 穆斯林

Sahīh
. . .
Sahīh（《聖訓實錄》），Calcutta, 1265/1849.
. . .

Muqaddimah 見 Ibn Khaldūn (Muqaddimah)

Nasr, S. H.
1968
Science and Civilization in Islam（《伊斯蘭科學與文明》），New York, 1968.

Nicholson, Reynold A.
1914
The Mystics of Islam（《伊斯蘭敎中的神祕主義者》），
　　London, 1914.
1921
Studies in Islamic Mysticism（《伊斯蘭敎神祕主義研究》），Cambridge, 1921.
1930
A Literary History of the Arabs（《阿拉伯文學史》），
　　Cambridge: University Press, 1930.

Niebuhr, R.
1932
Moral Man and Immoral Society（《有道德的人和不道德的社會》），New York, 1932.

314　伊本·赫勒敦

Nykl, A. R.

1946

Hispano-Arabic Peotry (《西班牙—阿拉伯詩歌》),
　　Baltimore, 1946.

O′Leary, De L.

1939

Arabic Thought and Its Place in History (《阿拉伯
　　思想及其在歷史上的地位》), London: Kegan Paul,
　　Trench, Trubner & Co., 1939.

Orosius, Paulus 保魯斯·奧羅西烏斯(五世紀)

Historiae

Historiae Adversus Paganos (《反異敎徒史》), *"The
　　Seven Books of History against the Pagans,"*
　　English translation by W. Raymond, New York,
　　1936.

Park, Robert E., and Burgess, Ernest W.

Introduction to the Science of Sociology (《社會學導
　　論》), Chicago, Ill.: University of Chicago Press,
　　1920.

Petersen, E. L.

1964

'Ali and Mu'awiya in Early Arabic Tradition（《阿拉伯早期傳統中的阿里和穆阿威葉》），Copenhagen, 1964.

Q 見 Ibn Khaldūn（Q）

R 見 Ibn Khaldūn（R）

Rahman, F.
1958
Prophecy in Islam: Philosophy and Othodoxy（《伊斯蘭教中的先知：哲學與正統》），London, 1958.

Ranke, L. von 蘭克
1956
"A Fragment from the 1830's"（〈1830年代片斷〉），in F. Stern (ed.), *Varieties of History*（《歷史的多樣性》），Cleveland and New York, 1956.

Razi, Fakhrad-Din al-, 法赫魯丁・拉齊（1209 年卒）
Muhassal
Kitāb muhassal afkār al-mutaqaddimīn wa-l-muta' akhkhirīn min al-falāsifa wa-l-mutakallimīn（《古今科學概要》），Cairo, 1323/1905.

Rosenthal, F.

1952

History of Muslim Historigraphy（《穆斯林史學史》），
　Leiden, 1952.

1968

History of Muslim Historigraphy（《第二版穆斯林史
　學史》），2nd. ed., Leiden, 1968.

S 見 Ibn Khaldun（S）

Sā'id al-Andalusi, 賽義德（1029-1070 年）

Tabaqāt

Kitāb tabaqāt al-umam （《各民族分類》），ed. L.
　Cheikho, Beirut, 1912.

Sakhāwī, al-賽哈威（1497 年卒）

I'lān

al-I'lān bi-l-tawbīkh li-man dhamma ahl al-tawārīkh
　（《駁對史學不利的批判》），Damascus, 1349/〔1930〕.

Sarton, G. 喬治・薩爾頓

1927-1948

Introduction to the History of Science（《科學史導
　言》），3 vols., Baltimore, 1927-1948.

Schacht, J.

1950

The Origins of Muhammadan Jurisprudence（《伊斯蘭教教律學的起源》），Oxford, 1950.

Schmidt, Nathaniel
1930
Ibn Khaldūn: Historian, Sociologist and Philosopher（《伊本・赫勒敦: 歷史學家, 社會學家和哲學家》），New York, 1930.

Shotwell, J. T.
1939
The History of History（《史學史》），New York, 1939.

Stonequist, E. V.
1961
Marginal Man（《邊際人》），New York: Russell and Russell, 1961.

Sweetman, J. W.
1945–1947
Islam and Christian Theology（《伊斯蘭和基督教神學》），2 vol., London, 1945–1947.

Slane 見 Ibn Khaldūn (Slane)

Slane, 1847-1851 見 Ibn Khaldūn (Slane, 1847-1851)

Sorokin, Pitirim
1966
Sociological Theories of Today (《當代社會學理論》),
New York, Harper and Row, 1966.

T 見 Ibn Khaldūn (T)

Tabari, 泰伯里 (838-923 年)
Ta'rīkh
Ta'rīkh al-Rusul w-al-Mulūk (《歷代先知和帝王史》),
ed. M. J. de Goeje et al., 15 vols., Leyden, 1879-
1901.
Tafsīr
Jāmi' al-bayān fī tafsīr al-Qur'ān (《「古蘭經」注》),
30 vols., Cairo, 1321/1903.

Tirmidhi, al-, 帖爾密迪 (約 892 年卒)
Saḥīḥ
Saḥīḥ (《聖訓集》), Būlāq, 1292/1875.

Tonnies, Ferdinand
1957

Gemeinschaft and Gesellschaft　(《社區與社會》),
English trans. East Lansing: Michigan State University Press, 1957.

Toynbee, A. J. 湯因比
1947
A Study of History (《歷史研究》), abridged by D. C. Somervell, New York, 1947.
1962
A Study of History (《 歷史研究 》),　New York, 1962.

Ṭurṭūshi, al-, 杜爾突什 (1059-1126 年)
Siraj
Siraj al-mulūk (《帝王明燈》), Cairo, 1306/1888.

Ṭūsi, Nāsir al-Dīn al-, 突斯人奈綏爾丁 (1201-1274 年)
Talkhīs
Kitāb talkhīs al-muhassal. Printed as footnotes to Razi *Muhassal*. (《對法赫魯丁 ・ 拉齊的「古今科學概論」的注釋》)

Vico, G. 維科
1968

The New Science (《新科學》), trans. by T. G. Bergin and M. H. Fisch, Ithaca, N. Y., 1968.

Walzer, R.

1950

"The Rise of Islamic Philosophy" (〈伊斯蘭哲學的興起〉), *Oriens,* III. (1950).

Wells, H. G. 威爾斯 (1866–1946年)

1932

Outline of History (《歷史大綱》), New York: Garden City Publishing Co., 1932.

Wiese, Leopold von

1974

Systematic Sociology (《系統社會學》), New York: Arno Press, 1974.

Ya'qūbi, al-, 葉耳孤比 (九世紀)

Ta'rīkh

Ta'rīkh (《世界史摘要》), ed. Th. Houtsma, 2 vols., Leyden, 1883.

Yinger, J. Milton

1946

Religion in the Struggle for Power (《權力鬥爭中的
宗敎》), Durham, N. C.: Duke University Press,
1946.

Yūsuf, abu-, 艾卜・優素福 (約 798 年卒)
Kharāj
Kitāb al-Kharāj (《賦稅論》), Cairo, 1346.

索 引

A

C

D

Damascus, 大馬士革 *(1,2)*,*39*,*147*,*151*,*152*,*161*,*162*,*163*,*165*,*166*, *250*,*289*,*290*,*291*

Damascus Mosque, 大馬士革清眞寺 *166*

Daniel, the Prophet, 但以理先知 *171*,*178*

Dante, 但丁 *260*

Darius, 大流士 *171*,*172*,*178*

Darwin, Charles, 查理・達爾文 *(3)*

David, 大衞 *178*

Dawāwidah, 達瓦威達人 *27*,*159*,*287*,*288*

Dāwūd, abu-, 艾卜・達五德 *121*

Daylam, 德萊木人 *141*

De regimine Solitarii, 《獨居者養生法》 *127,* 注 *129*

de Slane, 德斯朗 *160*,*258*,*266*

Din al-Majūsīya, 麥祝斯敎（拜火敎） *172*

Din an-Nasrānīta, 拿撒勒敎（基督敎） *175*

dīnār, 第納爾 *166*

Durkheim, 塗爾幹 *(3)*,*74*,*86*,*87*,*101*,*185*

E

Egypt, 埃及 *(1,2)*, *1*,*2*,*3*,*4*,*5*,*9*,*18*,*33*,*34*,*35*,*36*,*37*,*38*,*40*,*60*,*94*, *106*,*114*,*121*,*122*,*141*,*144*,*150*,*154*,*160*,*161*,*162*,*163*,*165*,*169*,*171*, *175*,*177*,*178*,*179*,*180*,*181*,*182*,*269*,*285*,*288*,*289*

el Eubhad, 歐拜德 *27*,*28*,*29*,*287*,*288*

Elements, 《幾何原本》 *128*

English, 英語 *(6)*,*179*,*258*,*259*,*260*,*266*,*267*,*268*

I

J

Ptolemies, 托勒密人，托勒密王朝 *179*

Ptolemy, geographer, 托勒密 *75,128*

Pythagoras, 畢達哥拉斯 *172*

Q

Qāḍi, 哈的（法官） *35,36,143*

Qahtāni, 蓋哈丹人 *140,150*

Qal'at ibn-Salāmah, 伊本・賽拉麥城堡 *(1),29,30,31,34,247, 288*

Qalāwūn, Mamlūk, 蓋拉溫 *161*

Qalqashandi, al-, 蓋勒蓋山迪 *152*

Qamhīya Madrasah, 蓋姆希葉學院（宗敎大學） *34,288*

Qanūn al-Mas'ūdi, al-, 《麥斯歐迪天文學占星學原理》 *53*

Qipchāq, 欽察加汗國 *39,257*

qiyās, 比論（格雅斯） *14,123*

Qūbīlāy, 忽必烈 *164*

Quda'a, 古達人 *140,149*

Quraysh, 古萊氏人 *140,149,151,152,194,195,234,235,236*

Qushayri, al-, Sufi, 古舍里 *125*

Qutaybah, ibn, historian, 伊本・古太白 *169*

R

Ramadān, 賴麥丹月（回曆九月） *12,41*

Ranke, L. von, 蘭克 *142*

Rashīd-al-Dīn, historian, 賴世德丁 *163*

ra'y, 意見（賴艾伊） *14*

Rāzi, al-, 拉齊 *17,130*

世界哲學家叢書 (七)

書　　　　名	作　　者	出版狀況
柯　靈　烏	陳　明　福	撰　稿　中
穆　　　爾	楊　樹　同	撰　稿　中
弗　雷　格	趙　汀　陽	撰　稿　中
維　根　斯　坦	范　光　棣	撰　稿　中
奧　斯　丁	劉　福　增	已　出　版
史　陶　生	謝　仲　明	撰　稿　中
赫　　　爾	馮　耀　明	撰　稿　中
帕　爾　費　特	戴　　　華	撰　稿　中
魯　　一　　士	黃　秀　璣	排　印　中
珀　爾　斯	朱　建　民	撰　稿　中
詹　姆　斯	朱　建　民	撰　稿　中
杜　　　威	李　常　井	撰　稿　中
史　賓　格　勒	商　戈　令	已　出　版
奎　　　英	成　中　英	撰　稿　中
洛　爾　斯	石　元　康	已　出　版
諾　錫　克	石　元　康	撰　稿　中
馬　克　弗　森	許　國　賢	排　印　中
希　　　克	劉　若　韶	撰　稿　中
尼　布　爾	卓　新　平	已　出　版
馬　丁・布　伯	張　賢　勇	撰　稿　中
蒂　里　希	何　光　滬	撰　稿　中
德　日　進	陳　澤　民	撰　稿　中
朋　諤　斐　爾	卓　新　平	撰　稿　中

世界哲學家叢書(六)

書　　　　　名	作　　　者	出版狀況
卡　　西　　勒	江　日　新	撰　稿　中
雅　　斯　　培	黃　　　藿	已　出　版
胡　　塞　　爾	蔡　美　麗	已　出　版
馬克斯・謝勒	江　日　新	已　出　版
海　　德　　格	項　退　結	已　出　版
高　　達　　美	張　思　明	撰　稿　中
漢　娜　鄂　蘭	蔡　英　文	撰　稿　中
盧　　卡　　契	謝　勝　義	撰　稿　中
阿　多　爾　諾	章　國　鋒	撰　稿　中
馬　爾　庫　斯	鄭　　　湧	撰　稿　中
弗　　洛　　姆	姚　介　厚	撰　稿　中
哈　伯　馬　斯	李　英　明	已　出　版
柏　　格　　森	尚　新　建	撰　稿　中
皮　　亞　　杰	杜　麗　燕	撰　稿　中
馬　　利　　丹	楊　世　雄	撰　稿　中
馬　　賽　　爾	陸　達　誠	已　出　版
梅露・彭迪	岑　溢　成	撰　稿　中
列　　維　　納	葉　秀　山	撰　稿　中
德　　希　　達	張　正　平	撰　稿　中
呂　　格　　爾	沈　清　松	撰　稿　中
克　　羅　　齊	劉　綱　紀	撰　稿　中
懷　　德　　黑	陳　奎　德	撰　稿　中
玻　　　　　爾	戈　　　革	已　出　版
卡　　納　　普	林　正　弘	撰　稿　中
卡　爾　巴　柏	莊　文　瑞	撰　稿　中

世界哲學家叢書(五)

書　　　名	作　　　者	出版狀況
蒙　　　　田	郭　宏　安	撰　稿　中
斯　賓　諾　莎	洪　漢　鼎	已　出　版
萊　布　尼　茲	陳　修　齋	撰　稿　中
培　　　　根	余　麗　嫦	撰　稿　中
霍　　布　　斯	余　麗　嫦	撰　稿　中
洛　　　　克	謝　啟　武	撰　稿　中
巴　　克　　萊	蔡　信　安	已　出　版
休　　　　謨	李　瑞　全	排　印　中
托馬斯・鋭德	倪　培　林	撰　稿　中
孟　德　斯　鳩	侯　鴻　勳	排　印　中
盧　　　　梭	江　金　太	撰　稿　中
帕　　斯　　卡	吳　國　盛	撰　稿　中
康　　　　德	關　子　尹	撰　稿　中
費　　希　　特	洪　漢　鼎	撰　稿　中
黑　　格　　爾	徐　文　瑞	撰　稿　中
叔　　本　　華	劉　　　東	撰　稿　中
尼　　　　采	胡　其　鼎	撰　稿　中
祁　　克　　果	陳　俊　輝	已　出　版
彭　　加　　勒	李　醒　民	撰　稿　中
費　爾　巴　哈	周　文　彬	撰　稿　中
恩　　格　　斯	金　隆　德	撰　稿　中
約　翰　彌　爾	張　明　貴	已　出　版
狄　　爾　　泰	張　旺　山	已　出　版
布　倫　坦　諾	李　　　河	撰　稿　中
韋　　　　伯	陳　忠　信	撰　稿　中

世界哲學家叢書(四)

書　　　　　名	作　　者	出版狀況
伊　藤　仁　齋	田　原　剛	撰　稿　中
山　鹿　素　行	劉　梅　琴	已　出　版
山　崎　闇　齋	岡　田　武　彥	已　出　版
三　宅　尙　齋	海老田輝巳	排　印　中
中　江　藤　樹	木　村　光　德	撰　稿　中
貝　原　益　軒	岡　田　武　彥	已　出　版
狄　生　徂　徠	劉　梅　琴	撰　稿　中
安　藤　昌　益	王　守　華	撰　稿　中
富　永　仲　基	陶　德　民	撰　稿　中
石　田　梅　岩	李　甦　平	撰　稿　中
楠　本　端　山	岡　田　武　彥	已　出　版
吉　田　松　陰	山　口　宗　之	已　出　版
福　澤　諭　吉	卞　崇　道	撰　稿　中
岡　倉　天　心	魏　常　海	撰　稿　中
中　江　兆　民	畢　小　輝	撰　稿　中
西　田　幾　多　郎	廖　仁　義	撰　稿　中
和　辻　哲　郎	王　中　田	撰　稿　中
三　木　　　清	卞　崇　道	撰　稿　中
柳　田　謙　十　郎	趙　乃　章	撰　稿　中
柏　　拉　　圖	傅　佩　榮	撰　稿　中
亞　里　斯　多　德	曾　仰　如	已　出　版
聖　奧　古　斯　丁	黃　維　潤	撰　稿　中
伊本・赫勒敦	馬　小　鶴	已　出　版
聖　多　瑪　斯	黃　美　貞	撰　稿　中
笛　　卡　　兒	孫　振　青	已　出　版

世界哲學家叢書 (三)

書　　　　名	作　　者	出版狀況
智　　　　旭	熊　　琬	撰　稿　中
章　太　炎	姜　義　華	已　出　版
熊　十　力	景　海　峰	已　出　版
梁　漱　溟	王　宗　昱	已　出　版
金　岳　霖	胡　　軍	已　出　版
張　東　蓀	胡　偉　希	撰　稿　中
馮　友　蘭	殷　　鼎	已　出　版
唐　君　毅	劉　國　強	撰　稿　中
賀　　　　麟	張　學　智	已　出　版
龍　　　　樹	萬　金　川	撰　稿　中
無　　　　著	林　鎮　國	撰　稿　中
世　　　　親	釋　依　昱	撰　稿　中
商　羯　羅	黃　心　川	撰　稿　中
維韋卡南達	馬　小　鶴	撰　稿　中
泰　戈　爾	宮　　靜	已　出　版
奧羅賓多·高士	朱　明　忠	撰　稿　中
甘　　　　地	馬　小　鶴	排　印　中
拉達克里希南	宮　　靜	撰　稿　中
元　　　　曉	李　箕　永	撰　稿　中
休　　　　靜	金　煐　泰	撰　稿　中
知　　　　訥	韓　基　斗	撰　稿　中
李　栗　谷	宋　錫　球	排　印　中
李　退　溪	尹　絲　淳	撰　稿　中
空　　　　海	魏　常　海	撰　稿　中
道　　　　元	傅　偉　勳	撰　稿　中

世界哲學家叢書(二)

書　　名	作　　者	出版狀況
朱　舜　水	李　甦　平	排　印　中
王　船　山	張　立　文	撰　稿　中
眞　德　秀	朱　榮　貴	撰　稿　中
劉　蕺　山	張　永　儁	撰　稿　中
黃　宗　羲	盧　建　榮	撰　稿　中
顧　炎　武	葛　榮　晉	撰　稿　中
顏　　元	楊　慧　傑	撰　稿　中
戴　　震	張　立　文	已　出　版
竺　道　生	陳　沛　然	已　出　版
眞　　諦	孫　富　支	撰　稿　中
慧　　遠	區　結　成	已　出　版
僧　　肇	李　潤　生	已　出　版
智　　顗	霍　韜　晦	撰　稿　中
吉　　藏	楊　惠　南	已　出　版
玄　　奘	馬　少　雄	撰　稿　中
法　　藏	方　立　天	已　出　版
惠　　能	楊　惠　南	排　印　中
澄　　觀	方　立　天	撰　稿　中
宗　　密	冉　雲　華	已　出　版
永　明　延　壽	冉　雲　華	撰　稿　中
湛　　然	賴　永　海	排　印　中
知　　禮	釋　慧　嶽	排　印　中
大　慧　宗　杲	林　義　正	撰　稿　中
袾　　宏	于　君　方	撰　稿　中
憨　山　德　清	江　燦　騰	撰　稿　中

世界哲學家叢書 (一)

書　　　　　名	作　　者	出 版 狀 況
孟　　　　　子	黃 俊 傑	已　出　版
老　　　　　子	劉 笑 敢	撰　稿　中
莊　　　　　子	吳 光 明	已　出　版
墨　　　　　子	王 讚 源	撰　稿　中
淮　　南　　子	李　　增	已　出　版
賈　　　　　誼	沈 秋 雄	撰　稿　中
董　　仲　　舒	韋 政 通	已　出　版
揚　　　　　雄	陳 福 濱	排　印　中
王　　　　　充	林 麗 雪	已　出　版
王　　　　　弼	林 麗 眞	已　出　版
嵇　　　　　康	莊 萬 壽	撰　稿　中
劉　　　　　勰	劉 綱 紀	已　出　版
周　　敦　　頤	陳 郁 夫	已　出　版
邵　　　　　雍	趙 玲 玲	撰　稿　中
張　　　　　載	黃 秀 璣	已　出　版
李　　　　　覯	謝 善 元	已　出　版
王　　安　　石	王 明 蓀	撰　稿　中
程顥、程頤	李 日 章	已　出　版
朱　　　　　熹	陳 榮 捷	已　出　版
陸　　象　　山	曾 春 海	已　出　版
陳　　白　　沙	姜 允 明	撰　稿　中
王　　廷　　相	葛 榮 晉	已　出　版
王　　陽　　明	秦 家 懿	已　出　版
李　　卓　　吾	劉 季 倫	撰　稿　中
方　　以　　智	劉 君 燦	已　出　版